# PHIL TURK    MIKE ZOLLO

## Hodder & Stoughton

A MEMBER OF THE HODDER HEADLINE

D0280967

**2**

# ACKNOWLEDGEMENTS

*¡ACCION GRAMATICA!*

The authors would like to thank the following for their help in the preparation of this book:

– teachers in Devon and the Bath area whose reactions were sought on the basic principles of the book and who provided helpful comments on the material
– students at Britannia Royal Naval College in Dartmouth with whom some of the material was tried out
– José-Luis García Daza, Geneviève García Vandaele and Matilde Gutiérrez-Manjón for their meticulous checking of the Spanish typescript and for many invaluable comments on the content
– our wives for help with proofreading and printouts
– finally, our wives, families and friends for their patience, cooperation and encouragement throughout.

The publishers would like to thank *ABC* for permission to reproduce the article on page 17.
Every effort has been made to trace and acknowledge ownership of copyright. The publishers will be glad to make suitable arrangements with any copyright holders whom it has not been possible to contact.

**British Library Cataloguing in Publication Data**

Turk, Phil
 ¡Acción Gramática!
 I. Title   II. Zollo, Mike
 468

ISBN 0 340 57327 9

First published 1993

Impression number   10 9 8 7 6 5 4 3 2
Year                1998  1997  1996  1995  1994

© 1993 Phil Turk and Mike Zollo

Typeset by Wearset, Boldon, Tyne and Wear.
Printed in Great Britain for Hodder & Stoughton Educational, a division of Hodder Headline Plc, 338 Euston Road, London NW1 3BH by St Edmundsbury Press Limited, Bury St Edmunds, Suffolk.

# CONTENTS

**4**

¡ACCIÓN GRAMÁTICA!

# INTRODUCTION

*¡Acción gramática!* aims to provide a systematic presentation of grammar points together with sufficient back-up practice to ensure that the points are adequately reinforced.

The book is divided into 48 chapters, most of which have three sections:

 **Mecanismos** – the 'mechanics' of the language

The first section of each chapter sets out a grammatical rule or verb table, with a clear explanation in English. This section is also useful for reference purposes.

 **¡Ponte a punto!** – 'tune up', 'limber up'

This provides practice and reinforcement exercises on a particular grammatical point. Where possible, these exercises are set within a realistic context and are designed to be suitable for individual study. There is a key at the end of the book for self-correction. Apart from a few translation exercises, this section is in Spanish.

**¡. . . Y en marcha!** – 'over to you to exploit the freedom of the road!'

This section offers a range of more open-ended communicative activities in Spanish, ranging from the fairly elementary to the more sophisticated. The activities are set in a variety of contexts in which the grammar point is likely to occur.

# GRAMMAR — WHAT IS IT?

Grammar is really nothing more than a framework which is used:

– to try to define language and how it works, and
– to provide rules and patterns to help the language learner.

Grammatical terms merely describe the job performed by different words and phrases, and how these contribute to communication. The main terms used are given below with a brief explanation in English. Each point is illustrated by examples in English and then by other examples in Spanish. These notes may be useful to refer to when you are studying Spanish grammar.

**Syllable:**
This is a section of a word which consists of one, two or more letters which hang together in some way – in other words, one of the sections into which a word can be divided.

Examples:
book-shop; hope-ful-ly; won-der-ful-ly;
*a-jo; na-vi-dad; pro-fe-so-ra*

**Prefix:**
This is a small group of letters which can be added on at the front of a word, creating a new word or altering the meaning of the original word:

Examples:
legal – illegal; freeze – antifreeze
*tener – mantener; social – antisocial*

**Suffix:**
This is a small group of letters which can be added on at the end of a word to create a new word or to alter the meaning and grammatical function of the original word:

Examples:
stupid – stupidity; stupid – stupidly
*feliz – felicidad; cruel – cruelmente*

**Phrase:**
This is any group of words which hang together to provide meaning.

Examples:
with my friend; on the bus; at top speed; before the end of the day
*con mi padre; en el tren; al lado de; antes del Año Nuevo*

**Clause:**
This is a group of words, similar to a phrase but containing a verb (see Verbs below).

Examples:
. . . because he likes football; when we arrive . . . ; if she should happen to leave . . .
*porque le gusta jugar; cuando nos vamos . . . ; si trabajas . . .*

**Sentence:**
This is usually a group of words which stands alone and contains a finite verb. It may consist of more than one clause, in which case one will be the main clause, and any others may be subordinate clauses. The main clause is the one which can stand alone, i.e. make a meaningful sentence in its own right.

Examples:
I shall go home at six o'clock.
They ought to take an umbrella in case it rains.
If we hurry, we might catch the train.
*Llegaré al colegio a las nueve.*
*Deberíamos llamarles antes que se vayan.*
*Cuando dejó a su madre, fue a visitar a su hermana.*

N.B. In the last example in each language, the second clause is the main clause, and the first is the subordinate clause. Clearly, 'We might catch the train' and *'Fue a visitar a su hermana'* can stand alone and be sentences in their own right.

**Verbs:**
These are words which convey the idea of an action of some sort, or of an abstract change or state of being. Verbs describe many things which are not actions as such, but for the sake of convenience the word 'action' is used in the following explanations.
A finite verb is one which tells you not only what is being done, but also who is doing it and when. (Verbs also have an infinitive form: this is the 'name' part of the verb, which only tells you what the particular action is.) A sentence will usually contain at least one finite verb.

Examples:
John plays tennis.
We went home at four o'clock.
They will get here before the meal is ready.
*Papa prepara la cena.*
*Terminaron su trabajo a las seis.*
*Vamos a cantar en español para hacerle feliz.*
In Spanish the verb endings give the information on 'who' and 'when'.
Regular verbs are ones which follow an easily predictable pattern; irregular verbs have abnormalities in their patterns.

**Tenses:**

In Spanish there are sets of endings for each area of time or tense which relate to when the action is done/has been done/will be done. The examples listed above (under Verbs) are in the present, past and future tense respectively.

**Subject:**

This is the word (or words) in a sentence which identifies the person or thing doing the action described in a verb.

Examples:
The student spoke to the teacher.
*Mi amiga piensa ir a la discoteca.*

**Object:**

This is the word (or words) in a sentence which describes the person or thing which is the victim of, or on the receiving end of, the action. It can be a direct or an indirect object, and sometimes both are found together. A direct object is the actual victim of the action, whilst an indirect object will in some way be on the receiving end of an action. In English the word 'to' is often the clue to the indirect object, and in Spanish the word *'a'*.

Examples:
She reads her book every day. (Book is the direct object.)
She gave the book to her friend. (The book is the direct object but here there is also an indirect object – (to) her friend.)
*El soldado bebió una cerveza.* (*La cerveza* is the direct object.)
*¿Diste el helado a tu hermana?* (*A tu hermana* is the indirect object and *el helado* is the direct object.)

**Reflexive verbs:**

These describe actions which reflect on the subject, in other words the subject and object are one and the same. Reflexive verbs are easy to spot in English because one of the 'self' words is always somewhere around them. Some verbs are reflexive in Spanish which are not in English.

Examples:
Behave yourself!
*Se bañó antes de acostarse.*

**Nouns:**

A noun refers to a person, a thing or an abstract. The word 'noun' really means no more than 'name', so is used to refer to any item in particular. e.g. cup, football, woman, snow, difficulty, computing, vandalism.
In Spanish, all nouns are either masculine or feminine. This is known as gender. Nouns may also be singular or plural.

Examples:
house – houses; mouse – mice
*niño – niños; mujer – mujeres*

**Articles:**
These go in front of a noun, and there are two types:
the definite article – the; *el, la, los, las*
the indefinite article – a, an; *un, una*

**Adjectives:**
These add information about a noun, helping to build up a fuller picture or
helping to define or identify the noun. They usually go in front of the noun in
English, or after the verb 'to be'. In Spanish most adjectives follow the noun
they describe. They may refer to quality, size, colour, comparison, number,
your opinion and so on.

Examples:
an interesting book; a long walk; the green hat; the tallest man; three eggs; a
stupid fool.
In Spanish, adjectives match or agree with the nouns they describe in gender
(masculine or feminine) and number (singular or plural).

*Ejemplos:*
*una película emocionante; una playa hermosa; el coche azul; la casa más lujosa;*
*doscientas naranjas; unas chicas simpáticas.*

**Pronouns:**
Pronouns simply stand in for a noun, taking its place to save repeating it, or
when speaker and listener both already know who or what is being referred to.
These are of several different types, each doing a different job:
Subject pronoun: She took her son to school. *Tú te irás de aquí.*
Direct object pronoun: The man found it near the car. *Las trajo el cartero.*
Indirect object pronoun: Paul sent it to her. *Tu madre le dio una camisa.*
Reflexive pronoun: I looked at myself in the mirror. *Se lavó en la cocina.*
Prepositional or disjunctive pronoun: We travelled with them. *Irán con él.*

**Adverbs:**
These are to verbs what adjectives are to nouns – in other words they add
information about how or when an action is being done. In English they often
involve adding '-ly' to the end of an adjective – slow/slowly, the equivalent in
Spanish being *'-mente'* – *rápido/rápidamente.*

Examples:
The boy ran quickly down the stairs. I will leave tomorrow.
*El tren viajó rápidamente por el valle. Llegué ayer.*

Adverbs can also qualify an adjective or another adverb:

Examples:
incredibly slow; amazingly quickly
*comparativamente ricos; increíblemente bien*

**Prepositions:**
These state where something is either in place or in time.

Examples:
next to the shop; behind the chair; with my friend; before the meeting; after supper.
*detrás del cine; encima del río; con su hijo; después de la clase; por la mañana.*

**Accents:**
These are marks which in some way affect the way a letter is pronounced.
There are only three accents in Spanish; by far the most common is the acute accent ( ´ ) which shows that the syllable carrying it should be pronounced with the greatest emphasis (stressed).

Examples:
*río; carnicería; águila.*
An accent may also be used to distinguish two words with identical spellings but different meanings.

Examples:
*tu (tú); si (sí); te (té).*
The other common accent in Spanish is the *tilde* ( ˜ ) which converts *n* (as in *una*) into *ñ* (as in *niña*).
There is also the diaeresis which is used to separate one vowel from another as in '*vergüenza*'. (See also Chapter 47.)

# NOUNS AND ARTICLES

**MECANISMOS**

A noun is a person, animal, object, or concept, for example: Sandra, man, horse, table, hope, inefficiency.

# *Gender*

All nouns in Spanish are either masculine or feminine. There is no neuter gender in Spanish, so inanimate nouns – those denoting non-living objects or concepts – are also either masculine or feminine.

Generally speaking, nouns ending in *-o* are masculine (*el caso, el puerto, el chico*) and those ending in *-a* are feminine (*la casa, la puerta, la chica*). There are, however, a number of common exceptions to this rule.

- The following nouns are feminine: *la foto, la moto, la mano, la radio*
- The following nouns are masculine: *el día, el mapa, el planeta, el tranvía, el yoga;*
- and also an appreciable number of nouns ending in *-ma*: *el anagrama, el clima, el crucigrama* (crossword), *el drama, el esquema* (scheme), *el fantasma* (ghost), *el panorama, el pijama, el problema, el programa, el sistema, el síntoma, el telegrama, el tema*
- Nouns ending in *-ista* are invariable whether referring to a male or female person: *el/la socialista, el/la ciclista.*
- Some noun endings are helpful in determining gender.
- Nouns with the following endings are masculine: *-aje, -or, -án, -ambre* or any stressed vowel.

*Ejemplos:*

*el paisaje, el rigor* (but *la labor, la flor*), *el desván* (attic), *el enjambre* (swarm), *el sofá, el café*

- Nouns with the following endings are feminine: *-ión; -dad*\*, *-tad, -tud, -umbre, -ie, -isis, -itis.*

¡ACCIÓN GRAMÁTICA!

*Ejemplos:*

*la estación* (but *el avión, el camión, el gorrión* (sparrow) ), *la ciudad, la virtud, la muchedumbre* (crowd), *la superficie* (surface), *la crisis* (but *el chasis*), *la apendicitis*

*Words ending in *-dad* and *-tad* correspond to English words in -ty, for example: *la caridad* (charity), *la ciudad* (city), *la libertad* (liberty). It could be said that in Spanish all *dads* are feminine!

- Countries, regions, provinces, towns and places ending in *-a* are feminine, though some countries are masculine: *el Canadá, el Perú, el Uruguay*

- Compound nouns (those made by joining two or more words together) are masculine: *el rascacielos* (skyscraper), *el limpiaparabrisas* (windscreen wiper)

- Some fruits which are feminine have a corresponding tree which is masculine:

*la manzana* (apple)            *la cereza* (cherry)
*el manzano* (apple tree)       *el cerezo* (cherry tree)
*la naranja* (orange)
*el naranjo* (orange tree)

- Words imported from other languages, especially from English, tend to be masculine (though not always), for example: *el best-seller, el márketing,* while some from an obviously feminine noun in another Latin language are feminine, for example: *la roulotte* (caravan), *la élite.*

# Plural of nouns

To form the plural of nouns, the general rule is to add *-s* to a vowel and *-es* to a consonant:

*el niño/los niños*             *la niña/las niñas*
*el reloj/los relojes*          *la red/las redes*

Foreign imported words, such as *el club*, should behave according to the rules as stated above, but you will hear and see both *los clubes* and *los clubs.*

Take care, however, with the following spelling changes in the plural.

| | |
|---|---|
| Words ending in *-z* change this to *-ces*: | *una vez/muchas veces* |
| Words ending in stressed *-án, -én, -ín, -ón, -ión, -és* lose the accent: | *el catalán/los catalanes*<br>*el andén/los andenes*<br>*el maletín/los maletines*<br>*el cajón/los cajones*<br>*la ración/las raciones*<br>*el francés/los franceses* |
| Words ending in unstressed *-en* add an accent to the preceding syllable: | *la imagen/las imágenes* |
| Words ending in stressed *-í, -ú* should add *-es* but in spoken Spanish the *-e-* is sometimes omitted: | *el iraquí/los iraquíes*<br>*el champú/los champúes* |
| Most words ending in unstressed *-es* or *-is* do not change: | *el martes/los martes*<br>*la crisis/las crisis* |
| Note the change of stress in: | *el carácter/los caracteres*<br>*el régimen/los regímenes* |
| Surnames do not usually change in the plural: | *la familia Gómez/los Gómez* |

# Articles

The definite article (the) has four forms in Spanish, for masculine and feminine singular, and masculine and feminine plural:

masculine: *el coche* (the car)     *los coches* (the cars)
feminine: *la casa* (the house)     *las casas* (the houses)

The indefinite article (a, an) has a masculine and feminine singular and a form which can be used in the plural to mean 'some':

masculine: *un coche* (a car)     *unos coches* (some cars)
feminine: *una casa* (a house)     *unas casas* (some houses)

Note: *el* and *un* are used before a feminine noun beginning with *a-* or *ha-*: *el agua, un águila* (eagle). This is just for the sake of the sound and any adjective describing it still has a feminine agreement: *el agua está fría*. However, when article and noun are separated by an adjective, the normal rule applies: *una hermosa águila*.

Remember: **de** + **el** = **del** (of the, from the)

*la puerta del comedor*

      **a** + **el** = **al** (to the)

*voy al comedor*

These are the only two cases of two words contracting to form one in Spanish.

# Use and omission of the definite article

Use the definite article in Spanish much as in English, but there are exceptions.

a) The definite article is omitted in Spanish but not in English with numbers of monarchs, Popes, etc:

| | |
|---|---|
| *el rey Juan Carlos primero* | King Juan Carlos the First |

b) It is also usually omitted in Spanish with a noun in apposition to another:

| | |
|---|---|
| *Juan Carlos, rey de España* | Juan Carlos, the King of Spain |
| *Tokio, capital del Japón* | Tokyo, the capital of Japan |

c) It is used in Spanish but not in English when you talk about nouns in a general sense:

*Ejemplos:*

| | |
|---|---|
| *En esta región se produce el vino* | Wine is produced in this region |
| *El café me desvela* | Coffee keeps me awake |
| *Lo más importante es la esperanza* | Hope is the most important thing |

In these cases the nouns denote the whole of their class – all coffee, all hope, etc. When the noun only refers to part or some of its class, the article is omitted:

*Ejemplos:*

| | |
|---|---|
| *Ese hombre tiene valor* | The man has courage (i.e. some courage) |
| *Yo tomo carne* | I'm having meat (i.e. some meat) |

If you know French, resist the temptation to put in a 'partitive' article (*du vin, de la viande, des croissants*), as this does not exist in Spanish:

Nous allons prendre du café = *Vamos a tomar café*   We're going to have (some) coffee

d)  It is used with a language when the language is the subject of a verb:

*El alemán es difícil para los   German is difficult for the
    españoles*                    Spanish

It should also be used with a language except after *hablar*, but its use seems to be becoming increasingly optional:

*No entendemos (el) inglés pero   We don't understand English but
aprendemos (el) francés*          we're learning French

e)  Use the definite article to express 'on' a day of the week:

*el martes* (on Tuesday), *los martes* (on Tuesdays)

f )  It is used before titles, such as *el señor, la señora, la señorita, el doctor, el padre*, when people are being talked about, but not addressed:

*Ejemplos:*

*El doctor Jiménez es muy bueno*   Dr Jiménez is very good
*– Buenos días, Señora Carrascal*   Good morning, Mrs Carrascal

# Use and omission of the indefinite article

Use the indefinite article in Spanish much as in English, but there are exceptions.

a)  It is omitted when used after *ser* or *hacerse* + profession, occupation, status

*Ejemplos:*

*Soy estudiante de español*   I'm a student of Spanish
*Quiero hacerme traductora*   I want to become a translator

b)  It is not usually used after *sin*, or with *¡qué. . . !, tal, semejante, medio, cierto, otro*:

*Ejemplos:*

*sin camisa*   without a shirt
*¡qué risa!*   what a laugh!

¡ACCION GRAMATICA!

> *En mi vida he visto tal/semejante cosa*
>
> Never in my life have I seen such a thing
>
> *Deme medio litro de otro vino*
>
> Give me half a litre of another wine

c) It is used with an abstract noun qualified by an adjective:

*Ejemplo:*

> *La pintó con un esmero excepcional*
>
> He painted her with exceptional care

¡PONTE A PUNTO!

## 1 *Arca de Noé*

Se dice que los animales del arca de Noé eran dos de cada especie. Pero lo del arca fue en tiempos de inundación y Noé tuvo que aguantar no sólo animales. Añade uno a cada uno de los siguientes animales, cosas y personas para que haya dos. Si hay palabras que no conozcas, ¡búscalas en un diccionario! ¡Cuidado con los acentos!

Ejemplo: un girafa > dos girafas

| | | |
|---|---|---|
| un rinoceronte | un hipopótamo | un cocodrilo |
| un gato | un ratón | una rata |
| un gorrión | una serpiente | un pitón |
| un jabalí | una res | un chimpancé |

. . . además de

| | | |
|---|---|---|
| una crisis | una tos | una inundación |
| un régimen | una serie de problemas | un club de vela |
| un inglés | una portuguesa | un israelí |

## 2 *¿Macho o hembra?*

Has perdido tu diccionario y tienes que adivinar el género ( *f* o *m*) de las siguientes palabras. ¡A ver cuántas adivinas correctamente!

| | | |
|---|---|---|
| bronquitis | diploma | parabrisas |
| cuidado | igualdad | civilización |
| dilema | ama de casa | tesis |
| goma | Ecuador | equipaje |
| amor | tragaperras | cumbre |
| programa | Paraguay | Argentina |
| paraguas | footing | software |
| coma | | |

## 3 *Fórmula 1*

Los artículos definidos e indefinidos faltan en este artículo del periódico ABC.
Rellena los espacios en blanco con los artículos necesarios – pero ¡cuidado!
porque no todos los espacios requieren artículo.

(1) un ingeniero John Barnard, uno de (2) unos diseñadores más importantes de (3) ... Fórmula 1, volverá a Ferrari para ocuparse de (4) ... desarrollo y de (5) ... evolución de (6) ... monoplazas de (7) ... escuadra italiana, y su regreso podría arrastrar a (8) ... actual campeón de (9) ... mundo, (10) ... brasileño Ayrton Senna. Barnard ya estuvo en Ferrari entre 1987 y 1989 y entonces produjo (11) ... auténtica revolución con (12) ... introducción de (13) ... chasis de (14) ... fibra de (15) ... carbono.

(16) ... rumor se ha extendido. Ferrari le habría hecho (17) ... oferta a Senna de (18) ... 25 millones de dólares y el brasileño afirmó al respecto: «Barnard es (19) ... pieza clave para que yo decida qué equipo pilotaré el próximo año». También es posible que (20) ... austríaco Gerhard Berger, quien durante (21) ... era Barnard condujo para Ferrari, regrese a (22) ... casa italiana tras (23) ... contrato firmado por (24) ... diseñador.

Barnard trabajará en (25) ... nuevo centro tecnológico de Ferrari en (26) ... Inglaterra junto a (27) ... personal italiano. De acuerdo con (28) ... nuevo esquema de (29) ... organización de Ferrari, Harvey Postlethwaite será (30) ... director técnico de (31) ... sede de Maranello y continuará como (32) ... responsable de (33) ... sector de (34) ... fabricación.

*Reproducido con autorización del diario ABC de Madrid*

## 1 *Lista de bodas – ¡doble!*

Unas amigas vuestras son gemelas idénticas. Siempre han hecho todo igual y
ahora se casan el mismo día, ¡claro! Claro, también, que tú y tus
compañeros/as de clase vais a darles un regalo idéntico, y por eso tendréis que
comprar dos regalos. Discutid entre vosotros las cosas (en plural) que les vais a
regalar.

Por ejemplo:
– ¿Por qué no les regalamos manteles para la mesa?
– Pues yo pienso que les gustarían bandejas.
– Yo les daría sábanas para las camas.

Cuando lo hayáis discutido, haz una lista corta de las posibilidades (¡en plural, claro!)

## 2 Ambiciones

Discute con tus compañeros/as de clase lo que queréis ser después de terminar vuestros estudios. Podéis hacer algunas propuestas unos a otros, también.

Por ejemplo:
– Yo quiero ser cartero.
– A mí me gustaría hacerme cirujana.
– ¿Por qué no te haces cantante de música pop?

## 3 Palabras no castizas

Con una selección de revistas y periódicos españoles trabaja con tus compañeros/as para encontrar palabras de origen extranjero, como, por ejemplo, *footing, software*, etc, y hacer una lista de ellas. Mirad primero los anuncios y las páginas sobre la música y los deportes, donde tienden a proliferar. Después comprobad su género con un diccionario moderno.

## 4 Geografía europea o mundial

Trabaja con un(a) compañero/a. Uno/a tiene que nombrar un país europeo o del mundo entero, y el otro/la otra decir cómo se llaman los habitantes, qué idioma(s) hablan y luego preguntar el género del país. Podéis utilizar un diccionario si queréis.

Por ejemplo:
– Francia
– Los habitantes se llaman los franceses y hablan francés (algunos hablan bretón).
– ¿De qué género es Francia?
– Es femenina.

Al decir el idioma, escríbelo también para comprobar si necesita acento o no:

francés – sí

## 5 ¡Viva el Tipp-Ex!

Pide a tu profesor(a) una fotocopia de cualquier trozo de español. Con el Tipp-ex quita todos los artículos definidos e indefinidos. Vuelve a fotocopiar la hoja y da la segunda copia a un(a) amigo/a para que vuelva a rellenar los espacios en blanco que tú has hecho. Si prefieres, puedes trabajar en parejas para quitar los artículos, dar la copia a otra pareja para que discutan los artículos que tienen que reemplazar.

# 2 ADJECTIVES

**MECANISMOS**

An adjective describes a noun or a pronoun: a red bus, a modern one.

## The agreement of adjectives

In Spanish, adjectives agree in gender (masculine/feminine) and number (singular/plural) with the noun(s) or pronoun(s) they describe, as follows:

a) adjectives ending in *-o*:

| | | | |
|---|---|---|---|
| *un coche blanco* | *coches blancos* | *una casa blanca* | *casas blancas* |

b) adjectives ending in a consonant or *-e* are usually the same in the masculine and feminine singular; those ending in *-e* add *-s* for the plural, and those ending in a consonant add *-es*:

| | | | |
|---|---|---|---|
| *un coche gris* | *coches grises* | *una casa gris* | *casas grises* |
| *un coche verde* | *coches verdes* | *una casa verde* | *casas verdes* |

But there are some exceptions to the above rule:

c) some adjectives have a predictable masculine plural in *-es* but end in *-a* in the feminine singular and in *-as* in the feminine plural:

i) adjectives denoting nationality, region or place:

| | | | |
|---|---|---|---|
| *inglés* | *ingleses* | *inglesa* | *inglesas* |
| *catalán* | *catalanes* | *catalana* | *catalanas* |
| *cordobés* | *cordobeses* | *cordobesa* | *cordobesas* |

ii) adjectives with the following endings: *-án, -ín, -ón, -or*:

| | | | |
|---|---|---|---|
| *charlatán* | *charlatanes* | *charlatana* | *charlatanas* |
| *chiquitín* | *chiquitines* | *chiquitina* | *chiquitinas* |
| *mandón* | *mandones* | *mandona* | *mandonas* |
| *encantador* | *encantadores* | *encantadora* | *encantadoras* |

But the pairs of comparative adjectives ending in *-or* behave normally (like *gris*, above): *mejor, peor; mayor, menor; exterior, interior; anterior, posterior; superior, inferior*; and also *ulterior*.

d) some adjectives end in *-a* regardless of gender, and add *-s* for the plural:

| | | | |
|---|---|---|---|
| *belga* | *belgas* | *belga* | *belgas* |

all adjectives ending in *-ista*, of which there are many:

| | | | |
|---|---|---|---|
| *socialista* | *socialistas* | *socialista* | *socialistas* |

and *cada* (each) which is invariable.

e) adjectives still agree when used as the complement of the sentence, after *ser, estar, parecer, resultar*, etc:

*Ejemplo:*

*Las paredes eran/parecían rojas*      The walls were/looked red

f) certain nouns used as adjectives do not change, mainly colours where the name of a fruit or flower is used:

*paredes naranja*                    *insectos hembra* (female insects)

g) adjectives placed after more than one noun take masculine plural agreement:

*profesores y profesoras ingleses*

h) adjectives placed before more than one noun tend to agree with the first noun:

*con una fingida atención y esmero*      with feigned attention and care

i) shortened ('apocopated') adjectives

Some adjectives used before the noun drop the final letter(s):

– in both genders, singular: *grande* becomes *gran*:

*un gran hombre, una gran mujer*

– in masculine singular only: *bueno, malo, primero, tercero, alguno, ninguno*:

*un buen/mal día, el primer/tercer ejercicio, algún/ningún problema*

– where *Santo* is used as a title for a male saint, it becomes *San*:

San Pedro (except for those beginning with *Do-* or *To-*: *Santo Domingo, Santo Tomás*)

# The position of adjectives

In general, adjectives follow the noun, as in the examples with colour adjectives above (a, b). Adjectives which commonly precede the noun are the shortened ones mentioned above (h). The adjective comes first at the start of a letter:

*Ejemplos:*

*Querida Conchi:*
*Distinguido Señor:*

(There are certain circumstances when other adjectives may come before the noun, but this is a rather elusive area of style, which is beyond the scope of this book.)

Some adjectives vary their meaning according to their position:

|  | before noun | after noun |
|---|---|---|
| *antiguo* | former, ancient | ancient |
| *cierto* | (a) certain | beyond doubt |
| *medio* | half | average, mean |
| *pobre* | poor (wretched) | poor (not rich) |
| *puro* | sheer | pure (clean) |
| *raro* | rare | strange, rare |
| *simple* | simple, mere | simple-minded |
| *varios* | several | assorted, various |

# Nouns used as adjectives

Although English often uses nouns rather like adjectives to qualify other nouns, these expressions have to be explained in Spanish:

*Ejemplo:*

| | |
|---|---|
| *el entrenamiento para el fútbol* | football training |
| *el tren de/para Madrid* | the Madrid train |
| *los problemas del/con el tubo de escape* | exhaust pipe problems |

This also applies to the materials of which things are made:

*Ejemplo:*

| | |
|---|---|
| *una camisa de seda* | a silk shirt |
| *un bolso de piel* | a leather handbag |

# Using the pronoun lo *with an adjective*

This forms a kind of abstract noun, where it is not always easy to find an English equivalent.

*Ejemplos:*

| | |
|---|---|
| *Lo horroroso es que . . .* | The horrific thing is that . . . |
| *Eso es lo importante* | That is what's important |

# Making adjectives negative

Although the prefix *in-* is sometimes used in Spanish, there is no predictable equivalent to the English prefix 'un-' to reverse the meaning of an adjective. You can sometimes use *sin* with an infinitive:

*Ejemplo:*

| | |
|---|---|
| *Es un método sin probar* | It's an untried method |

But the most common way to do this is to use *poco*.

*Ejemplo:*

| | |
|---|---|
| *Fue una película poco interesante* | It was an uninteresting film/It wasn't a very interesting film |

¡PONTE A PUNTO!

# 1 *Reunión en el aeropuerto*

Vas a ir a trabajar a casa de una familia en España, a quien no conoces. Quieres escribir una carta dando una descripción de ti mismo/a. Escoge un adjetivo de los que vienen abajo para describir tu aspecto y tu ropa y hazlo concordar si hace falta.

Por ejemplo:
**piernas largas**

**¡ACCION GRAMATICA!**

> *aspecto:* pelo, nariz, ojos, orejas, piernas, pies, camisa, blusa, pantalones, falda, anorak, zapatos, bolso
>
> *adjetivos:* corto, largo, puntiagudo, rojo, azul, blanco, amarillo, negro, verde, grande, pequeño, ligero, espeso, moderno, viejo, nuevo, brillante, luminoso, de lana, de algodón, de plástico, de piel, de moda

Puedes utilizar más de un adjetivo y más de una vez si quieres.

## 2 ¡Se busca criminal!

Rellena los espacios en blanco con un adjetivo escogido de los que aparecen abajo. ¡Deja que la concordancia te ayude en ciertos casos!

> Ayer por la noche el anciano Federico Arenas Muñoz fue atracado en la calle de la Flor. Según su descripción el atracador tenía el pelo (1) ... y (2) ... con la cara (3) ... Llevaba cazadora (4) ... con bolsillos (5) ... y pantalones (6) ... (7) ... y (8) ... En los pies llevaba botas (9) ... (10) ... Era bastante (11) ... , es decir, medía quizás 1m 80.
>
> El Sr Arenas dijo que tenía las uñas muy (12) ... y hablaba con acento (13) ... , puesto que las (14) ... palabras que profirió fueron bastante mal (15) ... Claro que la policía quiere que se coja a este criminal lo más pronto posible, puesto que puede ser (16) ... y los ciudadanos del barrio no se sienten (17) ... .

> alto    azules    sucias    redonda    pronunciadas    moreno    de charol
> marrón    pocas    vaqueros    seguros    desgarrados    peligroso    largo
> grandes    extranjero    negras

¡En todas estas actividades, no te olvides de la concordancia de los adjetivos!

## 1 ¡Mira en torno tuyo!

Con tus compañeros/as puedes jugar a *I spy*, pero tienes que dar dos iniciales, uno para el sustantivo y otro para el adjetivo.

Por ejemplo:

**Yo veo algo que empieza con C.A.**  >  cortinas amarillas
**Yo veo algo que empieza con E.E.**  >  enchufe eléctrico

Si quieres, puedes permitir que tus compañeros/as adivinen el sustantivo primero antes que el adjetivo.

# 2 ¿Quién es?

Tienes que describir a tus compañeros/as a alguien que no está en el aula o el cuarto con vosotros. Puede ser un amigo o una amiga, una estrella de pop u otra personalidad. Tienes que describir su aspecto físico y su carácter, empleando cuantos adjetivos puedas.

# 3 ¿Qué es?

Has perdido algún objeto corriente. Tienes que describirlo a tu compañero/a, que es empleado/a de la oficina de objetos perdidos, describiendo su tamaño, su color, y diciendo de qué material está hecho.

# 4 Vendedor de chismes

Cada uno/a de la clase trae dos o tres cosas – por ejemplo: una percha, un martillo, una bomba de bicicleta, un chupete de bebé – y tiene que persuadir a sus compañeros/as a comprarlas. Claro que tienes que emplear adjetivos, además de explicar para qué sirve el objeto.

# 5 ¿Cómo fue?

¡Basta de colores, tamaños y materiales! Piensa en adjetivos abstractos para describir:

| | |
|---|---|
| una película | una experiencia tuya |
| un personaje famoso | unas vacaciones |
| un programa de televisión | una filosofía |
| unas noticias | un examen |
| un partido de tenis/fútbol u otro deporte | una aventura |
| una guerra | una montaña |

Trata de encontrar varios adjetivos para describir cada cosa, luego compara tu lista con la de tus compañeros. ¿Cuántos habéis encontrado en total?

Por ejemplo:

**La conferencia a la que asistí la semana pasada fue interesante, estimulante, informativa, religiosa, práctica, internacional, aburrida, poco animada, incomprensible, bien/mal organizada, desastrosa . . .**

Claro que te hará falta buscar palabras en el diccionario para lograr una buena gama de adjetivos abstractos.

# 3 ADVERBS

**MECANISMOS**

Adverbs qualify parts of speech other than nouns and pronouns, most commonly:
– verbs   (We finished it quickly)
– adjectives   (We found the journey amazingly easy)
– other adverbs   (We got here amazingly quickly)

You will meet several types of adverbs:

* Some adverbs in English are single words in their own right, such as: 'very', 'quite', 'late'. Most of these have a corresponding word or phrase in Spanish: *muy, bastante, tarde.*
* Most adverbs are formed in English by adding '-ly' to an adjective, with or without minor spelling adjustments: pretty > prettily, quick > quickly.

a) In Spanish, you add *-mente* to the feminine singular of the adjective, if this is different from the masculine singular:

| | |
|---|---|
| *absoluto* > absolutamente | *rápido* > rápidamente |
| *regular* > regularmente | *cortés* > cortésmente |

Note: The accent remains on the original adjective.

Not all adjectives can add *-mente*. Use those to which you can add '-ly' in English as a fairly reliable guide (you can't say 'fatly', nor *gordamente*!).

When you have consecutively two or more adverbs which would end in *-mente*, the ending *-mente* appears only on the last adjective, though all adjectives will be in the feminine form:

*lenta y cuidadosamente*        slowly and carefully

The adverbial forms of *bueno* and *malo* are *bien* and *mal,* although you may come across *buenamente* and *malamente* in popular speech.

b) Because some adverbs of the *-mente* type can be rather long (try *independientemente*!), an adverbial phrase is sometimes used, often with *con* or *sin* + the related noun:

¡ACCIÓN GRAMÁTICA!

*Habló con tristeza* (for *tristemente*)   He spoke sadly/with sadness
*Actuó sin prisa*   (for *lentamente*)   He acted slowly/unhurriedly

or with *de un modo* or *de una manera*:

*Habló de una manera triste.*

(This, incidentally, is simply expressing in modern Spanish what 'triste mente' meant in the original Latin – with a sad mind, in a sad manner!)

c)  Sometimes you can use an adjective as an adverb:

*El tiempo pasó muy rápido*   Time passed very quickly

but be careful, if you don't like taking risks!

Note: when *sólo* means only and is the equivalent of *solamente* (an adverb), it has an accent; when it means alone or solo (an adjective), it has no accent.

¡PONTE A PUNTO!

# 1 *Todo está en la mente*

A veces, en inglés, hablamos incorrectamente, empleando adjetivos con un verbo donde deberíamos emplear un adverbio: *she walks slow* es incorrecto para *she walks slowly*. En español, en general, la regla es igual, aunque a veces se puede emplear un adjetivo con un verbo. Pero para estar seguro/a, tú tienes que corregir las frases siguientes, empleando un adverbio en lugar de un adjetivo.

1   Yo aprendo muy *lento*.
2   Nuesto profesor habla muy *rápido*.
3   Tu te comportas muy *estúpido*.
4   Todo esto sale muy *lógico*.
5   Estoy hablando *personal*.
6   Ocurre *regular*.
7   Ahora sabes hacerlo *correcto*.
8   Pues ¡hazlo *bueno*!

## 2 *En viaje de negocios*

*Primera parte*

Has estado en España en viaje de negocios, y aquí describes los éxitos y fracasos del viaje. Escoge un adverbio de los que aparecen abajo para contestar a cada pregunta. Algunos pueden servir para dos o más respuestas, pero trata de usar cada uno una vez solamente.

1  ¿Cuándo fuiste a España?
2  ¿Cómo conseguiste el billete de avión?
3  ¿Cómo te recibieron en la primera empresa que visitaste?
4  ¿Cómo llevaste las negociaciones sobre el precio de tu producto?
5  ¿Cómo contestaron al rechazar el producto?
6  ¿Cómo explicaste tu problema a tu jefe?
7  ¿Cómo reaccionó éste cuando le hablaste del fracaso?
8  ¿Cómo persuadiste a la segunda empresa a comprar el producto?
9  ¿Cómo recibió las mejores noticias tu jefe?
10 ¿Cómo dormiste aquella noche?

| | | | |
|---|---|---|---|
| entusiasmadamente | atentamente | categóricamente | profundamente |
| recientemente | persuasivamente | diplomáticamente | difícilmente |
| fácilmente | airadamente | | |

*Segunda parte*

Ahora identifica cuál de estas frases adverbiales se podría emplear en vez de los adverbios que aparecen arriba y escribe la respuesta a la pregunta utilizándola:

| | | | |
|---|---|---|---|
| con discreción | con ahínco | con satisfacción | hace poco |
| como un tronco | sin dificultad | con enojo | no sin problemas |
| sin duda alguna | con cortesía | | |

¡... Y EN MARCHA!

## 1 *¿Cómo lo hacen?*

Trabaja con tus compañeros/as, empleando adverbios para describir los movimientos y acciones de varios animales, personas, objetos, empleando adverbios en las descripciones. Los otros/as tienen que adivinar lo que se describe.

¡ACCIÓN GRAMÁTICA!

Por ejemplo:
– **Es un animal que se mueve lenta y pesadamente.**
– **Es un elefante.**

## 2 «*Publiciadverbios*»

Tú y tus compañeros/as trabajáis en una agencia de publicidad, y habéis decidido montar una campaña de «publiciadverbios», es decir, anuncios que lleven un adverbio que termine con -*mente*. Tenéis que discutir qué producto o mensaje iría mejor con algunos de estos publiciadverbios, y como presentaríais el anuncio (quizás dibujándolo si eres buen artista).

Por ejemplo:
**¿Para qué serviría ¡DULCEMENTE!? ¿Quizás para anunciar una tableta de turrón o chocolate, una caja de caramelos? ¿Con un chico que se la ofrece a su novia o al revés?**

Ahora a ver qué pasa con:

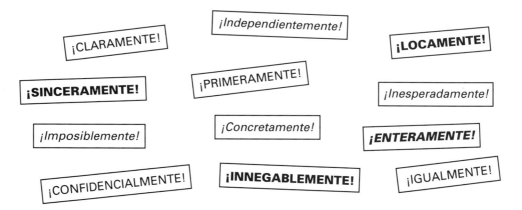

## 3 *Consejos*

Pides consejos para saber cómo decir ciertas cosas a tu novio/a. No sabes expresarte como quieres, y pides sugerencias a tus compañeros/as. Claro que éstos/as tienen que sugerirte algunos adverbios o expresiones adverbiales.

Por ejemplo:
– **¿Cómo voy a decirle que le/la quiero?**
– **Dile que le/la quieres locamente/tontamente/apasionadamente/ sinceramente . . .**

¿Cómo voy a . . .

    . . . ofrecer hacer sus deberes?

    . . . agradecerle su regalo de cumpleaños?

    . . . darle el anillo que acabo de comprar?

    . . . decirle que quiero casarme con él/ella?

    . . . preguntarle si quiere ir de vacaciones conmigo?

    . . . explicarle que no puedo verle/la esta semana?

    . . . confesarle que no me gusta su nuevo peinado?

    . . . decirle que ya no le/la quiero?

    . . . informarle que tengo otro/a novio/a?

    . . . hablarle de mi amigo/a Juan/Juana?

    . . . ?

Añade otros problemas tuyos.

# 4 COMPARATIVE OF ADJECTIVES AND ADVERBS

**MECANISMOS**

There are various ways of comparing people and things: 'more . . . than', 'less . . . than', 'as . . . as', 'not so . . . as'.

## *Adjectives*

- **More . . . than**

In English we either add '-er' to an adjective (bigger, smaller) or use 'more' before the adjective (more intelligent). In Spanish you use *más* + adjective + *que*.

*Ejemplos:*

| | |
|---|---|
| *España es más grande que el Reino Unido* | Spain is bigger than the UK |
| *El japonés es más difícil que el español* | Japanese is more difficult than Spanish |

The exceptions are *mejor* (better), *peor* (worse), *mayor* (older), *menor* (younger).

*Ejemplos:*

| | |
|---|---|
| *El tren de las 11.01 es mejor que el de las 10.47* | The 11.01 train is better than the 10.47 |
| *Manuel es mayor que Conchita* | Manuel is older than Conchita |

There is no need to express 'than' when there is no follow-up to the comparison:

*Ejemplo:*

| | |
|---|---|
| *Este tren es bueno pero el otro es mejor* | This train is good but the other is better |

- **Less . . . than**

In Spanish, use *menos . . . que.*

*Ejemplo:*

| | |
|---|---|
| *Calatayud es una ciudad menos importante que Burgos* | Calatayud is a less important town than Burgos |

# Comparison with a number

When used with a number, *más* and *menos* are followed by *de* (not *que*):

| | |
|---|---|
| *Había más/menos de cien personas en el auditorio* | There were more/less than a hundred people in the auditorium |

# Comparison with a clause

When the comparison is of quantity with a clause containing a noun or pronoun, use *más del/de la/de los/de las que,* depending on the noun referred to:

*Ejemplo:*

| | |
|---|---|
| *Vinieron cien personas más de las que esperábamos* | A hundred more people than (those whom) we were expecting came |

If there is no noun or pronoun to compare, use *de lo que:*

*Ejemplo:*

| | |
|---|---|
| *Es menos importante de lo que pensaba originalmente* | It's less important than I originally thought |

# Equality

Use *tan* + adjective + *como* (not *que*) where English uses 'as' + adjective + 'as':

*Ejemplo:*

| | |
|---|---|
| *Este tren es tan bueno como el otro* | This train is as good as the other |

Notice that 'as much/as many as' in Spanish is: *tanto(s)/tanta(s) como* (not *tan mucho*):

*Ejemplo:*

| | |
|---|---|
| *Siempre tiene tanta suerte* | He always has so much luck/He's always so lucky |

You can also use these phrases negatively in the sense of 'not so . . . as, not so much/many . . . as':

*Ejemplos:*

| | |
|---|---|
| *El problema no es tan sencillo como parece* | The problem is not so simple as it looks |
| *No tenemos tantos problemas como Vds* | We don't have so many problems as you |

- *Tan . . . que* and *tanto . . . que* are used with a clause of result:

*Ejemplos:*

| | |
|---|---|
| *Es tan listo que sus profesores no saben cómo tratarle* | He's so clever (that) his teachers don't know how to deal with him |
| *Llovió tanto que tuvimos que volver a casa* | It rained so much (that) we had to go back home |

# Adverbs

- Adverbs can be compared in exactly the same ways as the adjectives above:

*Ejemplos:*

| | |
|---|---|
| *Mi colega trabaja más/menos rápidamente que yo* | My colleague works more/less quickly than I |
| *Este libro explica el problema más claramente* | This book explains the problem more clearly |
| *Hablas castellano mejor que nosotros* | You speak Spanish better than we (do) |

*Mejor* and *peor* are also the comparatives of *bien* and *mal*: *mejor* (better), *peor* (worse)

- *Cuanto más . . . más* (the more . . . the more) and *cuanto menos . . . menos* (the less . . . the less)

*Ejemplos:*

| | |
|---|---|
| *Cuanto más trabajas, más cobrarás* | The more you work, the more you'll earn |
| *Cuanto menos trabajas, menos cobrarás* | The less you work, the less you'll earn |
| *Cuanto más trabajo, menos cobro* | The more I work, the less I earn |

¡PONTE A PUNTO!

# 1 *¿Qué sabes de Latinoamérica?*

¡Todo mentiras! Las siguientes observaciones sobre Latinoamérica son todas incorrectas. Corrígelas, usando una forma del comparativo – más . . . que, menos . . . que, (no) tan . . . como, (no) tanto . . . como.

1 Brasil es menos grande que Chile.
2 No llueve tanto en las Selvas de Brasil como en el desierto de Atacama en Chile.
3 Más personas hablan portugués que español en Latinoamérica.
4 Hay más capitalistas en Cuba que en el resto de Latinoamérica.
5 Acapulco está más contaminada que la Ciudad de Méjico.
6 El Río Grande es más largo que el río Orinoco.
7 Hace más frío en Caracas que en la Tierra del Fuego.
8 No hay tantos galeses en Gales como en Patagonia.
9 Más ingleses que norteamericanos visitan los países de Sudamérica.
10 Los habitantes de las Islas Malvinas hablan más español que inglés.

# 2 *Geografía europea*

Usando las diferentes formas del comparativo, haz frases que comparen los sitios, etc, que se ponen aquí abajo. Quizás te haga falta un mapa de Europa.
. . .

Por ejemplo:
**Madrid y Córdoba**

**Madrid es más grande/ruidosa/cosmopolita que Córdoba.**
**Córdoba es menos importante/estratégica/moderna que Madrid.**
**Córdoba está menos contaminada/concurrida que Madrid.**
**Madrid (no) es tan interesante/histórica/antigua/turística como Córdoba.**
**Córdoba no tiene tanto tráfico/tantos habitantes como Madrid.**

¡ACCION GRAMATICA!

1 Luxemburgo y Rusia
2 El río Rin y el río Támesis
3 Los Picos de Europa y los Cotswolds
4 España y Portugal
5 Suiza y Holanda
6 Islandia y Malta
7 Los ferrocarriles franceses y los españoles
8 Londres y París
9 El idioma catalán y el castellano
10 Tu ciudad o pueblo y una ciudad o pueblo que conozcas en otro país europeo

¡... Y EN MARCHA!

# 1 ¡Yo soy más perfecto/a que tú!

Cambia observaciones (¡o quizás insultos!) con tus compañeros/as de clase sobre vosotros mismos.

Por ejemplo:
**Yo soy más jóven/guapo(a)/inteligente/alto(a) que tú.**
**Tú no eres tan guapo/a como yo/No tienes tanta edad como yo.**

# 2 ¡No es igual!

Haz comparaciones entre lo que se ve en la calle donde vives y otra calle más importante, como Oxford Street en Londres.

Por ejemplo:
**En la calle donde vivo hay más tranquilidad pero menos comodidades.**

# 5 SUPERLATIVE OF ADJECTIVES AND ADVERBS

**MECANISMOS**

## The superlative of adjectives

The superlative in English ends in '-est' (biggest, smallest), or we use 'most' before the adjective (most important). For the negative superlative we use 'least' with all adjectives. In Spanish you use the noun with its article followed by *más* or *menos* and the adjective – the definite article is not repeated.

*La ciudad más importante*

(Note that this is unlike French where the definite article is repeated: *La ville la plus importante.*)

The superlative is normally followed by *de*:

| | |
|---|---|
| *Barcelona es la ciudad más importante de Cataluña* | Barcelona is the most important town in Catalonia |

The following superlatives are exceptions worth noting:

*el/la mayor* (the biggest/the eldest)  *el/la menor* (the youngest)
*el/la mejor* (the best)  *el/la peor* (the worst)

*Ejemplo:*

| | |
|---|---|
| *Esta carretera es la peor* | This road is the worst |

With a possessive, the superlative of the adjective does not take the article:

*Ejemplo:*

| | |
|---|---|
| *El Guernica es su obra más famosa* | Guernica is his most famous work |

## The superlative of adverbs

To form the superlative of adverbs, again use *más* or *menos* without the definite article. Although this is the same as the comparative, the context will usually give the sense of the superlative:

*Ejemplos:*

| | |
|---|---|
| *Ana trabaja más de prisa* | Ana works fastest |
| *Pedro escribe mejor* | Pedro writes best |

whereas the comparative form will usually be followed by *que* (than):

*Ejemplo:*

| | |
|---|---|
| *Pedro escribe mejor que todos/ ninguno/nadie* | Pedro writes better than everyone/ anyone |

* To say 'very, very', 'extremely', you can add *-ísimo* to most adjectives:

*Ejemplos:*

| | |
|---|---|
| *un profesor aburridísimo* | an extremely boring teacher |
| *La comida fue riquísima* (note spelling change) | The food was very good indeed |

You can also add *-mente* to this form to make an adverb (see Chapter 3):

*Ejemplo:*

| | |
|---|---|
| *Hablaba rapidísimamente* | She was speaking very, very quickly |

¡PONTE A PUNTO!

# 1 *Más sobre España*

Empleando un superlativo, haz frases completas de las palabras siguientes.

Por ejemplo: Barcelona – puerto – importante – costa mediterránea
**Barcelona es el puerto más importante de la costa mediterránea**

1  La Rioja – autonomía – pequeña – toda España
2  el vino – producto – importante – la Rioja
3  las drogas – problema – preocupante – la juventud española
4  Pedro Almodóvar – director de cine – conocido – la actualidad

5  Torrelavega – ciudad – industrial – Cantabria
6  el AVE – tren – rápido y moderno – la RENFE
7  el turismo – factor – imprescindible – la economía española
8  el autobús – modo de viajar – barato – todos
9  el Ebro – río – largo – España
10  Granada – ciudad – con influencia árabe – toda Andalucía

## 2 *¡Un restaurante estupendísimo!*

Contesta a las declaraciones siguientes, añadiendo un superlativo.

Por ejemplo:
– **Las fresas están muy frescas, ¿verdad?**
– **Sí, están fresquísimas.**

1  El gazpacho está muy frío, ¿verdad?
2  Estos manteles son muy lindos, ¿verdad?
3  Estas gambas son muy ricas, ¿verdad?
4  Estos restaurantes son muy buenos, ¿no?
5  La camarera es muy símpatica, ¿verdad?
6  Los postres son muy grandes, ¿no te parece?
7  La salsa es muy sabrosa, ¿no?
8  El personal trabaja mucho, ¿no?
9  Estás contenta de la comida, ¿no?
10  Te sirven muy rápidamente, ¿verdad?

## 1 *El concejo*

Con tus compañeros/as estás seleccionando representantes para el concejo de tu curso escolar. Empleando superlativos, haz comentarios sobre tus compañeros/as.

Por ejemplo:
**Ana es la más lista, Pablo es el menos amable, Linda y Juan son los más populares del curso.**

He aquí unos adjetivos para ayudarte:

| | | | | | |
|---|---|---|---|---|---|
| descarado | inteligente | educado | perezoso | aplicado | sabio |
| informado | honrado* | difícil | simpático | conflictivo | hablador |

| socarrón | positivo | gracioso* | jóven | ingenuo* | persuasivo |
|----------|----------|-----------|-------|----------|------------|
| vital* | soñador | idealista | realista | izquierdista* | derechista* |

* ¿Sabes exactamente lo que significan estas palabras? ¡Quizás valga la pena comprobarlas en el diccionario!

## 2 Titulares

Estás produciendo un periódico escolar en español, y te hacen falta titulares impresionantes o chocantes. Con la ayuda de un periódico cualquiera, español o inglés, inventa titulares para algunos de los reportajes, usando superlativos. Discute tus titulares con tus compañeros/as.

Por ejemplo:

### La basura – el problema más apremiante de nuestras calles

### La Señora X – ¡la profesora menos comprendida del colegio!

# 6 DEMONSTRATIVE ADJECTIVES AND PRONOUNS

**MECANISMOS**

## *Demonstrative adjectives and pronouns*

- Demonstrative adjectives and pronouns, as their name implies, are used to demonstrate or pinpoint whatever is being referred to. Because they refer to nouns, there are masculine and feminine, singular and plural forms to match the nouns they describe.

*Este/esta* (this) and *estos/estas* (these) are used to describe something close to you.
*Ese/esa* and *esos/esas* are used for 'that' and 'those'.
*Aquel/aquella* (that) and *aquellos/aquellas* (those) are used to describe something further away from you, especially to distinguish it from *este* and *ese*. As you can see, Spanish is unusual in having three levels of demonstration or comparison:
*este . . .* (this), *ese . . .* (that), and *aquel . . .* (the . . . over there).

*Ejemplos:*

| | |
|---|---|
| *Este chico es más alto que ése* | This boy is taller than that one |
| *Esta chica es menos inteligente que aquélla* | This girl is more intelligent than that one |
| *Esos perros son más ruidosos que aquéllos* | Those dogs (near you) are noisier than those over there |

- They can all be used as adjectives, placed in front of a noun, or as pronouns, standing alone to represent a noun. As pronouns, they carry an accent on the first *e* to distinguish them from the adjectives. (This only affects the written form, of course, but in any case this rule is no longer rigidly observed.)

| | | |
|---|---|---|
| este/éste | ese/ése | aquel/aquél |
| esta/ésta | esa/ésa | aquella/aquélla |
| estos/éstos | esos/ésos | aquellos/aquéllos |
| estas/éstas | esas/ésas | aquellas/aquéllas |

- There are also three special neuter forms of the pronouns (which do not have an accent):
  *esto, eso* and *aquello*.
  These are used to describe a general idea rather than a specific idea or thing, and are also used to refer to something before its gender is known.

*Ejemplo.*

*¿Qué es esto?*

They are often used as in the following examples to express an idea:

*Ejemplos:*

| | |
|---|---|
| *Esto es algo que no me gusta nada* | This is something I don't like |
| *Nunca había oído hablar de eso* | I had never heard of that |
| *¿Qué piensas de todo aquello?* | What do you think of all that? |

- The pronoun forms *éste* and *aquél* are often used in the sense of the English 'the former' and 'the latter'.

*Ejemplo:*

| | |
|---|---|
| *Londres es más grande que Madrid, pero ésta tiene más problemas con el tráfico que aquélla* | London is larger than Madrid, but the latter has more traffic problems than the former |

¡PONTE A PUNTO!

# 1 ¡El profesor criticón!

Rellena los espacios en blanco con adjetivos o pronombres apropiados de los que se ven arriba.

El señor don Eutiquio Deberes es profesor en (1) ... instituto. Enseña Historia en (2) ... aula, pero a veces tiene que pasar a (3) ... , que está al lado de la biblioteca. (4) ... buen señor, que suele estar de mal humor y que es muy criticón, habla de sus alumnos mientras escribe sus informes.

'A ver, a (5) ... chico le voy a dar un cinco. Y a (6) ... le daré un cuatro, porque trabaja aun menos que (7) ,.. La verdad es que todos (8) ... chicos son unos vagos. No estudian tanto como mis compañeros y yo; (9) ... generación parece que no quiere progresar como (10) ... . Y las chicas son iguales. (11) ... chicas de hoy no son tan formales como (12) ... , las de mi generación. Sobre todo la Concha y la Juanita: (13) ... , parece que no sabe nada, y (14) ... no quiere saber nada. Nunca hubo jóvenes tan perezosos como (15) ... !'

Nota: ¡No te olvides de hacer concordar los adjetivos y pronombres con los sustantivos!

¡... Y EN MARCHA!

## 1 ¡Qué cliente más pesado/a!

Trabajas en una tienda de modas y tu compañero/a de clase es un(a) cliente: él/ella pide toda una serie de vestidos, pero todo es demasiado grande/largo/caro. . . . En cada caso, tú le ofreces otra cosa, ¡y continúas así!

Por ejemplo:
Cliente:  **Quiero un suéter, pero éstos son demasiado grandes para mí. No tienes uno más pequeño que aquéllos?**
Tú:  **Claro, este suéter es más pequeño que aquéllos.**

## 2 ¡Don Sabelotodo!

Cuentas a un(a) amigo/a una noticia tuya, pero – ¡ya lo sabe, ya lo ha hecho, ya lo ha visto todo!

Por ejemplo:
Tú:  **Ayer fui a ver la nueva película de Kevin Costner.**
Sabelotodo:  **¡Ya vi esta película la semana pasada!**
Tú:  **¿Sabes que Loli va a casarse con Manuel?**
Sabelotodo:  **Sí, sí. Ya sabía esto.**

## 3 ¡El concurso de Crufts en España!

Tú y tus compañeros/as sois jueces en un concurso para perros. Tenéis que comparar los perros que han pasado a la etapa final para decidir cuál de los perros va a ganar.

Por ejemplo:
A:  **Este perro es más inteligente que aquél, ¿verdad?**

B:   Sí, pero ese perro a la derecha tiene la cara más bonita que aquéllos.

C:   Pues yo prefiero los perros con el rabo largo como aquél.

## 4 *Niños mimados*

Llevas a un(a) niño/a mimado/a a un almacén grande para comprarle un regalo. Pero el/la niño/a, que también es travieso/a y rebelde, se opone a todo lo que le ofreces y propones. (Tu amigo/a es el niño/la niña.)

Por ejemplo:

Tú:        **Quieres un paquete de estos caramelos?**

Niño/a:    **¡Ya sabes que nunca compro aquéllos!**

Tú:        **Bueno, ¿por qué no vamos a mirar los discos?**

Niño/a:    **¡Porque no me interesa nada hacer eso!**

## 5 *¡El contrario!*

Has invitado a un(a) amigo/a en casa, y le ofreces varias cosas. En cada caso, él/ella no quiere aquella cosa, sino otra.

Por ejemplo:

Tú:        **¿Quieres un vaso de este vino?**

Amigo/a:   **No, gracias, prefiero, aquél.**

Tú:        **¿Te gustaría escoger uno de estos pasteles?**

Amigo/a:   **Ay, no. ¡No puedo comer éstos! ¡No quiero engordar!**

## 6 *El vendedor*

Imagina que trabajas en cualquier tienda y que das una descripción por hablado o por escrito de varios productos del mismo tipo, dando sus méritos y características.

Por ejemplo:

**Bueno, este aspirador funciona muy bien, y tiene un motor más potente que aquél. Pero éste es más caro que aquéllos que tenemos allí.**

# 7 POSSESSIVE ADJECTIVES AND PRONOUNS

MECANISMOS

## *Possessive adjectives*

Possession can be expressed in many different ways, most commonly by means of an adjective. As with other adjectives, Spanish possessive adjectives have to agree with the nouns they describe, so they have more than one form:

| | |
|---:|---|
| *mi/mis* | my |
| *tu/tus* | your = belonging to *tú* |
| *su/sus* | { your = belonging to *usted,* <br> his, her, its |
| *nuestro/nuestra/nuestros/nuestras* | our |
| *vuestro/vuestra/vuestros/vuestras* | your = belonging to *vosotros* |
| *su/sus* | { your = belonging to *ustedes* <br> their |

As you can see, only *nuestro* and *vuestro* have four forms, for masculine and feminine, singular and plural:

*nuestro coche/nuestra madre/*      our car/mother/uncles (and
   *nuestros tíos/nuestras amigas*        aunts)/friends
*vuestro padre/vuestra comida/*      your father/meal/records/aunts
   *vuestros discos/vuestras tías*

*Mi, tu,* and *su* have only one singular and one plural form – the same form is used for masculine and feminine, in both singular and plural:

| | |
|---|---|
| *mi libro* my book | *mis cartas* my letters |
| *tu perro* your dog | *tus gatos* your cats |
| *su casa* his/her/their/your house | *sus pisos* his/her/their/your flats |

Note that *su* is used for 'his', 'her', 'its', 'their' and for the formal forms of 'your' (of *usted* and *ustedes*).

Note also that all these possessive adjectives agree with the noun in the same way as other adjectives – that is, they agree with the thing owned, not with the owner. A common error is to think that *su* means his/her/its/your (*de usted*), and that *sus* means their, your (*de ustedes*); instead, both *su* and *sus* can mean all of these, but while *su* is used for a singular possession, *sus* is used for plural possessions.

## Use of de

To answer the question *¿De quién es esto?* (Whose is it?), Spanish uses *de* + person:

*Ejemplos:*

| | |
|---|---|
| Es **de** Miguel | It is Miguel's |
| Es la casa **de** Fernando | It is Fernando's house |
| Son las hermanas **de** Maribel | They are Maribel's sisters |

This structure is sometimes used to avoid ambiguity after one of the various uses of *su*.

*Ejemplos:*

| | |
|---|---|
| Vi a José y a Teresa con su madre de ella | I saw José and Teresa with her mother |
| Oiga, por favor, ¿es su coche de usted? | Excuse me, is this your car? |

## Possessive pronouns

To convey the sense of 'mine', 'yours', 'hers' and so on, that is, to express possession without repeating the noun, the following pronouns are used:

| | | | | |
|---|---|---|---|---|
| mine | mío | mía | míos | mías |
| yours (tú) | tuyo | tuya | tuyos | tuyas |
| his/hers/its/yours (*usted*) | suyo | suya | suyos | suyas |
| ours | nuestro | nuestra | nuestros | nuestras |
| yours (*vosotros*) | vuestro | vuestra | vuestros | vuestras |
| theirs/yours (*ustedes*) | suyo | suya | suyos | suyas |

These possessive pronouns can be used as in the following examples:

| | |
|---|---|
| *Este libro es mío, aquél es tuyo* | This book is mine, that one is yours |

No article is used when these pronouns are used with *ser*.

| | |
|---|---|
| *Ayer visité a unos tíos míos que viven en Granada* | Yesterday I visited an uncle and aunt of mine who live in Granada |

No article is used when the possessive pronoun is used in this adjectival way in the sense of '. . . of mine'.

| | |
|---|---|
| *Mi casa es más grande que la tuya, pero tus padres son más ricos que los míos* | My house is bigger than yours, but your parents are richer than mine |

The article is used here because the pronoun does indeed replace a noun.

# Reflexive used to express possession

With parts of the body and clothes, as in cases such as 'he washed his face', possession is not expressed by using a possessive adjective as in English, but by the use of a reflexive construction (see Chapter 14 on reflexive verbs):

*Ejemplos:*

| | |
|---|---|
| *Me lavé la cara* | I washed my face |
| *Se limpian los dientes después de comer* | They clean their teeth after eating |

The same structure is used, for example, for 'he put on his hat', where the subject puts on an item of clothing:

*Ejemplos:*

| | |
|---|---|
| *Me puse el sombrero* | I put my hat on |
| *Vamos a ponernos el abrigo* | We'll put our coats on |

Notice the singular *abrigo* – only one coat each!

¡PONTE A PUNTO!

## 1 *Tu casa y la mía*

Acabas de recibir esta carta de un amigo tuyo – español – que ha pasado un mes contigo. Hace una comparación entre vuestras respectivas familias, casas, ciudades, y escuelas. Pero ha omitido todos los posesivos. ¿Sabrás rellenar los espacios con el posesivo más apropiado? ¡Suerte!

Madrid
2 de mayo

¡Hola!
Ya estoy otra vez en (1) ... casa después de estar un mes en (2) ... . (3) ... padres dicen que tengo que volver a darles las gracias a (4) ...

Ya sabes que (5) ... familia es más pequeña que (6) ... ; (7) ... madre dice que (8) ... tiene mucha suerte. Además, (9) ... casa es más pequeña que (10) ... . Y también, en Inglaterra todas (11) ... casas tienen jardín, mientras que aquí la mayoría de (12) ... no lo tienen.

(13) ... ciudad tiene más espacios abiertos que (14) ... , pero (15) ... tiene más parques que (16) ... en Inglaterra. (17) ... ciudades grandes suelen tener más embotellamientos que (18) ... .

Lo que me parece muy interesante es que (19) ... clase sea más pequeña que (20) ... ¡Me parece también que (21) ... compañeras de clase son tan simpáticas como (22) ... ! Una cosita más: si encuentras unas zapatillas blancas, ¡son (23) ... ! Creo que las dejé en (24) ... dormitorio.

Un abrazo,
Felipe

# 2 ¿De quién son?

Estáis en la oficina de objetos perdidos del colegio. El bedel quiere saber de quién son varios objetos perdidos. Contesta a las siguientes preguntas según lo que viene en paréntesis.

1   ¿De quién es este bolígrafo? (Marcos)
2   ¿De quién es esta corbata? (Ángel)
3   ¿De quién es aquel transistor? (Anita)
4   ¿De quién es el diccionario? ¿Es del profesor de inglés? (Sí, . . .)
5   ¿De quién es aquella carta? ¿Es tuya? (Sí, . . .)
6   ¿De quién es ese diario? ¿Es mío? (Sí, . . .)
7   ¿De quién es aquel balón? ¿Es vuestro? (Sí, . . .)
8   ¿De quién es la toalla? ¿Es nuestra? (Sí, . . .)
9   ¿De quién son esos cuadernos? (Miriam González)
10  ¿De quién son las fotos? (Pablo Picazo)
11  ¿De quién son estas naranjas? ¿Son tuyas? (Sí, . . .)
12  ¿De quién son los mapas? ¿Son del profesor de geografía? (Sí, . . .)
13  ¿De quién son aquellas gafas? ¿Son de tu madre? (Sí, . . .)
14  ¿De quiénes son estos sombreros? ¿Son de las cocineras? (Sí, . . .)

15   ¿De quiénes son los bolígrafos rojos? ¿Son de ustedes? (Sí, . . .)
16   ¿De quiénes son estas bebidas? ¿Son vuestras? (Sí, . . .)

# 3 *Mensajes conflictivos*

Imagina que un día, en clase, tú y tus compañeros/as de clase os mandáis mensajes unos/as a otros/as mientras el profe no está mirando. Estáis haciendo comparaciones y contradicciones. Así, tienes que escribir una respuesta a los mensajes de tus amigos/as.

1   Mi moto es más rápida que la tuya, ¿verdad?
2   Tu novio/a es más feo/a que el mío/la mía, ¿no?
3   Nuestra abuela es más vieja que la vuestra.
4   Tus tíos son más simpáticos que los míos.
5   Oye, mi perro es más feroz que el suyo, ¿verdad?
6   Ya sabes que tu amiga es más tonta que la mía.
7   Mi bolígrafo costó más dinero que el tuyo.
8   Nuestros deberes son más difíciles que los suyos, ¿verdad?
9   Vuestro profesor es mejor que el nuestro.
10   Los mensajes que mandan ellos son más aburridos que los nuestros, ¿no?

¡. . . Y EN MARCHA!

# 1 *El cleptómano*

Uno/a a uno/a, hacéis el papel de un cleptómano: el cleptómano roba todo lo que pueda a sus compañeros. Estos tienen que pedirle que se lo devuelva, usando los posesivos como en los ejemplos siguientes:

Cleptómano:            **Ay, ¡que me gusta mucho esta cartera! Creo que es mía.**
Víctima:               **Huy no, no puede ser. Es mi cartera . . . Sí, sí, es mía.**
Compañero/a:           **¡Tiene razón! Es suya, no es tuya.**
Otro/a compañero/a:    **¡No es tuya, imbécil! Es de Sarah. La tuya es más pequeña.**

# 2 *Juego de memoria*

Un(a) voluntario/a sale de vuestra aula. Cada miembro de vuestra clase pone varios objetos en el pupitre del profesor, o en cualquier mesa o pupitre.

Llamáis al voluntario/a la voluntaria, que tiene que adivinar de quién son los artículos.

Por ejemplo:
Profe:              ¿De quién es este libro?
Voluntario/a:      ¿Es de Julián?
Clase:             No, no es suyo.
Voluntario/a:      ¿Es del profesor?
Profe:             No, no es mío tampoco.

## 3 En la oficina de objetos perdidos

Perdiste tu paraguas, o lo dejaste en el autobús. En la oficina de objetos perdidos te hacen varias preguntas sobre el color, el tamaño y otras características de tu paraguas. ¡También puedes 'perder' otros artículos, hasta a tu hermano o un animal doméstico!

Por ejemplo:
Tú:                Perdí mi paraguas. Creo que lo dejé en el autobus ayer.
Empleado/a:        Bueno, tenemos varios. ¿Cómo era el suyo?
Tú:                El mío era de color naranja.
Empleado/a:        ¿Es éste?
Tú:                No, no es mío. El mío era más largo . . .

## 4 Y tú, ¿qué vas a tomar?

Invitas a varios/as amigos/as, o sea, a la clase entera, incluso/a tu profesor(a) a tomar algo. Cada uno/a pide una cosa distinta. Cuando llega el camarero/la camarera, te pregunta de quién es cada bebida: tú tienes que contestarle, ¡si recuerdas todos los detalles!

Por ejemplo:
Camarero/a:        ¿De quién es el café solo?
Tú:                Es de Simón.
Camarero/a:        Y la cerveza, es de esta señorita, ¿no?
Tú:                No, no es suya. Es suyo el agua mineral. La cerveza es de mi
                   profesor.

## 5 ¡Novios ideales!

En una página de una revista para jóvenes, la Tía Angustias publica cartas de sus lectores, dándoles consejos y sugerencias para ayudarles a resolver sus problemas. Escribes una carta a la Tía Angustias en la cual describes a tu novio/a con todas sus cualidades y defectos.

Luego tienes que imaginar que eres la Tía Angustias. Contestas, comparando al novio/a la novia de la carta con el novio/la novia ideal, pero recordando a tu lector/a que tiene que aceptar a su novio/a tal y como es.

Por ejemplo:

Lectora: **Mi novio no es muy generoso, pero me da un regalo para mi cumpleaños.**

Tía Angustias: **El novio ideal ofrece más regalos que el tuyo, y es más generoso, pero el tuyo, por lo menos, recuerda siempre tu cumpleaños.**

# 8 NUMERALS

MECANISMOS

## *Cardinal numbers*

| | | | |
|---|---|---|---|
| 1 *uno* | 11 *once* | 21 *veintiuno* | 31 *treinta y uno* |
| 2 *dos* | 12 *doce* | 22 *vientidós* | 32 *treinta y dos* |
| 3 *tres* | 13 *trece* | 23 *veintitrés* | 40 *cuarenta* |
| 4 *cuatro* | 14 *catorce* | 24 *veinticuatro* | 45 *cuarenta y cinco* |
| 5 *cinco* | 15 *quince* | 25 *veinticinco* | 50 *cincuenta* |
| 6 *seis* | 16 *dieciséis* | 26 *veintiséis* | 60 *sesenta* |
| 7 *siete* | 17 *diecisiete* | 27 *veintisiete* | 70 *setenta* |
| 8 *ocho* | 18 *dieciocho* | 28 *veintiocho* | 80 *ochenta* |
| 9 *nueve* | 19 *diecinueve* | 29 *veintinueve* | 90 *noventa* |
| 10 *diez* | 20 *veinte* | 30 *treinta* | 100 *cien* |

| | |
|---|---|
| 101 *ciento uno* | 1.000 *mil* |
| 102 *ciento dos* | 2.000 *dos mil* |
| 127 *ciento veintisiete* | 5.000 *cinco mil* |
| 198 *ciento noventa y ocho* | 10.000 *diez mil* |
| 200 *doscientos/as* | 1.000.000 *un millón* |
| 300 *trescientos/as* | 2.000.000 *dos millones* |
| 400 *cuatrocientos/as* | |
| 500 *quinientos/as* | |
| 600 *seiscientos/as* | |
| 700 *setecientos/as* | |
| 800 *ochocientos/as* | |
| 900 *novecientos/as* | |

987.654.321 novecientos ochenta y siete millones, seiscientos cincuenta y cuatro mil, trescientos veintiuno.

- *Uno*, including numbers ending with it, drops the *o* ('apocopates') to *un* before a masculine noun, and becomes *una* before a feminine one:

*un peso mejicano, trescientos veintiún pesos mejicanos*
*una peseta, cincuenta y una pesetas, trescientas veintiuna pesetas*

- From 200 upwards, the 'hundreds' have masculine and feminine forms:

*doscientos pesos*
*cuatrocientas pesetas*

- *Cien* is 100 when counting, or when saying 'a hundred . . . (+ noun)':

*cien pesetas*
*cien cigarrillos*

*Ciento* is used when followed by a number (when you say a hundred and . . .)

*ciento tres* = 103
*ciento ochenta y dos* = 182

There is no *y* after hundreds: *ciento dos.*

The *y* comes between tens and units after 16, though it is usually written as *-i-* within the word in the teens and twenties:

*ciento diecisiete, doscientos veinticinco, trescientos treinta y tres, quinientos ochenta y cuatro.*

- When expressing numbers of thousands, *mil* does not change:

*tres mil* = 3000.

However, thousands of . . . = *miles de . . .*

- One million = *un millón de . . .* , two million = *dos millones de . . .*

# Ordinal numbers

| | | | |
|------|----------|------|------------|
| 1st  | *primero* | 7th  | *sé(p)timo* |
| 2nd  | *segundo* | 8th  | *octavo*   |
| 3rd  | *tercero* | 9th  | *noveno*   |
| 4th  | *cuarto*  | 10th | *décimo*   |
| 5th  | *quinto*  | 11th | *undécimo* |
| 6th  | *sexto*   | 12th | *duodécimo* |

- Ordinal numbers are adjectives and therefore must agree with their noun:

¡ACCIÓN GRAMÁTICA!

*Ejemplos:*

*la tercera planta*                  the third floor
*la reina Isabel segunda*            Queen Elizabeth the Second
*las primeras flores*                the first flowers

- The ordinal numbers are usually only used up to 10th (occasionally 12th). Thereafter, although in theory they exist, the cardinal number is almost invariably used, placed after the noun:

*el siglo doce*                      the twelfth century
*Alfonso décimo* (but *Alfonso trece*)   Alfonso the Tenth (Thirteenth)

- *Primero* and *tercero* lose the final *o* before a masculine singular noun:

*su primer empleo*                   her first job
*el tercer ejercicio*                the third exercise

¡PONTE A PUNTO!

1   Escribe en palabras o dicta en voz alta a un(a) compañero/a los números siguientes:

| 24 | 43 | 78 | 65 |
|---|---|---|---|
| 92 | 86 | 51 | 13 |
| 101 | 112 | 148 | 169 |
| 187 | 199 | 202 | 211 |
| 255 | 342 | 389 | 405 |
| 466 | 503 | 513 | 559 |
| 608 | 673 | 772 | 780 |
| 821 | 888 | 907 | 954 |
| 1.001 | 1.234 | 1.568 | 1.996 |
| 2.378 | 4.296 | 8.743 | 9.755 |
| 12.876 | 59.483 | 75.834 | 83.689 |
| 1.000.001 | 4.986.523 | 56.409.004 | 452.694.570 |

2   . . . Y también estas frases:

Isabel I de Inglaterra
el papa Pablo VI
el rey Alfonso X
el 5 aniversario

su 8 cumpleaños
su 15 cumpleaños

3   Y además . . .

tu número de teléfono
la edad de tu abuelo/a
el año en que naciste
tu edad
el año en que estamos
la fecha de hoy

¡... Y EN MARCHA!

# 1 ¿Eres buen matemático?

A ver si sabes sumar, restar, multiplicar y dividir.

Por ejemplo:
**¿Cuántos son doce más trece? Son veinticinco.**
**¿Cuántos son trece menos siete? Son seis.**
**¿Cuántos son tres multiplicados por cuatro? Son doce.**
**¿Cuántos son quince divididos por tres? Son cinco.**

Haz preguntas similares a tus compañeros/as, inventando problemas cada vez
más difíciles.
Ahora pregunta a tus compañeros/as acerca de los cuadrados, los cubos y las
raíces cuadradas y cúbicas de algunos números.

Por ejemplo:
**¿Cuál es la raíz cuadrada de 81? Es 9.**

# 2 ¡No eres buen matemático!

Estás trabajando de camarero/a en un restaurante español, pero tienes
problemas en sumar las cuentas de los clientes. Trabaja con un(a)
compañero/a, alternando el papel de camarero/a y cliente/a. Presentas una
cuenta incorrecta a tu cliente/a, que, claro, protesta.
Emplead las cuentas que vienen abajo y luego inventad otras vuestras si
queréis.

| | |
|---|---|
| 2 × gambas a la parrilla a 750 | 1.550 |
| 1 × solomillo a 950 | 950 |
| 1 × merluza a 1200 | 1.200 |
| 2 × postre a 375 | 775 |
| 2 × café a 80 | 180 |
| | Total 4.855 pts |

| | |
|---|---|
| 3 × menestra de verduras a 450 | 1.450 |
| 1 × pescado a 1150 | 1.150 |
| 2 × ternera a 850 | 1.950 |
| 3 × postre a 350 | 1.000 |
| 3 × coñac a 120 | 375 |
| | Total 6.000 pts |

## 3 ¿A qué distancia?

Mira un mapa del mundo. Estima a qué distancia y a cuántas horas varias ciudades están unas de otras.

Por ejemplo:
**Caracas está a cuatro mil quinientos sesenta y cinco kilómetros de Madrid. Está a siete horas en avión. Está a cuatro días en barco.**

# 9 MEASURES AND DIMENSIONS

MECANISMOS

## *Length, breadth, depth, height, thickness, area, capacity*

The most common way to express dimensions in Spanish is to say:

*(El objeto) tiene 20 centímetros de largo/longitud*
*ancho/anchura*
*profundo/profundidad*
*alto/altura*
*espeso/espesura*

The object is 20 centimetres long/wide/deep/tall/thick.

You can also say:
*un objeto largo*
*ancho*
*profundo* } *de 20 centímetros*
*alto*
*espeso*

*Ejemplos:*

| | |
|---|---|
| *El cuarto tiene/mide 6 metros por 5* | The room is/measures 6 metres by 5 |
| *Mi hermana mide 1 metro 55 y pesa 45 kilos* | My sister measures 1.55 metres and weighs 45 kilos |
| *La casa tiene 200 metros cuadrados* | The house is 200 square metres |

# Shapes

| | | | |
|---|---|---|---|
| un cuadrado | un rectángulo | un triángulo | un círculo |
| un óvalo | un polígono | un pentágono | un cubo |
| un cilindro | un romboide | | |

*redondo, circular* round, circular
*oval* oval
*cuadrado* square
*rectangular* rectangular, oblong
*triangular* triangular
*cilíndrico* cylindrical
*cúbico* cubic, cube-shaped

# Measures

| un milímetro | un centímetro | un decímetro | un metro | un kilómetro |
|---|---|---|---|---|
| un mililitro | un centilitro | un decilitro | un litro | |
| un miligramo | un centigramo | | un gramo | un kilo(gramo) |

# Percentages

*Ejemplo:*
*El/Un* 34 por ciento de los habitantes no son de origen vasco

¡PONTE A PUNTO!

## Medidas necesarias

1    Describe la forma y toma las medidas (exactas, de ser posible) de:

a)  el cuarto en que estás
b)  la mesa en que trabajas
c)  una de las ventanas del cuarto
d)  tu lápiz o bolígrafo
e)  este libro
f )  el cajón de una mesa o un escritorio
g)  el material que cubre el suelo, sea alfombra u otra cosa
h)  el reloj de la pared o tu reloj de pulsera
i)  una moneda de 50 peniques.

## 1 *Puzzle líquido*

Tienes tres jarros, A, B y C, cuya capacidad es respectivamente ocho, cinco y tres litros. Necesitas tener un litro exactamente, pero no tienes un cuarto jarro. Vertiendo de un jarro a otro, **sólo dos veces**, tienes que quedarte con un solo litro en uno de los tres jarros. ¿Cómo vas a hacerlo? Discute el problema con tus compañeros/as. Necesitarás la expresión:
**Me/nos quedará(n) . . . (I/we shall have . . . left).**

| | Jarro A | Jarro B | Jarro C |
|---|---|---|---|
| *Capacidad:* | 8 litros | 5 litros | 3 litros |
| *Contenido:* | 5 | 3 | 2 |

La solución está en la página 60.

## 2 *Estadísticas vitales*

Con una báscula comprueba cuánto pesa en kilos cada miembro de tu clase. ¡A ver si tu profesor(a) se deja pesar! Cuando sepas el peso de cada uno en kilos, convierte éstos en libras, o mejor, *stones* y libras, inglesas. Para ayudarte: hay 453 gramos en una libra, y 14 libras en un *stone*. Es preferible que uses tu cerebro más que una calculadora, pero cualquiera que sea tu método, ¡comenta tus cálculos en voz alta en español!

Ahora mide la altura de cada uno. ¿Cuánto mides? ¿Un metro sesenta (1,60)? ¿Más? ¿Menos? Convierte esto a pies con pulgadas. (Hay 2,54 centímetros en una pulgada y doce pulgadas en un pie.)

## 3 *La casa nueva*

Trabaja con un(a) compañero/a. Estás haciendo construir una casa nueva en un terreno que has comprado en la Costa Blanca en España. Estás discutiendo los planes preliminares de la casa con tu arquitecto/a. Dibujáis primero el terreno mismo, y decidís dónde precisamente vais a construir la casa. Luego dibujáis la casa, con todas las dimensiones exteriores e interiores. ¡No os olvidéis de la altura y la forma que van a tomar la casa y las habitaciones! ¿Cómo quieres que sea?

# 4 *Exportaciones*

**a)** Estás trabajando en una empresa que exporta sus productos a España. Primero tienes que describir a un(a) compañero/a (el jefe/la jefa de compra de una empresa española) unos productos de la empresa, por ejemplo: minicalculadoras, relojes digitales, ordenadores, destornilladores, raquetas de tenis. Detalla sus dimensiones, material, colores posibles, uso y precio.

Puede que tu profesor(a) te dé más objetos a vender.

**b)** Más tarde estás al teléfono, hablando con la empresa en España, comprobando los precios en moneda británica y española. Primero comprueba en un periódico el tipo de cambio de pesetas a libras esterlinas.

Por ejemplo:
**Si una libra vale 175pts, £20.35 (veinte libras con treinta y cinco peniques) son 3.561 (tres mil quinientas sesenta y una pesetas).**

| £7.89 | £11.45 | £45.98 | £67.90 | £78.75 | £342.99 | £5674.42 |

**c)** Luego convierte los precios al peso mejicano (digamos que una libra vale 4.50 pesos), puesto que tu compañía está aumentando sus exportaciones a Méjico.

*Solución al Puzzle líquido (página 59)*
Se vierte un litro de vino del jarro A al jarro C, que estará lleno con tres litros. Luego se vierte del jarro C al jarro B, donde cabrán dos litros, y te quedará un solo litro en el jarro C – ¡justamente lo que necesitabas!

# 10 PRONOUNS

**MECANISMOS**

Pronouns are words which replace nouns; there are several types of pronoun, corresponding to the different functions these words can have.

## Subject pronouns

First and foremost are subject pronouns, used to denote who or what carries out an action, i.e. the subject of the verb.

| | | | | | |
|---|---|---|---|---|---|
| I | *yo* | | we | *nosotros/as* |
| you (familiar singular) | *\*tú* | | you (familiar plural) | *\*vosotros/as* |
| he, it | *él* | | they | *ellos/ellas* |
| she, it | *ella* | | | |
| you (formal singular) | *usted* | | you (formal plural) | *ustedes* |

*The familiar forms *tú* and *vosotros* are increasingly widely used in Spain, and the formal forms are generally only used now in addressing strangers older than yourself. In Latin America the situation varies from country to country. For example, in Argentina *vosotros* is widely used, but in many other Latin American countries it is not used, being replaced by *ustedes*.

In Spanish subject pronouns are usually unnecessary in verb constructions because there are different endings for each person, and these are clearly distinguishable in both spoken and written Spanish. The subject pronouns listed below are, however, used where emphasis is required or to avoid ambiguity. They can also be used standing alone, for example in answer to the question *¿Quién . . . ?*

*Ejemplos:*

*Yo voy al parque, tú vas al instituto y ellos van al trabajo*

I'm going to the park, you are going to school and they are going to work

| | |
|---|---|
| *La rompió él* | *He* broke it/He was the one who broke it |
| *Alguien llama a la puerta. Voy a ver quién es. ¿Tú?* | Someone's knocking at the door. I'll go and see who it is. You? |
| *¿Quién comió mi helado? – Yo* | Who ate my ice-cream? – *I* did |
| *Yo voy al bar, ¿y tú? – ¡Yo no!* | I'm going to the bar. What about you? – I'm not! |

In the last two examples the sense of the verb is understood, and the *yo* is therefore used on its own.

# Direct object pronouns

There are two types of object pronoun – direct and indirect – though many persons use the same form for both. These are the direct object pronouns:

| | | | | |
|---|---|---|---|---|
| me | *me* | | us | *nos* |
| you (familiar singular) | *te* | | you (familiar plural) | *os* |
| him, it | *le/lo* | | them | *les/los/las* |
| her, it | *la* | | | |
| you (formal singular) | *le/lo/la* | | you (formal plural) | *les/los/las* |

These pronouns are used when the person is the object of the verb; usually they come immediately before the verb, but they can be added to the end of an infinitive or present participle/gerund (optional), and to the end of a positive command (compulsory):

*Ejemplos:*

| | |
|---|---|
| *Mi amigo me vio en el parque* | My friend saw me in the park |
| *Tu madre te llama desde el salón* | Your mother is calling you from the lounge |
| *¡Cómelo todo!* | Eat it all! |
| *¡Levántelas!* | Lift them up! |
| *¡Mírame!* | Look at me |

Note that the accents are added to keep the stress on the same syllable.

| | |
|---|---|
| *¡Voy a castigaros!/¡Os voy a castigar!* | I am going to punish you |
| *Estoy mirándolas/Las estoy mirando* | I am looking at them |

These pronouns cannot go in the middle of a compound verb construction.

N.B. Whilst many people use *le* for him, in some parts of Spain and in Latin America in general, *lo* is used for him instead.

Here is a simple rule which will help you to avoid problems:
    Use *le* for 'him' and add *-s* for plural (*les* 'them' – people)
    Use *lo* for 'it' (masculine) and add *-s* for plural (*los* 'them' – things)

## Indirect object pronouns

These are used to denote 'to me/us/him/them' etc., i.e. the person on the receiving end of the action, but not the actual 'victim'.

| | | | |
|---|---|---|---|
| to me | *me* | to us | *nos* |
| to you (familiar singular) | *te* | to you (familiar plural) | *os* |
| to him, to her, to it | *le* | to them | *les* |
| to you (formal singular) | *le* | to you (formal plural) | *les* |

- The rules for positioning these indirect object pronouns are the same as for the direct object pronouns.

*Ejemplos:*

| | |
|---|---|
| *Tu hermano le dio un caramelo* | Your brother gave him a sweet |
| *Les doy el periódico* | I give them the newspaper |
| *Nos mandaron una postal desde Málaga* | They sent us a postcard from Malaga |
| *Vamos a ofrecerles dinero/Les vamos a ofrecer dinero* | We are going to offer them some money |
| *¡Dénos las joyas!* | Give us the jewellery! |
| *¡Dadles una limosna!* | Give them a donation! |
| *¡Dígame!* | Speak to me/Tell me |

- When two object pronouns are used together, the indirect object pronoun comes first.

*Ejemplos:*

| | |
|---|---|
| *Te los daré esta tarde* | I will give them to you this afternoon |
| *Nos lo robaron en la calle* | They stole it from us in the street |

Note: If both are third person, the indirect pronoun changes to *se* to avoid two pronouns beginning with *l*- being used together: *se lo doy*

*Ejemplos:*

| | |
|---|---|
| *Se lo mandó con la carta* | He sent it to her with the letter |
| *No se las voy a ofrecer* | I won't offer them to him/her/you |

¡ACCION GRAMATICA!

- If there is any risk of confusion where *le* or *les* could refer to more than one of the persons used in the sentence, add *a él, a ella, a Vd, a ellos/ellas, a Vds*:

*Ejemplos:*

| | |
|---|---|
| *Le dio el dinero a ella* | He gave the money to her |
| *Les mandé el paquete a ellos* | I sent the parcel to them |
| *Les hablaré a ustedes de los problemas de sus hijos* | I will talk to you about your children's problems |

- Spanish commonly uses *le(s)* in front of the verb even when there is a clear indirect object after it.

*Ejemplo:*

| | |
|---|---|
| *Le di un regalo a mi amiga* | I gave a present to my girlfriend |

Similarly, Spanish also often uses a pronoun when none would be needed in English.

*Ejemplos:*

| | |
|---|---|
| *¡Ya lo sé!* | I (already) know! |
| *Me dicen que es inteligente, pero ¡no lo es!* | They say he is intelligent, but he isn't! |

# Reflexive pronouns

Reflexive pronouns are used with reflexive verbs, conveying the idea of 'self'. For their use and other relevant aspects, see Chapter 14 on reflexive verbs. You will notice from the list below that most are the same as object pronouns (*se* being the only exception).

| | | | | | |
|---|---|---|---|---|---|
| myself | *me* | | ourselves | *nos* | |
| yourself (familiar singular) | *te* | | yourselves (familiar plural) | *os* | |
| himself/herself/itself | *se* | | themselves | *se* | |
| yourself (formal singular) | *se* | | yourselves (formal plural) | *se* | |

# Prepositional pronouns

These pronouns (sometimes called disjunctive pronouns) are used after prepositions such as *con, para, cerca de*:

*Ejemplos:*

| | |
|---|---|
| *Se sentó delante de mí* | He sat down in front of me |
| *Vive cerca de nosotros* | He lives near us |
| *Irá al cine con ellas* | He will go to the cinema with them |
| *Esta carta es para ti* | This letter is for you |

For most persons the subject pronoun is used; however, *yo* and *tú* have special forms – *mí* and *ti* respectively. The form *sí* exists for all third person cases (*él, ella, usted, ellos, ellas, ustedes*), but is only used when the pronoun refers back to the person who is the subject of the verb; otherwise the subject pronoun is used as explained above.

| | | | | |
|---|---|---|---|---|
| me | *mí* | us | *nosotros* |
| you (fam sing) | *ti* | you (fam plur) | *vosotros* |
| him | *él* | them (masc) | *ellos* |
| her | *ella* | them (fem) | *ellas* |
| (reflexive form) | *sí* | (reflexive form) | *sí* |
| you (formal sing) | *usted* | you (formal plur) | *ustedes* |

*Ejemplos:*

| | |
|---|---|
| *Este paquete es para ella* | This parcel is for her |
| *María tenía el paquete delante de sí* | Maria had the parcel in front of her |
| *Compré este billete para usted* | I bought this ticket for you |
| *Ustedes tendrán que comprarlos para sí mismos* | You will have to buy them for yourselves |

A common form of *mí* and *ti* is used in combination with the preposition *con*: *conmigo* and *contigo*.

*Ejemplos:*

| | |
|---|---|
| *¿Quieres ir conmigo?* | Do you want to go with me? |
| *Tienes que llevar el pasaporte contigo* | You have to take your passport with you |

Less common and only used in a truly reflexive situation is *consigo*.

| | |
|---|---|
| *Ustedes sabrán que es mejor llevar las cosas de valor consigo* | You will know that it is best to take your valuables with you |
| *Virginia llevó a su hijo consigo* | Virginia took her son with her |

But:

*Voy con ella*                                 I'm going with her (i.e. somebody else)

## Table of pronouns

|  | Subject | Direct object | Indirect object | Reflexive | Prepositional |
|---|---|---|---|---|---|
| I | *yo* | *me* | *me* | *me* | *mí* |
| you | *tú* | *te* | *te* | *te* | *ti* |
| he | *él* | *le/lo* | *le* | *se* | *él* (refl. *sí*) |
| she | *ella* | *la* | *le* | *se* | *ella* (refl. *sí*) |
| it |  | *lo* | *le* | *se* | *ello* (neuter) |
| you | *usted* | *le/la* | *le* | *se* | *usted* (refl. *sí*) |
| we | *nosotros/as* | *nos* | *nos* | *nos* | *nosotros/as* |
| you | *vosotros/as* | *os* | *os* | *os* | *vosotros/as* |
| they | *ellos* | *les/los* | *les* | *se* | *ellos* (refl. *sí*) |
| they | *ellas* | *las* | *les* | *se* | *ellas* (refl. *sí*) |
| you | *ustedes* | *les/los/las* | *les* | *se* | *ustedes* (refl. *sí*) |

## ¡PONTE A PUNTO!

## 1 ¡Frases rellenas!

Rellena los espacios en blanco con el pronombre más apropiado para cada caso.

1 ... y ... , vamos a bailar juntos, ¿no?
2 No, no podemos . . . quedar más tiempo; tendrás que quedar ... .
3 ¿Quiénes van a lavar los platos? Pues los van a lavar ... .
4 Oye, ¿ . . . vas a prestar tu coche?
5 Fui a comprar unos libros, y ... llevé a casa de mis abuelos.
6 Manuel y Juan, ... quiero ver en mi despacho a las tres.
7 ... vamos a mandar una carta a nuestros amigos.
8 Quiero ofrecer ... un regalo para tu cumpleaños.
9 Ayer ... presté mi disco favorito a mi hermana.
10 Pepe ... lavó en el cuarto de baño.
11 Concha, ¿ ... vas a levantar hoy, o no?
12 Vamos a bañar ... en la piscina.
13 Mi novia se sentó al lado de ... .

14    Señores, ¿puedo viajar con ... ?

15    Cuando volvimos a casa, mi padre llegó cinco minutos después de ... .

## 2 *Los anónimos*

Vuelve a escribir este cuento, reemplazando todos los nombres con los pronombres más apropiados.

El jueves pasado fueron las bodas de plata de Angela y Nicolás. **Nicolás** le regaló **a Angela** un anillo de plata, y **Angela** le dio un reloj **a Nicolás**. Sus hijos, Marián y Miguel, les regalaron **a Angela y a Nicolás** dos copas plateadas.

Por la mañana Nicolás le llevó el desayuno **a Angela** a la cama. Se levantaron, y Marián y **Angela** fueron a comprar un vestido nuevo para Angela. Mientras tanto, **Nicolás y Miguel** dieron un paseo en el parque. Por la tarde, **Angela y Nicolás** fueron a visitar a los padres **de Angela**, don Rodrigo y doña Blanca. Don Rodrigo les sirvió algo de beber, y **Nicolás** ayudó a su madre a preparar la cena.

Después de la cena, todos – **Nicolás, Angela, don Rodrigo y doña Blanca** – fueron a su bar favorito para celebrar el aniversario.

## 3 *El ligón*

Rellena los espacios en blanco con el pronombre más apropiado.

El sábado pasado, salí con dos chicas a la vez. ¡A que no me crees!

Pues primero fui a buscar a Maribel, y (1) ... llevé a la discoteca. Allí (2) ... reunimos con Juanita y José; (3) ... di cuenta de que tenía una cita con Angela, entonces sin decir (4) ... nada, (5) ... dejé con (6) ... y fui al Bar Manchego. Allí encontré a Angela y tomamos una cerveza. Luego fuimos al parque, donde vimos a mis amigos del cole. (7) ... dejé con (8) ... y volví a la discoteca a buscar a Maribel, a Juanita y a José. (9) ... encontré en la puerta: salían para ir a dar un paseo en el parque. ¡Madre mía, qué lío! Afortunadamente, aunque allí (10) ... reunimos todos con Angela y con mis amigos, ni Angela ni Maribel (11) ... dieron cuenta de lo que pasaba. Pero (12) ... gustó mucho Juanita, y al final, ¡(13) ... fui con (14) ... !

¡... Y EN MARCHA!

## 1 *Los santos*

Estás de vacaciones con tu familia y dos amigos. Después de un día en la playa, tus padres vuelven a vuestro piso alquilado. Tú, tus hermanos y vuestros amigos habéis hecho varios quehaceres para ayudarles, ¡y se quedan bastante sorprendidos! Imagina sus preguntas . . . y vuestras respuestas.

Por ejemplo:
– ¿Quién lavó los platos? – Los lavé yo.
– ¿Y quién cortó el césped, tu hermana o tú? – Lo cortó ella.

## 2 *Los demonios*

Esta vez, lo que encuentran tus padres en el piso no es bueno: ¡todo está roto, arruinado, estropeado! Imagina lo que se dice.

Por ejemplo:
¿Qué ha pasado con los vasos? Los rompieron mis amigos.
Y ¿la mesa del comedor?

## 3 *El sospechoso/La sospechosa*

Ha habido un robo. Tu compañero/a de clase es policía, y te sospecha a ti de ser el ladrón. Registrando tu casa, encuentra varios objetos robados. Te acusa de haberlos robado, y tú tienes que negarlo todo.

Por ejemplo:
Policía:    Robaste esta pulsera de oro, ¿no?
Tú:         ¡Qué va! No la he visto en mi vida.
Policía:    ¿De dónde obtuviste este anillo de diamantes? ¿Lo robaste?
Tú:         Pues no, lo compré en la Calle de Goya.

## 4 *¡Qué generoso/a!*

Tu madre te pregunta sobre los regalos que vas a comprar para toda la familia, ya que pronto llega Navidad. Tú le contestas.

Por ejemplo:
Madre:   ¿Qué le vas a regalar a tu hermana?
Tú:   Le voy a dar un collar.
Madre:   Y ¿a tu hermano/abuelo/a?

## 5 *El ciego*

Para este juego, un(a) voluntario/a tiene que salir del aula, y volver con los ojos vendados. Mientras tanto, los demás habéis cambiado de sitio. Al volver a entrar, 'el ciego' tiene que adivinar dónde están todos, contestando a vuestras preguntas sin usar los nombres.

Por ejemplo:
Chico/a:   ¿Dónde está Penny?
Ciego/a:   Está al lado de ti.
Chico/a:   Y, ¿dónde está Pete?
Ciego/a:   Está detrás de ella.

## 6 *¡Inventa tú!*

¡Inventa tú mismo/a unos ejercicios comunicativos parecidos a los que ya has hecho. Trata de inventar uno para cada tipo de pronombres. Para cada uno, escribe un cuento de unas diez frases, tratando de usar un pronombre distinto en cada una. Luego puedes ofrecer el mismo ejercicio a tus compañeros/as de clase. Esto se puede hacer por hablado o por escrito.

Por ejemplo:
A.   El líder de una expedición científica usa el pronombre del sustantivo para darles órdenes a los miembros de la expedición, un día por la mañana cuando se preparan para empezar su viaje:
   – **Tú vas a preparar el desayuno.**
   – **Él irá a buscar agua.**
   – **Ella va a ayudaros.**

B.   Usáis el pronombre reflexivo para hablar de la moda:
   – **Me visto muy bien, pero tú te vistes mal. Ella . . .**

# 11 INFINITIVES

**MECANISMOS**

- In Spanish, infinitives are very helpful when you are getting to know how to handle and manipulate verbs. Each regular verb belongs to one of three families, with its own 'surname' – ending in *-ar, -er* or *-ir*.

- The infinitive form is the one you will find in a dictionary or vocabulary list, so that even with an unfamiliar verb, you can work out its forms according to the family it belongs to.

- Regular verbs in each family behave in the same way and share family characteristics. Once you know how a model verb in each of these families behaves, you can work out the forms for other regular members of the same family. Every part of a verb in every tense is based on the infinitive.

In most tenses, the stem, root or basic part to which you add the tense endings can be found by removing the *-ar, -er* or *-ir* ending from the infinitive. In the future and conditional tenses, most verbs use the whole of the infinitive as their stem. When working out the verb form of an unfamiliar verb, it is always safest to work through the infinitive.

If you know the infinitive, you will know the verb!

- There are, of course, irregular verbs, or verbs which are partially irregular, but even they follow many of the same patterns as regular verb families.

## Uses of the infinitive

- Infinitives are often used in Spanish where English would use a verb form ending in '-ing'; this is a sort of noun form of the verb.

*Ejemplos:*

| | |
|---|---|
| *Me gusta bailar* | I like dancing/to dance |
| *Ver es creer* | Seeing is believing |

- Infinitives are often used after an adjective as in the following examples:

| | |
|---|---|
| *Es muy difícil ir allí sin coche* | It is very difficult to get there without a car |
| *Es mejor no saber nada* | It is best knowing/to know nothing |

Note the difference in use, emphasis and meaning between the following two examples:

| | |
|---|---|
| *El inglés es difícil de comprender* | English is difficult to understand |
| *Es difícil comprender el inglés* | It is difficult to understand English |

Here, the infinitive is the subject of the verb, i.e. 'to understand English is difficult.'

- They are also used after (modal) auxiliary verbs which in English would be followed by '. . . -ing' or the infinitive form with or without 'to', as in the following examples:

*Ejemplos:*

| | |
|---|---|
| *Mis amigos no saben nadar* | My friends don't know how to swim |
| *No puede comprar nada sin dinero* | He can't buy anything without money |
| *Olvidé traer mi pasaporte* | I forgot to bring my passport |
| *Querían hablar con su amiga* | They wanted to talk to their friend |
| *Empezó a trabajar* | He began to work |
| *Dejaré de estudiar después de los exámenes* | I shall stop studying after the exams |
| *Tengo que irme en seguida* | I have to go straight away |

Some of these constructions need *a*, some *de*, and others nothing between the auxiliary verb and the infinitive. A couple take *que*. (See Chapter 25.)

- The infinitive is used in two expressions which, in a way, have the force of separate verb tenses:
  a) *ir a* + infinitive is used to convey the sense of the immediate future.
  b) *acabar de* + infinitive is used for the immediate past – for something which has **just** happened.

*Ejemplos:*

| | |
|---|---|
| *Van a tomar algo* | They are going to have something to drink |

| | |
|---|---|
| *Voy a hablar con mi madre* | I am going to speak to my mother |
| *Acabo de oírlo* | I have just heard it |
| *Acabamos de llegar* | We have just arrived |

- Infinitives are also commonly used after prepositions, especially those referring to time: indeed, the infinitive is the only part of the verb that can be used after a preposition.

*Ejemplos:*

| | |
|---|---|
| *Antes de irme, me despediré* | Before going, I will say goodbye |
| *Después de llegar, fue a ver al director* | After arriving, he went to see the headmaster |
| *Lo hice sin querer* | I did it without meaning to |
| *Te llamo para decirte algo* | I'm calling you to tell you something |

Note also the use of *al* + infinitive:

| | |
|---|---|
| *Al abrir la puerta, vio a su hermana* | On opening/When he opened the door, he saw his sister |

(See Chapter 25 on prepositions and the infinitive.)

- They are also often used to express warnings and instructions, notably in recipes.

*Ejemplos:*

| | |
|---|---|
| *No fumar* | Do not smoke/No smoking |
| *Abrir con cuidado* | Open with care |
| *Cortar los tomates en trozos pequeños* | Cut the tomatoes into small pieces |

- The infinitive is used in certain other expressions:
  *a* or *de* + infinitive is used to express the idea of 'if':

| | |
|---|---|
| *De saberlo, no me hubiera ido* | If I had known, I would not have gone |

The infinitive is used after *que* in various expressions such as the following:

| | |
|---|---|
| *No tenemos nada que ver* | We haven't anything to see |
| *Me queda mucho que hacer* | I have a lot still to do |

After verbs of needing, requesting or searching, use *para*:

| | |
|---|---|
| *Buscamos algo para comer* | We are looking for something to eat |
| *Necesita algo para beber* | He needs something to drink |
| *Pidieron algo para leer* | They asked for something to read |

- There are some expressions in which the infinitive is not used when you might expect it. Two examples are *seguir* and *continuar*.

*Ejemplos:*

| | |
|---|---|
| *Siguieron cantando* | They went on/continued singing |
| *Continuó hablando* | He carried on/continued speaking |

¡PONTE A PUNTO!

## 1 *Explicaciones*

*Your friend wants to know why to do or not to do various things.*

Tu amigo quiere saber por qué haces o no haces varias cosas. Usa una de las siguientes expresiones para explicárselo: *me gusta/me encanta/prefiero/quiero/me interesa/me apetece/puedo/sé/pienso/necesito/deseo/espero* o cualquier otra expresión apropiada.

Por ejemplo:
– ¿**Por qué pasas tanto tiempo jugando al fútbol?**
– **Porque me gusta jugar al fútbol.**

1 ¿Por qué vas al cine todos los días?
2 ¿Vas al bar?
3 ¿Vas a ver la televisión?
4 ¿Por qué gastas tanto dinero en comprar discos?
5 ¿Conque compras otro vestido nuevo?
6 ¿Estás estudiando todavía?
7 ¿Por qué tienes tantos libros de medicina?
8 ¿Vas a comer todas esas manzanas?
9 ¿Por qué vas a la discoteca?
10 Compraste un billete para el teatro – ¿por qué?
11 ¿Por qué vas a ayudar a tu abuela con sus quehaceres?
12 ¿Cómo es que puedes llevar a tu hermano al cole en el coche de tus padres? (saber . . .)
13 ¿No vas al concierto?
14 ¿No quieres escuchar mi nuevo disco?
15 ¿No lees este libro?

16  ¿No vas a hacer tus deberes?
17  ¿Quieres ir al parque conmigo?
18  ¿Por qué llevas tanto dinero?
19  No quieres ser profesor(a), ¿verdad?

## 2 *El nuevo trabajo*

Empiezas un nuevo trabajo. Tu jefe te da una serie de instrucciones: tienes que hacer varias cosas durante tu primer día en este restaurante. Apuntas todo lo que tienes que hacer, empleando el infinitivo.

Por ejemplo:
**Limpia la cocina – Limpiar la cocina**

1  Limpia las mesas.
2  Prepara las legumbres.
3  Pon las mesas.
4  Fríe la carne.
5  Haz la sangría.
6  Ponte el uniforme.
7  Sirve las comidas.
8  Lava los platos.
9  Barre el suelo del restaurante.
10  Escribe los menús para mañana.

## 3 *Tu amigo, Tomás*

Un amigo tuyo no se fía de ti: tienes que asegurarle de todo lo que vas a hacer.

Por ejemplo:
**– Mañana, jugarás al fútbol, ¿verdad?**
**– Sí, voy a jugar.**

1  Esta tarde, irás al cine, ¿no?
2  Oye, ¿me vas a llevar a la discoteca?
3  ¿Me prometes que me ayudarás con los deberes?
4  Me contarás lo que pasó, ¿verdad?
5  ¿De verdad me vas a dejar tu bicicleta?

## 4 *Entrevista con el psiquiatra*

El psiquiatra quiere analizar tus problemas, pues necesita saber algo de tus costumbres, y tú contestas a sus preguntas.

Por ejemplo:
– **¿Por qué hablas contigo mismo?**
– **Porque no me gusta hablar con los demás.**

1 ¿Por qué comes demasiado?
2 ¿Por qué te comes las uñas?
3 ¿Por qué te vistes siempre de colores fuertes?
4 ¿Por qué no olvidas tus problemas?
5 ¿Por qué no vas a ver a otro psiquiatra?

¡... Y EN MARCHA!

# 1 *El futuro*

Habláis del futuro, y cada miembro de la clase explica algo de sus ambiciones, empleando expresiones tales como:

Por ejemplo:
**Quisiera trabajar en el mercado.**
**Me gustaría ser mecánico.**
**Pienso buscar un puesto como psicólogo en un hospital.**

# 2 *Consejos para un(a) futuro/a universitario/a*

Escribe una serie de recomendaciones para un(a) amigo/a que pronto va a ir a la universidad. Tiene que estudiar mucho, pero a la vez tiene que mantener sus intereses para tener una vida equilibrada. Al mismo tiempo, va a vivir solo/a por primera vez.

Por ejemplo:
**Debes leer muchos libros.**
**Deberías seguir jugando al golf.**
**Tendrás que lavar tus propias camisas.**

# 3 *¿Cómo se hace?*

Se puede expresar el método de hacer algo mediante el uso del infinitivo. Cada miembro de la clase tiene que explicar un procedimiento, por sencillo que sea, y el resto de la clase tiene que adivinar qué es.

Por ejemplo:

**Echar el contenido del paquete en un plato. Echar un poco de azúcar encima. Añadir leche. Comer inmediatamente.**

Solución: Desayunas copitos de maíz, y los comes rápidamente para que estén crujientes.

Después podéis hacer algo parecido usando *Hay que . . ., Es necesario . . ., Tienes que . . ., Se debe . . ., Se tiene que . . .* u otras expresiones parecidas.

Por ejemplo:

**Hay que echar un poco del contenido del tubo en el cepillo, hay que abrir la boca y frotar bien los dientes con el cepillo.**

Solución: Te limpias los dientes.

## 4 ¡Peligro!

Del mismo modo que en el ejercicio 3, podéis inventar una serie de avisos y amonestaciones en español, usando el infinitivo en forma positiva y negativa. Si no se os ocurren cosas sensatas y normales, podéis inventar cosas más bien absurdas y ridículas. Otra vez, además de utilizar sólo el infinitivo, se pueden usar expresiones como las que se mencionan en el ejercicio 3, a veces en forma negativa.

Por ejemplo:

**Cruzar la calle con los ojos cerrados es muy peligroso.**
**No echar salsa de tomate en una taza de té.**
**¡No se debe dar la comida del perro al canario si no quieres que te muerda!**

# 12 PRESENT TENSE

MECANISMOS

- The present tense in Spanish is used to convey the idea of an action taking place in present time and can be translated into English in two ways, 'he eats' and 'he is eating'. Conversely, both of these can be rendered by the present tense in Spanish:

a) to describe what is going on at the moment:

*Ejemplo:*

| | |
|---|---|
| *Javier habla con sus amigos en inglés* | Javier is talking to his friends in English *or* Javier talks to his friends in English |

(i.e. a general statement valid in the past and the future as well as at present . . .)

b) to describe what happens regularly or repeatedly, or something which is true or valid at the moment: a general statement of a verb covering 'now', but not limited to 'now':

*Ejemplo:*

| | |
|---|---|
| *Julián habla español, francés e inglés* | Julián speaks Spanish, French and English |

- In addition, the present tense can be used for the following:

c) to denote an action in the immediate future, as in English:

*Ejemplo:*

| | |
|---|---|
| *Mamá llega en el tren de las 14.00 horas* | Mum arrives on the two o'clock train |

d) to describe actions in the past in a dramatic way, to give added immediacy; this is known as the historic present:

*Ejemplo:*

| | |
|---|---|
| *Voy a casa de mi amigo, y le digo* *que no salgo con él* | I go (went) to my friend's house and tell (told) him that I am (was) not going out with him |

e) to indicate how long you have been doing something, where English uses a past tense; note that this can only be used if the action is still going on at the time of speaking. (See also Chapter 41.)

*Ejemplo:*

| | |
|---|---|
| *Espera desde hace diez minutos/* *Hace diez minutos que espera* | He has been waiting for ten minutes (and is still waiting) |

The same idea can also be expressed by using the structure *llevar* + gerund in the present tense:

| | |
|---|---|
| *Llevo dos horas trabajando* | I have been working for two hours |

• The present tense of regular verbs is formed as follows:

| hablar | comer | subir |
|--------|-------|-------|
| *hablo* | *como* | *subo* |
| *hablas* | *comes* | *subes* |
| *habla* | *come* | *sube* |
| *hablamos* | *comemos* | *subimos* |
| *habláis* | *coméis* | *subís* |
| *hablan* | *comen* | *suben* |

The obvious patterns are easy to observe:
– the similarities in the endings for each person of the verb
– the dominant *a* in the endings for the *-ar* verb,
– the dominant *e* in those for *-er* and *-ir* verbs.

In each case, the basic part of the word – the stem or root – consists of the infinitive but with the *-ar*, *-er* or *-ir* removed. The various forms are then made by adding a special ending to that basic part; each is distinct from the others in both spoken and written form. You will see that the *nosotros* and *vosotros* forms always have the vowel of the infinitive ending.

Note that these forms can all stand alone: there is no need for a subject pronoun because the endings are so clear. The subject pronoun is only used where clarity or emphasis is needed. (See Chapter 10 on pronouns.)

- Spanish has a number of verbs in which spelling changes occur in some forms, but which are otherwise mostly regular:

a) Two verbs (*dar* and *estar*) have a first-person singular in the present tense ending in *-oy* (like *soy* from the verb *ser*), but are otherwise regular:

*dar: doy, das, da, damos, dais, dan*
*estar: estoy, estás, está, estamos, estáis, están* (Note the accent)

b) A number of verbs have a *-g-* in the first person singular, but are otherwise regular within their verb group:

*caer: caigo, caes . . .*
*hacer: hago, haces . . .*
*poner: pongo, pones . . .*
*salir: salgo, sales . . .*
*traer: traigo, traes . . .*
*valer: valgo, vales . . .*

c) A few have this change and are also radical-changing (see Chapter 13):

*decir: digo, dices, dice, decimos, decís, dicen*
*oír: oigo, oyes, oye, oímos, oís, oyen*
*tener: tengo, tienes, tiene, tenemos, tenéis, tienen*
*venir: vengo, vienes, viene, venimos, venís, vienen*

d) A group of verbs ending in *-ecer, -ocer, -ucir* have a change to *-zc-* in the first person singular of the present tense and forms based on it, but are otherwise regular:

*conocer: conozco, conoces . . .*
*parecer: parezco, pareces . . .*

Note also *saber* and *ver* which have an irregular first person but are otherwise regular:

*saber: sé, sabes, sabe . . .*
*ver: veo, ves, ve . . .*

e) Verbs with infinitives ending in '*-uir*' take a '*y*' in all of the singular forms and in the third person plural:

*huir: huyo, huyes, huye, huimos, huís, huyen*

f) Certain verbs need an accent on a weak -i- or -u- of the stem in all of the singular and the third person plural forms:

*criar: crío, crías, cría, criamos, criáis, crían*
*continuar: continúo, continúas, continúa, continuamos, continuáis, continúan*

g) The following verbs are totally irregular:

*ir: voy, vas, va, vamos, vais, van*
*ser: soy, eres, es, somos, sois, son*
*haber: he, has, ha\*, hemos, habéis, han*
[\* *hay* when it means 'there is/are']

¡PONTE A PUNTO!

## 1 *Pavo relleno*

Rellena los espacios en las frases siguientes, poniendo la forma correcta del verbo cuyo infinitivo viene en paréntesis:

¡Ya . . . (estar) en agosto, y ya . . . (estar) de vacaciones!
En este momento, mi padre . . . (mirar) los mapas y . . . (preparar) la ruta.
Mi madre . . . (buscar) sus gafas de sol.
Mis hermanos y yo . . . (sacar) la ropa que . . . (querer) llevar con nosotros.
Hoy . . . (tener) que ir a las tiendas a comprar trajes de baño.
En efecto, . . . (ir) a pasar dos semanas en Paignton, en el condado de Devon.
Cerca de allí . . . (encontrarse) muchas playas bonitas y pueblos interesantes.
Nos . . . (decir) que hace bastante buen tiempo allí, aunque . . . (llover) mucho.
Si . . . (hacer) mal tiempo, . . . (poder) ir a un museo, o a un gran polideportivo que . . . (haber) en Torquay.
¡Por lo menos en Devon no . . . (necesitar) hablar idiomas extranjeros!

## 2 *Caja de las sorpresas*

Rellena los espacios en este artículo con la forma correcta de un verbo escogido de la lista que se ofrece debajo. ¡Cuidado, porque tienes que usar algunos más de una vez, y de todas formas, sobran verbos!

La región del sur de Devon se (1) . . . los South Hams. Esta zona (2) . . . varios pueblos bastante pequeños, o sea de unos diez mil habitantes cada uno. Los más conocidos (3) . . . Totnes, Dartmouth y Kingsbridge. Aparte de éstos, (4) . . . también muchos pueblos más pequeños. En esta región se (5) . . . muchos productos agrícolas, sobre todo fruta y trigo. También se (6) . . . vacas y ovejas, siendo ésta una región que se (7) . . . por sus productos lácteos.

Sin embargo, la actividad económica más importante de la región (8) . . . el turismo: con sus muchas playas bonitas, sus calas pintorescas y pueblos antiguos, (9) . . . a muchos turistas; se (10) . . . hacer excursiones a Dartmoor, y se (11) . . . ir en barco sobre el río Dart; en efecto mucha gente (12) . . . vela por aquí. Los turistas (13) . . . no sólo de Gran Bretaña, sino también de todos los países del oeste y del norte de Europa. Sobre todo se (14) . . . coches noruegos, suecos, alemanes, holandeses y franceses. En total, la zona de los South Hams (15) . . . ser una de las regiones más amenas de nuestro país.

| | | |
|---|---|---|
| atraer | deber | querer |
| comprar | decidir | ser |
| conocer | haber | venir |
| contener | hacer | ver |
| criar | llamar | visitar |
| cultivar | poder | volar |

¡ . . . Y EN MARCHA!

# 1 *Ahorita mismo*

Describe lo que haces tú y lo que hacen tus amigos y familiares. Tus compañeros de clase pueden hacer preguntas, si queréis.

Por ejemplo:
A   **¿Qué haces en este momento?**
B   **¡Hablo español, claro!**
C   **Y, ¿qué hace el profesor ahora?**
B   **Pues, trabaja.**

Después puedes escribir unas 100 palabras para resumirlo todo.

# 2 *En general*

Esta vez habláis de cosas más generales, o sea de la vida en general.

Por ejemplo:
A   **Oye, ¿qué hace tu madre para ganarse la vida?**

B   Es cocinera en este colegio.
C   ¿Y tu hermana?
B   Trabaja de dependienta en Boots.

Otra vez, puedes escribir un resumen de lo que dices y oyes.

## 3 Esta tarde

¿Vais a salir esta tarde? Usando el presente para expresar actividades en el futuro, hablad de lo que pensáis hacer esta tarde.

Por ejemplo:
A   Esta tarde vamos al café después de las clases, ¿no?
B   Sí, y luego cenamos en casa de Brian, ¿vale?

## 4 Los artistas

¿Sabéis dibujar? Si no sabéis, podéis dibujar monigotes como los niños. Tú tienes que dibujar una escena, como por ejemplo el patio de recreo del cole. Luego la describes para tu colega, que sin mirar tu dibujo tiene que dibujarlo según lo que vayas describiendo. Después, ¡comparad los dos dibujos!

Por ejemplo:
A la izquierda, unos chicos juegan al fútbol, mientras dos chicas charlan en el rincón . . .

## 5 El artículo

Tienes que escribir un artículo para un periódico español, en el cual hay que describir no sólo tu pueblo, sino también las actividades que se puedan observar en la calle principal en un día típico.

# 13 RADICAL-CHANGING VERBS

**MECANISMOS**

- Radical-changing verbs (sometimes known as root-changing or stem-changing verbs) feature a spelling change in the stem or root of the verb.
- The stem or root of these verbs contains a vowel – *o, u* or *e* – which changes according to whether or not it bears the stress; you can see the pattern of changes in the model verbs given below.

| | Type 1 | | | Type 2 | | Type 3 |
|---|---|---|---|---|---|---|
| o→ue | u→ue | e→ie | e→ie | o→ue | e→ie |
| **volver** | **jugar** | **pensar** | **preferir** | **dormir** | **pedir** |
| vuclvo | juego | pienso | prefiero | duermo | pido |
| vuelves | juegas | piensas | prefieres | duermes | pides |
| vuelve | juega | piensa | prefiere | duerme | pide |
| volvemos | jugamos | pensamos | preferimos | dormimos | pedimos |
| volvéis | jugáis | pensáis | preferís | dormís | pedís |
| vuelven | juegan | piensan | prefieren | duermen | piden |

You will see that there are three different types grouped according to their behaviour: Type 1 has a consistent change pattern of *o* to *ue, u* to *ue,* or *e* to *ie*. Type 2 is similar – *e* to *ie* or *o* to *ue* but has added changes in the gerund and in the third person singular and plural forms of the preterite. Type 3 has a different type of change – *e* to *i* in the present tense, gerund and third person singular and plural forms of the preterite.

- Because of the structure of the present tense, the change occurs only in the first, second, third persons singular and the third person plural. You may find it useful to think of these verbs as '1 – 2 – 3 – 6 verbs' in order to remember which parts change.
- The gerund for the verbs listed above is as follows:

*volviendo, jugando, pensando, prefiriendo, durmiendo, pidiendo*

Note that the only radical-changing verbs which have a spelling change in the gerund are those with infinitives in *-ir*. In these cases *o* changes to *u* and *e* to *i*.

The commonest are:

*durmiendo, prefiriendo, sintiendo, viniendo*

- Apart from the spelling changes shown above, most radical-changing verbs behave normally. Indeed, apart from the changes in the preterite detailed below, changes do not occur in any tense other than the present tense, because verb forms in all other tenses have the stress on the verb ending, not on the stem.

### Radical-changing verbs in the preterite

- Most radical-changing verbs are regular in the preterite. Since the stress therefore never falls on the stem, there is no change in spelling except with *-ir* verbs (third person singular and plural forms only):

*durmió, durmieron; prefirió, prefirieron; pidió, pidieron*

- Because the imperfect subjunctive is based on the third person of the preterite (see Chapter 31), *all* forms of the imperfect subjunctive of these *-ir* verbs have the same change. Thus:

*durmiese/durmiera; prefiriese/prefiriera; pidiese/pidiera*

- Those radical-changing verbs which are irregular (e.g. *tener, venir, querer*) are in the *pretérito grave* family (see Chapter 19), and so have their own special stems for this tense: *tuve, vine, quise*.

¡PONTE A PUNTO!

# 1 ¡Salud!

Pon el verbo en la forma correcta en cada caso.

Hoy en día, muchas personas (tener) problemas de salud porque no se cuidan bien. No (pensar) mucho en lo que comen y beben, y (preferir) preparar algo que sea fácil y rápido; se (volver) perezosos en todo lo que hacen: (empezar) a coger el coche en lugar de ir a pie, y en sus horas de ocio, en lugar de hacer algo activo, (sentarse) a ver la televisión; no (querer) hacer nada que necesite esfuerzo físico, y no (esforzarse) en hacer deporte. También (acostarse) muy tarde, y por eso no (dormir) lo suficiente. Cuando el médico les (contar) como deberían cuidar de su salud, (cerrar) el oído y no (encontrar) nada anormal en su modo de ser, o no (entender) lo que les dice. Luego, al darse cuenta de la verdad, ya no (poder) cambiar su estilo de vida.

2    Ahora, vuelve a escribir este párrafo, hablando de 'nosotros'. Tendrás que cambiar varias palabras, empezando así:

**Hoy en día, muchos tenemos problemas de salud porque no nos cuidamos bien.**

## ¡... Y EN MARCHA!

# 1 ¿Qué piensas tú?

Imagina que estás ayudando a tu profesor(a) a organizar un intercambio. Tienes que ayudarle a hacer las parejas de participantes. Por eso tienes que hacerle preguntas a un(a) compañero/a tuyo/a que quiere participar para saber algo de sus gustos y preferencias.

a)  Usando los verbos *preferir, querer, poder, pensar, tener (¿Qué opinión tienes?), entender (¿Entiendes bien el español hablado?)*, tu profesor(a) te preguntará qué te gusta en la vida, y qué opinión tienes de varias cosas específicas.

Por ejemplo:
**– ¿Prefieres la música pop o clásica?**
**– Prefiero** . . .

b)  Ahora haz las mismas preguntas a tu compañero/a, y cuenta a tu profesor(a) todo lo que te dijo. (Si quieres, puedes apuntar sus respuestas.)

Por ejemplo:
**Juan prefiere la música pop. . .**

c)  Imagina que queréis estar en la misma casa tú y tu compañero/a, y que tú estás de acuerdo con todo lo que dice él/ella: cuenta a tu profesor(a) lo que opináis los/las dos.

Por ejemplo:
**Juan y yo preferimos** . . .

# 2 ¡Volver a empezar!

a)  Estás grabando un mensaje en cassette para mandar a un amigo/a español(a) que espera pasar las vacaciones contigo. Cuéntale cómo pasas el día, tratando de emplear todos los verbos siguientes: *empezar, encontrar(se), volver, cerrar, acostarse, dormir*. Luego imagina que hablas de toda la familia, y vuelve a contárselo todo utilizando la forma de *nosotros*.

b) Ahora, cuéntale lo que hiciste ayer, o lo que hacías el año pasado/cuando eras más jóven.

## 3 ¡Viva la democracia!

a) Pronto habrá elecciones en tu país, y tú tendrás el voto por primera vez. En la misma cassette, trata de explicarle a tu amigo/a:
– las principales diferencias entre los partidos políticos de tu país (los conservadores, laboristas y liberal-demócratas)
– lo que entienden por democracia
– qué piensan de varios aspectos de la vida contemporánea.

Por ejemplo:
**La enseñanza**
**La seguridad social**
**La defensa**
**Los sindicatos**

Usa los verbos *entender, pedir, poder, preferir, querer*, etcétera)

b) Luego, dile cómo vas a votar y por qué.

# 14 REFLEXIVE VERBS

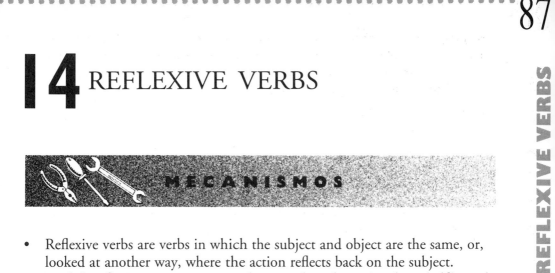

**MECANISMOS**

- Reflexive verbs are verbs in which the subject and object are the same, or, looked at another way, where the action reflects back on the subject. English reflexives are easy to spot because they always involve a 'self' word. Many verbs are reflexive in Spanish which are not in English. These actions are usually ones which are done by the subject to or for himself/herself.

*Ejemplos:*

| | |
|---|---|
| *El chico se lava* | The boy washes/is washing himself |
| *Me llamo Manuel* | My name is Manuel (I call myself . . .) |

- The fact that a verb is reflexive does not affect the way the verb forms are made up: being reflexive simply means that the verb is accompanied by a (reflexive) pronoun. This is so even when the verb has a subject pronoun with it:

*Ejemplo:*

| | |
|---|---|
| *Tú te lavas en el cuarto de baño, ¿verdad?* | You wash (yourself) in the bathroom, don't you? |

- The pattern of the reflexive pronouns is as in these examples:

| **levantarse** (to get up) | **vestirse** (to get dressed) |
|---|---|
| *me levanto* I get up<br>*te levantas* you get up<br><br>*se levanta* he/she/it gets up | *me visto* I dress myself<br>*te vistes* you dress yourself (familiar)<br>*se viste* he, she dresses him/her/itself |

¡ACCION GRAMATICA!

| levantarse (to get up) | vestirse (to get dressed) |
|---|---|
| *se levanta* you get up | *se viste* you dress yourself (formal) |
| *nos levantamos* we get up | *nos vestimos* we dress ourselves |
| *os levantáis* you get up | *os vestís* you dress yourselves (fam) |
| *se levantan* they get up | *se visten* they dress themselves |
| *(Vds) se levantan* you get up | *(Vds) se visten* you dress yourselves |

The following is a list of some common reflexive verbs, some of which are not reflexive in English. This is not an exhaustive list, but gives the flavour of these verbs:

| | |
|---|---|
| *acostarse* to go to bed | *irse* to go away |
| *afeitarse* to shave (oneself) | *lavarse* to wash (oneself) |
| *bañarse* to bathe, have a bath | *levantarse* to get up |
| *calzarse* to put on (shoes, etc.) | *pasearse* to go for a walk |
| *conocerse* to get to know (each other) | *peinarse* to comb one's hair |
| *cortarse* to cut oneself | *ponerse* to put on, begin to |
| *despertarse* to wake up | *quitarse* to take off |
| *ducharse* to have a shower | *romperse* to break |
| *emborracharse* to get drunk | *vestirse* to get dressed |

• The reflexive form is often used in the plural with a reciprocal sense, i.e. doing the action to each other, as in the following examples:

| | |
|---|---|
| *Se amaban mucho* | They loved each other very much |
| *¿Dónde os conocisteis?* | Where did you meet? |
| *Nos vemos a menudo* | We see each other often |
| *Se miraron nerviosamente* | They looked at each other nervously |

• An apparent reflexive form is often used to avoid the passive (see Chapter 30). This is usually only possible with inanimate objects, which cannot, logically, do things to themselves:

| | |
|---|---|
| *Aquí se habla inglés* | English is spoken here |
| *La puerta se cerró* | The door closed |

- The reflexive form is used to express possession in self-inflicted actions, and the possessive adjective is not used:

| | |
|---|---|
| *Se rompió la pierna* | He broke his leg |
| *Nos ponemos el abrigo* | We put on our coats |

- There are other expressions such as *irse* (to go away) which use the reflexive form:

| | |
|---|---|
| *Me voy mañana* | I'm going (away) tomorrow |

- The various verbs used to describe the notion of 'becoming' are all reflexive in form; they differ from one another in shades of meaning.

*hacerse* + noun or adjective (to become)
This is usually used where there is voluntary effort on the part of the subject:

| | |
|---|---|
| *Nos hicimos amigos el año pasado* | We became friends last year |
| *Quiero hacerme médico* | I want to be/become a doctor |

*ponerse* + adjective (to become, to get . . .)
This is used to refer to a change of mood, appearance or physical condition:

| | |
|---|---|
| *Al saberlo, se puso contenta* | When she found out, she became happy |
| *Comieron tanto que se pusieron demasiado gordos* | They ate so much that they got too fat |

*volverse* + adjective (to become, to go . . .)
This is used to convey the idea of involuntary psychological or mental change, and can only be used for people or animals:

| | |
|---|---|
| *¿Te has vuelto loco, o qué?* | Have you gone mad, or what? |

*convertirse en* + noun (to become/turn into/change into)
This is often used where a fundamental change takes place:

| | |
|---|---|
| *Madrid se ha convertido en una ciudad muy moderna y atractiva* | Madrid has become a very modern and attractive city |

*quedarse* (to become + adjective)
This is used where some sort of loss is implied:

| | |
|---|---|
| *Después del accidente se quedó sordo* | He became deaf after the accident |

- A few verbs have slight variations in meaning or emphasis when used in the reflexive form. Here are a few examples:

a) *morir*       to die (accidental or deliberate death)
b) *morirse*     to die (natural death, e.g. through illness)

*Ejemplos:*

a) *Su hermano murió en un accidente de tráfico*     His brother died in a traffic accident
b) *La mujer se murió de una enfermedad contagiosa*     The woman died of a contagious illness

a) *encontrar*     to find, meet
b) *encontrarse*     to find something (by chance)/to be situated

*Ejemplos:*

a) *Encontramos al cura en la iglesia*     We found/met the priest in the church
b) *Se encontraron unos artefactos muy antiguos*     They found some very old artefacts

a) *olvidar*     to forget (intentionally)
b) *olvidarse (de)*     to forget (accidentally)

*Ejemplos:*

a) *¡Sería mejor olvidarle!*     It would be best to forget him!
b) *Se olvidó de lo que había prometido*     He forget what he had promised

a) *reír*     to laugh
b) *reírse (+ de)*     to laugh (at . . .)

*Ejemplos:*

a) *El que ríe al último ríe el mejor*     He who laughs last laughs longest
b) *El profesor se rio de su alumno*     The teacher laughed at his pupil

- Colloquial Spanish often uses a reflexive pronoun for emphasis:

*Se lo comió todo*     He ate it all up
*Me lo sé de memoria*     I know it all by heart

- Normally reflexive pronouns come just in front of a finite verb:

| | |
|---|---|
| *Se vistió despacio* | He got dressed slowly |

but at the end of a positive command; they can also come at the end of an infinitive or a gerund but this is optional.

*Ejemplos:*

| | |
|---|---|
| *Voy a ducharme/Me voy a duchar* | I'm going to have a shower |
| *Están bañándose/Se están bañando* | They are bathing |
| *¡Levántate!* | Get up! |

¡PONTE A PUNTO!

# 1 *¡Qué día más caótico!*

He aquí la descripción del día más caótico de mi vida. Lo hice todo al revés, y, además, al escribir este resumen en mi diario, ¡dejé todos los verbos en la forma del infinitivo! Pon los verbos en la forma correcta y en el lugar más apropiado.

Hoy *bañarse* a las siete y media, *pasearse* en seguida, y *tomarse* en el cuarto de baño. Antes de tomar el desayuno, *acostarse* y *volverse*. Como hacía buen tiempo, decidí *vestirse* en el parque. Después *despedirse* en contacto con mi novia, y *afeitarse* media hora después delante del estanque. A las once *levantarse* en la terraza de una cafetería y *despertarse* un café con leche y unos churros. *Dirigirse* a mediodía, y *ponerse* a mi casa. Por la tarde *divertirse* en casa y *ducharse* viendo un programa de televisión. Bastante cansado, *encontrarse* a las diez, y *sentarse* a las once. De repente *quedarse* de que había sido un día de trabajo . . . ¡y de que *darse* loco!

# 2 *El virus*

El autor de este ejercicio tiene un gran problema: ¡su ordenador tiene un virus! ¡Todos los verbos reflexivos de las siguientes frases han caído al pie del ejercicio, y se han convertido en la forma del infinitivo! Selecciona el verbo que mejor convenga para cada frase, y adáptalo según el significado de la frase. ¡Y no te olvides de los pronombres reflexivos!

1  ¡Este chico huele mal, pues no . . . nunca!
2  Tenemos que . . . antes de . . . en la piscina.
3  Los domingos, muchos madrileños . . . en el Parque del Retiro.
4  A Miguel no le gusta . . . , pues por eso tiene barba.

5  A la reina le gustaba . . . en su espejo mágico.
6  Muchos españoles hacen el taekwondo para . . . en buena forma.
7  Los fines de semana, muchos granadinos . . . en la Sierra Nevada.
8  España . . . en una situación económica mucho más fuerte que hace treinta años.
9  A la edad de veinte años, Rebeca . . . guardia municipal.
10  ¡Con tanto trabajo, el autor . . . loco y . . . a vivir a un manicomio!

| | | |
|---|---|---|
| afeitarse | encontrarse | mantenerse |
| bañarse | hacerse | mirarse |
| divertirse | irse | pasearse |
| ducharse | lavarse | volverse |

¡ . . . Y EN MARCHA!

# 1 *El marciano*

Imagina que tu compañero/a de clase es marciano. No tiene mucha experiencia de la vida terrestre . . . y te hace una serie de preguntas sobre la rutina diaria (¡empleando verbos reflexivos, naturalmente!).

Por ejemplo:
Marciano:  **¿Qué tienes que hacer para arreglarte por la mañana?**
Tú:  **Bueno, primero me despierto y me levanto, naturalmente.**
Marciano:  **¿Qué haces con la cara/ el pelo/ los dientes/ la barba?**

# 2 *La cadena*

Tenéis que inventar un cuento, por ejemplo "La vida de Narciso". El profesor/ la profesora empieza, y cada miembro de la clase tiene que añadir una frase entera, por ridícula y absurda que sea. Cada frase tendrá un verbo reflexivo; pero si resulta demasiado difícil, sólo una de cada dos frases tiene que contener un verbo reflexivo.

Por ejemplo:
Profesor:  **Un día, Narciso, decidió ir al baile.**
Alumno 1:  **Primero se lavó la cara, las manos y los pies.**
Alumno 2:  **Luego se puso un sombrero negro . . .**

# 3 *Querido diario*

Escribe un relato detallado, contando lo que hiciste ayer. Trata de usar verbos reflexivos, y usa el plural cuando puedas.

Por ejemplo:
**Ayer fui a la playa con mis amigos. Nos bañamos por la mañana y luego nos paseamos un poco por la playa . . .**

Después podéis escribir cada uno/a vuestra propia versión del relato de un(a) vecino/a, cambiando los verbos a la tercera persona.

Por ejemplo:
**Ayer, Juan fue a la playa con sus amigos. Se bañaron por la mañana y luego se pasearon un poco por la playa . . .**

# 4 *Metamorfosis*

Inventa una serie de frases originales para usar cada uno de los verbos siguientes:

| | | | | |
|---|---|---|---|---|
| hacerse | volverse | quedarse | ponerse | convertirse en |

Por ejemplo:
**Mi amiga quería hacerse azafata.**
**Se puso muy contenta al recibir una carta de la línea aérea.**
**Pero su novio se volvió loco de envidia.**

# 15 FUTURE TENSE

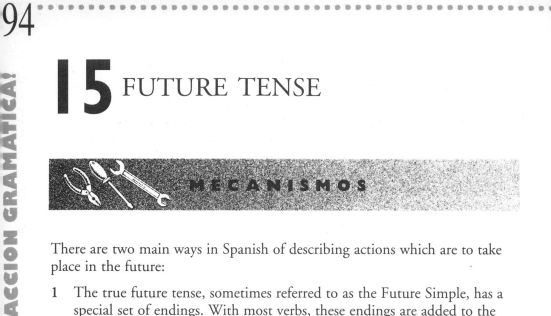

**MECANISMOS**

There are two main ways in Spanish of describing actions which are to take place in the future:

1. The true future tense, sometimes referred to as the Future Simple, has a special set of endings. With most verbs, these endings are added to the whole of the infinitive:

| -ar | -er | -ir |
|---|---|---|
| **hablar** | **comer** | **vivir** |
| *hablaré* | *comeré* | *viviré* |
| *hablarás* | *comerás* | *vivirás* |
| *hablará* | *comerá* | *vivirá* |
| *hablaremos* | *comeremos* | *viviremos* |
| *hablaréis* | *comeréis* | *viviréis* |
| *hablarán* | *comerán* | *vivirán* |

- Verbs which are irregular in the future are simply ones which have an irregular stem, but all the stems end in *-r*; the endings are the same as for regular verbs. Thus the irregularity is always in the stem, and never in the ending. Here is a list of the main irregular verbs:

| | |
|---|---|
| *caber: cabré* | *querer: querré* |
| *decir: diré* | *saber: sabré* |
| *haber: habré* | *salir: saldré* |
| *hacer: haré* | *tener: tendré* (and compounds) |
| *poder: podré* | *valer: valdré* |
| *poner: pondré* (and compounds) | *venir: vendré* (and compounds) |

- The future tense is used to indicate future events, whether in the near future or the distant future.

*Ejemplos:*

| | |
|---|---|
| *Compraré la carne en la carnicería, luego iré al hipermercado* | I'll buy/I'm going to buy the meat at the butcher's, then I'll go to the hypermarket |
| *El año que viene, pasaré mis vacaciones con mis padres, pero cuando tenga veinte años, iré con mis amigos* | Next year I shall spend my holidays with my parents, but when I'm twenty I shall go with my friends |

• The future tense is also sometimes used to indicate suppositions or approximations (often involving numbers):

*Ejemplos:*

| | |
|---|---|
| *¿Dónde estará?* | I wonder where he is |
| *¿Dónde está papá? Estará en la cocina.* | Where is Dad? He's probably in the kitchen |
| *¿Cuántos años tiene el abuelo? Tendrá unos setenta años.* | How old is grandad? He must be about seventy |

2 The future can also be expressed as in English, simply by taking the appropriate part of the present tense of the verb 'to go' and adding the infinitive of the main verb: *ir + a* plus the infinitive of the main verb.

*Ejemplos:*

| | | |
|---|---|---|
| *Voy* | *a hablar* | *con tus padres* |
| I am going | to speak | to your parents |

| | | |
|---|---|---|
| *Vamos* | *a ir* | *al restaurante* |
| We are going | to go | to the restaurant |

As can easily be deduced from these examples, this structure is used to describe an action which is immediately about to happen: it is often referred to as the Future Immediate.

• The idea of the future can also be expressed by means of the present tense, as in English.

*Ejemplos:*

| | |
|---|---|
| *Esta tarde van al Corte Inglés a comprar un regalo para su madre* | This afternoon they are going to Corte Inglés to buy a present for their mother |
| *El tren sale a las diez y media* | The train leaves (will leave) at ten thirty |

**¡ACCION GRAMATICA!**

## 1 *Mañana*

¿Por qué se debe hacer hoy lo que se puede hacer mañana? Contesta a estas órdenes según el siguiente ejemplo:
– **Oye, ¡limpia tus zapatos en seguida!**
– **Los limpiaré mañana.**

1  ¡Arregla tu dormitorio!
2  ¡Lava estas camisas!
3  ¡Haz tus deberes!
4  ¡Friega los platos!
5  ¡Barre el patio!
6  ¡Limpia la alfombra!
7  ¡Lee este libro!

8  ¡Ve a visitar a tu abuela!
9  ¡Pon tu bicicleta en el garaje!
10  ¡Vuelve a la biblioteca!
11  ¡Compra unos huevos!
12  ¡Busca tu reloj!
13  ¡Escribe a tu novia!
14  ¡Llama a tus amigos!

## 2 *La boda*

Hé aquí lo que escribió un novio (Andrés) el día después de sus bodas. Cuenta todo lo que sucedió en la boda. Usando este modelo, imagina que tienes que hacer tus planes para tu propia boda. Puedes hacerlo desde el punto de vista del novio o de la novia. Tienes que basarlo sobre este cuento, pero cambia los verbos al futuro.

La víspera de la boda, salí por la tarde con unos amigos. Tomamos unas copitas, luego fuimos a cenar a un restaurante. Después . . . bueno, no lo recuerdo bien, ¡ni quiero recordarlo!

El día de la boda, me levanté a las ocho, y desayuné con el padrino de boda, que llegó a las ocho y pico. Los dos salimos a dar un paseo al lado del río, y a las diez volvimos a casa a vestirnos para la boda.

Llegamos a la iglesia a las doce menos cuarto; muchos parientes y amigos ya estaban allí, y otros llegaron después de nosotros. El cura entró a las doce en punto y, por fin, llegó Juanita con su padre. ¡Qué hermosa estaba! Con ella llegaron también las damas de honor, mis sobrinas Mariana y Sara. Ellas también estaban muy guapas. La ceremonia duró un poco menos de una hora, y después se hicieron las fotos delante de la iglesia.

A las dos fuimos todos al hotel, donde almorzamos, bailamos, y nos divertimos. Por fin, Juanita y yo nos despedimos de todos, y nos pusimos en camino para nuestra luna de miel. ¡Y ya no escribo más!

**¡... Y EN MARCHA!**

## 1 *¡Estos niños se meten en todo!*

Estás a punto de salir – tal vez con tu novio/a o con unos amigotes. Mientras te arreglas, tus hermanos/as menores te hacen una serie de preguntas. Tus compañeros/as de clase harán el papel de tus hermanos/as: contéstales usando el futuro. No necesitas decir la verdad en tus respuestas. ¡A veces hay que usar alguna mentirilla con los hermanitos que se meten en todo!

Por ejemplo:
– Oye, ¿por qué te estás vistiendo así?
– Bueno, ¡porque vamos a ir a la discoteca, tonta!
– Y, ¿qué vais a hacer en la discoteca?
– ¡Veremos la nueva película de Batman, idiota!

## 2 *Encuentro con la justicia*

¡Qué inocentes sois! Tú y tus amigos/as vais al centro de la ciudad a divertiros, pero se para al lado de vosotros un coche de patrulla. Uno de los policías – el profe – os hace una serie de preguntas para saber adónde vais y qué vais a hacer.

Por ejemplo:
– Decís que vais al cine pero está cerrado hoy. ¿Qué vais a hacer, entonces?
– Iremos al bar a tomar algo.
– ¿Qué haréis después?
– A lo mejor volveremos a casa de Juan, y veremos un vídeo.

¡Otra vez, vuestras respuestas podrían contener unas mentirijillas o tonterías!

## 3 *El nuevo conductor*

i) Cuenta a tus amigos/as cuándo, cómo y por qué vas a aprender a conducir, y describe tu coche ideal. En todos los verbos, usarás el futuro, incluso cuando quieras describir cómo será tu coche probablemente . . .

Por ejemplo:
**Voy a empezar a aprender a conducir el día de mi cumpleaños. Tardaré dos o tres meses en aprender, y después de hacerme el carnet de conducir . . .**

ii) Escribe una carta a un(a) amigo/a español/a, contándole todo lo que acabas de decir a tus compañeros/as.

# 4 *Ambiciones – juego de memoria*

Cada miembro de la clase explica sus ambiciones para el futuro, y los demás le escuchan pero sin apuntar nada.

Luego cada miembro tiene que explicar las ambiciones de otro – el/la profesor(a) tiene que nombrar una víctima para cada alumno/a. A ver si acertáis todos a recordar los planes de los otros. Igualmente, el profe, u otro alumno, puede hacer preguntas tales como:

**¿Qué va a hacer Ricardo?** o bien **¿Qué dice que hará después de los exámenes?**

# 5 *Predecir el futuro*

Eres adivina en un parque de atracciones. Tienes que estudiar la cara, la mano o los naipes de tus compañeros/as y decirles lo que les va pasar en el futuro . . . pero ¡tienen que pagarte con una moneda de plata!

Igualmente, imagina que eres quiromántico/a. Tus compañeros tienen que mandarte cada uno/a una fotocopia anónima de sus palmas: tienes que predecirles el futuro, por escrito. También puedes tratar de decir de quien es la mano. ¡Suerte!

# 16 CONDITIONAL TENSE

**MECANISMOS**

- The conditional tense in Spanish is formed by taking the stem of the future tense (which is the infinitive for most verbs) and adding to it the *-ía* (imperfect tense) endings. This applies both for regular and irregular verbs.

| -ar | -er | -ir |
|---|---|---|
| **hablar** | **comer** | **vivir** |
| *hablaría* | *comería* | *viviría* |
| *hablarías* | *comerías* | *vivirías* |
| *hablaría* | *comería* | *viviría* |
| *hablaríamos* | *comeríamos* | *viviríamos* |
| *hablaríais* | *comeríais* | *viviríais* |
| *hablarían* | *comerían* | *vivirían* |

Those verbs with irregular stems in the future tense (see Chapter 15) are irregular also in the conditional. For example:

| hacer | poner |
|---|---|
| *haría* | *pondría* |
| *harías* | *pondrías* |
| *haría* | *pondría* |
| *haríamos* | *pondríamos* |
| *haríais* | *pondríais* |
| *harían* | *pondrían* |

- The conditional tense is used by and large where in English we use the word 'would' (but see below). Its name reflects one of its uses: to express the result of a condition (if).

*Ejemplo:*

*Podría irse si termina sus deberes a tiempo*

He could go if he finishes his homework in time

Its main uses are as follows:

i) to indicate an implied condition:

*Ejemplos:*

| | |
|---|---|
| *No me gustaría hacerlo* | I wouldn't like to do it |
| *Sería una buena idea* | It would be a good idea |

ii) to express suppositions or approximations in the past (often involving numbers):

*Ejemplos:*

| | |
|---|---|
| *¿Dónde estaba papá en aquel momento? Estaría en la cocina* | Where was Dad at that moment? He was probably in the kitchen |
| *¿Cuántos años tenía la abuela entonces? Tendría unos setenta años* | How old was grandma at the time? She must have been about seventy |

iii) to express the future in the past, especially in reported speech:

*Ejemplos:*

| | |
|---|---|
| *Dijo que al año siguiente iría a la universidad* | He said that the following year he was going/would go/was to go to university |
| *Compraría el pan en la panadería, luego iría al mercado* | I was going/I would/was to buy the bread at the baker's, then was going/would/was to go to the market |

iv) to express rhetorical questions:

*Ejemplo:*

| | |
|---|---|
| *¿Quién haría tal cosa?* | Who would do such a thing? |

• i) The conditional tense is often replaced by the imperfect, especially in conditional sentences in colloquial language:

*Ejemplo:*

| | |
|---|---|
| *Si ganara el Gordo, no necesitaba trabajar más* | If I won the jackpot, I wouldn't need to work any more |

ii) The conditional tense is often replaced by the imperfect subjunctive *-ra* form; this is especially so with the verbs *querer*, *haber* and *deber*, but often occurs with others:

*Ejemplos:*

| | |
|---|---|
| *Quisiera tener mucho dinero* | I would like to have lots of money |
| *Hubiera querido ir a casa de mi abuela* | I should like to have gone to my grandmother's house |
| *Debiera haber ido* | He should have gone |

(See also Chapter 37 'If' clauses)

- i) Be careful with the English words 'would' and 'wouldn't' when they refer to someone's willingness (or otherwise) to do something. They need to be rendered using the verb *querer* in the imperfect or preterite form.

*Ejemplo:*

| | |
|---|---|
| *Quería oírla, pero ella no quería/ quiso cantar* | I wanted to hear her but she wouldn't sing |

ii) Always take care when 'would' in English actually means 'used to'; when this is the case, use either the imperfect or *soler* + infinitive. (See also Chapter 17.)

*Ejemplos:*

| | |
|---|---|
| *Cuando éramos jóvenes, a menudo íbamos juntos al bosque* | When we were young, we would often go to the woods together |
| *Hace muchos años, la gente no solía bañarse mucho* | Years ago, people did not often take baths |

¡PONTE A PUNTO!

# 1 *Fantasía*

¿Quién sabe lo que podría traer el futuro de este mundo nuestro? Imagina que un día tus padres te mandan hacer varias tareas domésticas. Mientras las haces, piensas en el futuro y en los robots especiales que todos tendríamos para hacerlo todo. Inventa una respuesta para cada orden. (Algunas respuestas podrían ser un poco ridículas . . .)

Por ejemplo:
– **¡Limpia tus zapatos en seguida!**
– **En el futuro, los limpiaría mi robot.**

1 ¡Limpia tu dormitorio!
2 ¡Lava el coche!
3 ¡Friega los cacharros!
4 ¡Barre el suelo de la cocina!
5 ¡Prepara la cena!

6 ¡Pon la mesa!
7 ¡Lleva tu bicicleta al garaje!
8 ¡Seca estos vasos!
9 ¡Búscame un huevo en la nevera!
10 ¡Corta el césped!

## 2 *La boda*

Hé aquí una carta escrita por una novia dos o tres semanas antes de sus bodas. La mandó a la chica que iba a ser su dama de honor, diciéndole lo que tendría que hacer el día de la boda.

---

Barcelona
8 de julio

¡Hola!

Te escribo para decirte como será el día de la boda, y lo que tendrás que hacer.

La víspera de la boda, tendrás que llegar a mi casa a las ocho; Sara ya estará allí. Prepararemos varias cosas para la boda, luego saldremos a cenar con unas amigas mías.

El día de la boda, nos levantaremos a las ocho, y después del desayuno iremos a la peluquería. A las diez y cuarto volveremos a mi casa a vestirnos para la boda. ¡Todas estaremos guapísimas!

Iremos con mi padre a la iglesia, y llegaremos a las doce y pico: ¡la novia tiene que llegar un poquito tarde! Los parientes y amigos ya estarán allí, pues seremos los últimos en llegar. Al entrar, tú y Sara andaréis detrás de mí. El cura te dirá lo que tienes que hacer durante la ceremonia; la ceremonia durará un poco menos de una hora, y después se harán las fotos delante de la iglesia.

A las dos iremos todos al hotel, donde almorzaremos, bailaremos, y nos divertiremos. Por fin, Andrés y yo nos despediremos de todos vosotros, y nos pondremos en camino para nuestra luna de miel.

Llámame por teléfono si se te ocurre algo más que necesites saber.

¡Hasta pronto!

Un beso,

Juanita

Imagina que tú fuiste la dama de honor, y que después de la boda escribes otra carta a una amiga, contándole todo lo que te había dicho Juanita.

Por ejemplo:

**Juanita me dijo que la víspera de la boda tendría que . . .**

¡ . . . Y E N M A R C H A !

# 1 *¡El invento!*

Un(a) compañero/a de clase hace el papel de tus padres. Están hartos de los quehaceres que tienen en casa. Como buen(a) chico/a, les ayudas, y dices que un día inventarás una máquina para hacerlo. Quieren saber más, y tú tienes que explicárselo todo (usando el condicional): cómo sería el aparato, cómo funcionaría y qué haría. Cada miembro de la clase tiene que inventar varios chismes y explicárselos a los demás.

Por ejemplo:

Papá: **Oye, ¿quieres limpiarme los zapatos? No tengo tiempo, y no quiero mancharme la camisa.**

Tú: **Claro. Pero un día voy a inventar una máquina para hacerlo.**

Papá: **¿Cómo funcionaría?**

Tú: **Bueno, tendría un motor eléctrico y un cepillo automático: meterías los zapatos en un agujero, y saldrían limpios.**

# 2 *En el año 2020*

En el siglo 20, la tecnología ha hecho unos progresos tremendos; ¿y qué pasaría en el próximo siglo, si aún estábamos todos aquí? ¿Todavía tendríamos necesidad de trabajar? Imagina una serie de cambios fundamentales en la vida y en el trabajo y, usando el condicional, cuéntalos a tu clase.

Por ejemplo:

**Para mí, no creo que tendríamos que trabajar más. Me parece que las fábricas funcionarían automáticamente, y la administración sería hecha por ordenadores . . .**

Después de escuchar a tus compañeros/as, escribe un resumen de 150 palabras sobre cómo sería el año 2020, según la clase.

## 3 El loco del volante

a) Acabas de aprender a conducir y, desgraciadamente, acabas de tener tu primer accidente. Pero todo fue culpa de un loco del volante que causó el accidente y luego se escapó. Tienes que describirlo al policía que llega después para ayudarle a encontrar al delincuente. Describe el coche, al conductor, y su manera de conducir . . . pero no estás seguro/a de nada, por lo tanto utilizas el condicional para expresarte.

Por ejemplo:
**Pues, era un coche deportivo – sería un Ferrari o un Porsche. No le vi muy bien al conductor – tendría unos treinta años, pero iría a unos cien kilómetros por hora, ¡como si fuera un Fittipaldi cualquiera!**

b) Ahora, como es natural, tienes que preparar una declaración por escrito para la policía.

c) A ver si tú y tus amigos sabéis imaginar otros accidentes y siniestros para hacer descripciones parecidas de ellos y de los culpables.

## 4 Lo sabía todo

Imagina a un sabelotodo que expresa su reacción a varios hechos y acontecimientos recientes o históricos. Al oír lo que pasó, siempre dice que ya sabía lo que pasaría. El sabelotodo puede existir hoy o en el pasado.

Por ejemplo:
Profesor(a): **Cristóbal Colón se fue hacia el oeste porque creía que la Tierra era redonda, y por eso . . .**
Sabelotodo: **¡Ya sabía Colón que encontraría tierras nuevas!**

Tú: **Hubo un incendio en nuestro pueblo anoche, ¿sabes? Se incendió el ayuntamiento.**
Sabelotodo: **¡Ya sabía yo que habría un incendio, y que se arrasaría el ayuntamiento!**

# 17 IMPERFECT TENSE

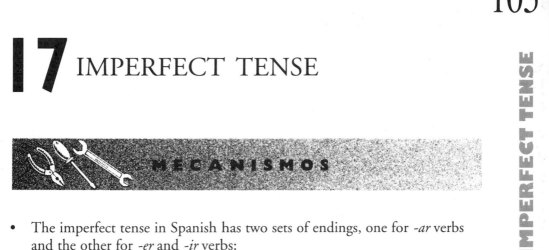

MECANISMOS

- The imperfect tense in Spanish has two sets of endings, one for *-ar* verbs and the other for *-er* and *-ir* verbs:

| trabajar | comer | vivir |
|---|---|---|
| *trabajaba* | *comía* | *vivía* |
| *trabajabas* | *comías* | *vivías* |
| *trabajaba* | *comía* | *vivía* |
| *trabajábamos* | *comíamos* | *vivíamos* |
| *trabajabais* | *comíais* | *vivíais* |
| *trabajaban* | *comían* | *vivían* |

- The verbs *ser* and *ir* are irregular:

| ser | ir |
|---|---|
| *era* | *iba* |
| *eras* | *ibas* |
| *era* | *iba* |
| *éramos* | *íbamos* |
| *erais* | *ibais* |
| *eran* | *iban* |

Note that the verb *ver* adds the *-ía* endings to the stem *ve*: *veía*. There are no other irregularities of formation.

- The imperfect tense has three main uses:

a) to indicate what **used** to happen, such as habitual or repeated happenings:

*Cuando vivíamos en Barcelona, teníamos que hablar catalán*

When we lived (used to live) in Barcelona, we had to (used to have to) speak Catalan

Note that the corresponding English verbs 'lived', 'had to' are expressed in the simple past in this example but these are definitely habitual actions, so use the imperfect in Spanish.

b) description:

| | |
|---|---|
| *Antes del siglo XVI Madrid no era más que un pueblo sin importancia situado en un río que **quedaba** vacío lo más del año* | Before the XVIth century Madrid was only an unimportant village situated on a river which was dry for most of the year |

c) to say what was happening at a particular time:

| | |
|---|---|
| *Hablaba al teléfono* | I was talking on the phone |
| *Arreglaba mi cuarto* | I was tidying my room |

The imperfect is often used in conjunction with the preterite to indicate what was going on when something else happened (see Chapter 18). In this case, you can also use the 'continuous' form, with the imperfect of *estar* and the gerund, as in English:

*Estaba hablando por teléfono cuando llamaron a la puerta*
I was talking on the phone when someone knocked at the door

¡PONTE A PUNTO!

## 1 *La bisabuela*

Cambia los verbos al imperfecto:

Nunca conocí a mi bisabuela, porque murió antes de que yo naciera, pero según mi madre (ser) una pequeña mujer, que siempre (llevar) un sombrero en la calle y muchas veces en la casa. (Vivir) en una casa vieja que (tener) siempre una aspidistra en la ventana del salón. Todos los domingos (ir) a la iglesia y luego (almorzar) con mis abuelos, porque mi bisabuelo ya (estar) muerto y ella se (encontrar) sola. A mi madre le (gustar) las visitas de su abuela – es decir, mi bisabuela – porque ésta siempre le (traer) un regalito o le (dar) una moneda de un duro – ¡cinco pesetas (comprar) bastantes cosas en aquellos días! Después de casarse mi madre no (ver) tanto a su abuela, pero la (querer) mucho hasta que murió un poco antes de nacer yo.

## 2 *En la época de Franco*

Cambia los verbos al imperfecto y traduce el extracto al inglés:

Durante los años franquistas por lo general se (prohibir) hablar catalán. También en esa época (haber) censura y la prensa no (poder) imprimir todo lo que (querer). Muchos de los periódicos y revistas que disfrutamos hoy no (existir) aún, aunque hacia finales de la dictadura ya (empezar) a aparecer revistas como *Cambio 16*. Sin embargo (decirse) que la gente (leer) 'entre líneas' y, por ejemplo, cada vez que los periódicos (negar) que hubiese huelgas en Cataluña o el País Vasco, y cuanto más la prensa franquista (insistir) en que no, tanto más la gente se (dar) cuenta de lo que (estar) ocurriendo. También la censura (restringir) las películas que se (poder) ver en los cines.

## 3 *¡Caos en casa!*

Una madre fue un día a la ciudad a hacer la compra. Aquí habla de la situación que encontró en casa al volver. Cambia los verbos entre paréntesis al imperfecto:

Cuando llegué a casa, lo que (pasar) era horroroso. Los niños (jugar) a la corrida en el comedor, el gato (trepar) por las cortinas, el perro (roer) un hueso sobre la alfombra. Mi marido (dormir) en una butaca en la sala de estar y su cigarrillo (quemar) la butaca. El transistor (estar) puesto lo más alto posible ¡y el programa (tratar) de la vida familiar! En la cocina el agua se (escapar) del grifo y se (desbordar) sobre el suelo. En el jardín nuestros dos conejos (correr), (saltar) y (comer) las verduras. El vecino (cortar) un árbol y las ramas (caer) sobre mis flores. Cuando les pregunté a todos qué (pensar) que (hacer), me respondieron « Nosotros (cuidar) la casa mientras tu (ir) de compras ». Pensé que lo (soñar) todo, ¡pero (ser) la verdad!

¡ . . . Y EN MARCHA !

## 1 *Recuerdos*

Piensa en cuando tenías diez años, y describe tu vida de entonces. ¿Cómo eras? ¿Dónde vivías? ¿A qué colegio ibas? ¿Qué hacías allí y cómo eran tus profesores y tus compañeros de clase? ¿Cuáles eran tus intereses? Cuenta a tus compañeros/as de clase actuales todo lo que recuerdas de aquellos tiempos.

## 2 *¡Al ladrón!*

En tu colegio desapareció ayer una videocámara. El/La director/a está haciendo pesquisas. ¿Dónde estabas tú, y qué hacías a la hora en que desapareció el aparato? ¿Y tus compañeros/as? Discutid vuestras actividades y uno/a hace de reportero/a.

# 18 CONTINUOUS TENSES

**MECANISMOS**

• As you saw in Chapter 12, the present tense in Spanish is used to convey the idea of an action taking place in present time in two ways: 'he reads' and 'he is reading', for example. Whilst the first version refers to a general truth, the latter describes what is going on at the moment:

*Ejemplos:*

| | |
|---|---|
| *Javier lee muchos libros* | Javier reads lots of books |
| *Javier lee un libro en este momento* | Javier is reading a book at the moment |

Although the verb itself is the same, the idea of the action is entirely different. Normally in Spanish, the context of the verb will make it quite clear which of these ideas is being conveyed.

## *The present continuous*

Spanish also has a separate tense to express ongoing actions: the present continuous. It is formed in very much the same way as in English by using the appropriate form of the present tense of *estar* followed by the gerund.

| | |
|---|---|
| *estoy hablando* | I am speaking |
| *estás hablando* | you are speaking |
| *está hablando* | he/she is speaking, you are speaking (*usted*) |
| *estamos hablando* | we are speaking |
| *estáis hablando* | you (plural) are speaking |
| *están hablando* | they are speaking, you are speaking (*ustedes*) |

This tense is used where there is special emphasis on the ongoing nature of the action. It is not used as often as its equivalent in English for the simple reason that the ordinary present tense is usually quite enough.

- The gerund of regular *-ar* verbs ends in *-ando*, *-er* verbs and *-ir* verbs in *-iendo*:

*hablar* → *hablando*    *comer* → *comiendo*    *vivir* → *viviendo*

Note the spelling change in the gerund of verbs such as the following:

*construir* → *construyendo*    *leer* → *leyendo*    *oír* → *oyendo*
*caer* → *cayendo*    *creer* → *creyendo*

and other verbs ending in *-uir*. Note also that most radical-changing verbs do not undergo any spelling change to their gerund:

*volver* → *volviendo*    *jugar* → *jugando*    *pensar* → *pensando*

The exceptions are those with infinitives in *-ir*. In these cases '*o*' changes to '*u*' and '*e*' to '*i*':

*dormir* → *durmiendo*    *pedir* → *pidiendo*    *reñir* → *riñendo*

Others in this group are:

*preferir* → *prefiriendo*    *sentir* → *sintiendo*    *venir* → *viniendo*

## The imperfect continuous

There is a similar tense which is used to describe ongoing actions in the past: the imperfect continuous. The imperfect itself is usually quite adequate to describe such actions, but this continuous tense is used where extra emphasis is required for the ongoing nature of the action.

This tense is similar to the present continuous; instead of the present tense of *estar*, it uses the imperfect of *estar*, but the gerund is the same:

| | |
|---|---|
| *estaba hablando* | I was speaking |
| *estabas hablando* | you were speaking |
| *estaba hablando* | he/she was speaking, you were speaking (*usted*) |
| *estábamos hablando* | we were speaking |
| *estabais hablando* | you (plural) were speaking |
| *estaban hablando* | they were speaking, you were speaking (*ustedes*) |

¡PONTE A PUNTO!

## 1 *El espía*

Hé aquí un relato en el que el Señor X nos cuenta lo que hace todos los días cuando va al trabajo. Imagina que eres espía industrial o detective, y que tienes que espiarle. Un día le observas clandestinamente camino de su lugar de trabajo. Tienes un transmisor portátil con el cual cuentas a un colega todo lo que está haciendo el Señor X. Claro, tienes que utilizar el presente continuo. Empieza así:

**Son las nueve y está saliendo de casa.**

> Salgo de casa a las nueve y pico. Cruzo la calle y espero el autobús. Cuando llega, subo y pago el billete. Bajo delante del ayuntamiento, y tomo la calle de Toledo. Luego subo la avenida de Burgos, y entro en el edificio de la empresa donde trabajo. Normalmente llego a las nueve y media. Cojo el ascensor al cuarto piso, salgo y me dirijo a mi despacho. Saludo a mi secretaria, y me siento detrás de mi escritorio. Empiezo a abrir el correo y comienzo a redactar mis respuestas a las cartas. Poco después, entra mi secretaria con una taza de café, y se prepara para tomar unos apuntes. Llamo por teléfono a mi jefe, y luego entra un colega para mostrarme unos dibujos. A mediodía los dos salimos, y vamos al bar que se encuentra enfrente de la oficina, y tomamos un aperitivo. Luego vamos al restaurante Salamanca y nos sentamos cerca de la ventana. Pedimos algo de comer y una botella de vino tinto. A veces charlamos con el camarero. Después de tomar café, volvemos al trabajo.

## 2 *El novio celoso*

Eres un entremetido/a. Ayer viste a la novia de José María en varios sitios. Él quiere saber qué hacía la chica ¡y con quién! Completa las frases siguientes para decir lo que estaba haciendo la novia:

1 Ayer a las diez de la mañana vi a Concha en el parque y . . .
2 A las diez y media la vi en la biblioteca y . . .
3 A las once la vi en el café Chinchón y . . .
4 A mediodía la vi salir de la panadería y . . .
5 A la una la vi entrar en el Restaurante Zeluán y . . .
6 A las dos la vi en la playa y . . .
7 A las cuatro la vi en la Calle Mayor y . . .

¡ACCIÓN GRAMÁTICA!

8 A las siete la vi entrar en la Discoteca Marisol y . . .
9 A las nueve la vi en Bodegas Muñoz-Rivas y . . .
10 A medianoche la vi volver a casa y . . .

## ¡. . . Y EN MARCHA!

# 1 ¿Qué profesión?

Tienes que escoger una profesión u oficio. Los demás tienen que hacerte
preguntas para adivinar qué es. Para ayudarles, tienes que representar tu
profesión con gestos apropiados.

Por ejemplo:
**Eres carpintero: haces como para cortar un trozo de madera con tu sierra.**

| | |
|---|---|
| **¿Estás boxeando?** | – No. |
| **¿Estás cortando carne?** | – No. |
| **¿Estás cortando madera?** | – Sí. |
| **¿Eres leñador?** | – No. |
| **¿Eres carpintero?** | – Sí. |

# 2 ¡Al ladrón!

Ha habido un atraco en un banco de Bogotá donde estáis de vacaciones. Un
transeúnte vio a los atracadores entrar en vuestro hotel. Por coincidencia, en
todos los aspectos se os parecen. Uno/a de tus compañeros/as hace el papel del
policía que os está interrogando. Os pregunta a cada uno dónde estabais y qué
estabais haciendo.
Al terminar el interrogatorio, cada miembro de la clase tiene que preparar su
declaración escrita, y el 'policía' escribe su relato para el comisario.

# 3 El reportaje

Imagina que eres periodista. Asistes a un concierto muy importante, a un
accidente espectacular, a un partido de fútbol, a la boda de una persona
famosa, o a otro acontecimiento importante. Utiliza el imperfecto continuo
para escribir una descripción de lo que estaban haciendo todos los
participantes. Escribe unas 120 palabras.

# 19 PRETERITE TENSE

## *The preterite*

* You may come across some other names for this tense: Past Historic, Past Definite or Past Simple. It is used to describe a single, completed action in the past or an action which took place over a defined period of time, however long.

*Ejemplos:*

| | |
|---|---|
| *Ayer compré un abrigo nuevo* | Yesterday I bought a new coat |
| *Pasé dos años trabajando en* | I spent two years working in |
| *Málaga* | Málaga |

Don't be tempted simply to use the preterite whenever you want to say 'I went', 'he was' and so on. The English past simple form is often used where you'll actually need the imperfect in Spanish (see Chapter 20 on the preterite and imperfect together).

*Ejemplo:*

| | |
|---|---|
| *Todos los días iba al colegio en el* | I went to school every day by bus |
| *autobús* | |

* The stem is as for the present tense, i.e. the infinitive minus the *-ar*, *-er* and *-ir*. You will notice that *-er* and *-ir* verbs share the same set of endings; these endings are, in any case, very similar to those for *-ar* verbs. The *nosotros* form of *-ar* and *-ir* verbs is the same as for the present tense; the context usually prevents any possible confusion.

| -ar | -er | -ir |
|---|---|---|
| **comprar** | **beber** | **subir** |
| *compré* | *bebí* | *subí* |
| *compraste* | *bebiste* | *subiste* |
| *compró* | *bebió* | *subió* |
| *compramos* | *bebimos* | *subimos* |
| *comprasteis* | *bebisteis* | *subisteis* |
| *compraron* | *bebieron* | *subieron* |

- The stress always falls on the ending (though only the first and third persons singular need a written accent). This means that most radical-changing verbs are no problem in the preterite, except for the *-ir* verbs in this group, which have spelling changes in the third person singular and plural forms only:

| e → i (-ie in present) | e → i (-i in present) | o → u (-ue in present) |
|---|---|---|
| **preferir** | **pedir** | **dormir** |
| *preferí* | *pedí* | *dormí* |
| *preferiste* | *pediste* | *dormiste* |
| *prefirió* | *pidió* | *durmió* |
| *preferimos* | *pedimos* | *dormimos* |
| *preferisteis* | *pedisteis* | *dormisteis* |
| *prefirieron* | *pidieron* | *durmieron* |

- Those radical changing verbs which are irregular (e.g. *tener, venir, querer*) are in the *pretérito grave* family, and so have their own special stems for this tense (see Chapter 13 of this unit).
- A few verbs have minor spelling changes:

a) verbs with *-y-* in the third person forms.

*Ejemplo:*

*creer – creí, creiste, creyó, creimos, creisteis, creyeron*
and also *caer, leer, oír* and verbs ending in *-uir*.

b) *-er/-ir* verbs whose stem ends with an *-ñ-* or *-ll-* drop the *-i-* from the ending.

*Ejemplo:*

*gruñir: gruñó, gruñeron* and also *bullir, reñir*

c) Verbs with a stem ending in 'c' need a spelling change to the *yo* form: *c* changes to *qu* because otherwise the following *e* would alter the pronunciation of the *c*:

*Ejemplo:*

*buscar: busqué, buscaste, buscó,* etc.
and also *acercarse, atacar, chocar, explicar, marcar, pescar, sacar, tocar.*

d) Verbs with a stem ending in *g* need a spelling change to the *yo* form: *g* changes to *gu* because otherwise the following *e* would alter the pronunciation of the *g*:

*Ejemplo:*

*pagar: pagué, pagaste, pago,* etc.
and also *apagar, cargar, entregar, llegar.*

e) Verbs with a stem ending in *z* also need a change to the *yo* form:

*Ejemplo:*

*cruzar: crucé, cruzaste, cruzó,* etc.

Note the following irregular verbs:

*dar: di, diste, dio, dimos, disteis, dieron*
*ver: vi, viste, vio, vimos, visteis, vieron*

*Ser* and *ir* share the same forms in the preterite tense:

*fui, fuiste, fue, fuimos, fuisteis, fueron*

# *The* pretérito grave

This group of a dozen or so verbs has its own set of endings, added in each case to an irregular stem. The endings are largely familiar ones, four of them being the same as for *-er* and *-ir* verbs. Note that the endings of the first and third persons singular are unstressed and have no accent.

*Ejemplo:*

*estar* → *estuve, estuviste, estuvo, estuvimos, estuvisteis, estuvieron*

Others in this group are:

*andar: anduve . . .*

*caber: cupe . . .*
*hacer: hice . . .*
*poder: pude . . .*
*poner: puse . . .* (and compounds: *imponer, proponer, suponer,* etc.)
*querer: quise . . .*
*saber: supe . . .*
*tener: tuve . . .* (and compounds: *mantener, obtener, sostener,* etc.)
*venir: vine . . .*

- Those with the stem ending in *j* take *-eron* as the third person plural ending:

*decir: dije . . . dijeron*
*traer: traje . . . trajeron* (and compounds: *atraer, contraer, distraer*)
*conducir: conduje . . . condujeron* (also *producir* and all compounds ending in *-ducir*)

Note the use of the preterite of *saber* and *conocer*:

| | |
|---|---|
| *Al leer la carta, supe que había ganado el Gordo* | On reading the letter, I realised that I had won the jackpot |
| *La conocí en Marbella* | I met her/got to know her in Marbella |

¡PONTE A PUNTO!

## 1 *El noventa y dos*

Pon el verbo en la forma correcta del pretérito en cada caso:

Para España, el año 1992 (resultar) ser muy importante, porque en un mismo año (celebrarse) un aniversario muy importante y también (suceder) allí varios acontecimientos de gran importancia internacional. Ya sabemos todos que en 1492 el gran navegador genovés, Cristóbal Colón, (descubrir) el continente de América. Con motivo del descubrimiento del Nuevo Mundo (organizarse) varias fiestas y actividades culturales en España e Hispanoamérica. Además, en 1988, 400 jóvenes españoles e iberoamericanos (emprender) el viaje de 'Aventura 92' en el que (recorrer) los más importantes lugares colombinos. Y en 1992, España (recibir) a millones de extranjeros que (asistir) a los Juegos Olímpicos en Barcelona, (acudir) a la Expo 92 en Sevilla, y (visitar) los museos de Madrid, capital cultural de Europa del 92. Total, en el 92, España (llamar) la atención del mundo entero.

## 2 *La vuelta al cole*

Ahora, vuelve a escribir este párrafo usando el pretérito:

En el mes de setiembre, muchas familias españolas se preparan para el ritual de todos los años, o sea la vuelta al cole. Este año unos nueve millones de jóvenes volverán a su colegio. Como todos los años, cuando los padres compran los libros necesarios, pagarán precios caros, y se enfadarán al tener que enfrentarse con los atascos provocados por los autobuses escolares que empezarán a circular otra vez. Además, continuarán en el sistema educativo los cambios estructurales que se iniciaron en 1990.

¡... Y EN MARCHA!

## 1 *¡Los enamorados!*

a)  Tu novio/a no llegó ayer a la cita que tenía contigo. Tú estás muy enfadado/a, porque te han dicho que tu novia/a salió con otro/a. Tú tienes que acusarle a tu novio/a (un[a] compañero/a de clase) de una serie de cosas, usando el pretérito.

Por ejemplo:
**Anoche no llegaste a mi casa a las ocho, como me prometiste.**
**Saliste con Maribel, ¿verdad? La llevaste a la discoteca, ¿no? ¡Canalla!**

Tu compañero/a tiene que defenderse como mejor pueda diciéndote por ejemplo:
**¡Que no! Es que nos visitaron mis abuelos. Traté de llamarte por teléfono, pero . . .**

b)  Ahora tenéis que cambiar de papeles. Tu compañero/a será el novio/la novia enfadado/a, y tú tendrás que defenderte.

c)  Por fin, tienes que escribir una carta a tu novio/a acusándole o defendiéndote y explicando por qué ¡no quieres verle/la más!

## 2 *La abuelita*

a)  Le cuentas a la abuela de un(a) amigo/a cómo pasaste las vacaciones, pero no te oye muy bien. Tu amigo/a tiene que repetir así lo que dices:

Tú:            **Pasé las vacaciones en Mallorca.**
Abuela:        **¿Qué dices?**
Tu amigo/a:  **Dice que pasó las vacaciones en Mallorca.**

b)  Por fin, os cansáis de gritar. Tú escribes un resumen de tus vacaciones, y tu compañero/a escribe un resumen de lo que acabas de decir.

## 3 ¡El periodista sin límites!

a)  Imagina que eres periodista y que acompañaste a una persona famosa en sus aventuras, por ejemplo: Cristóbal Colón, Julio César, El Cid. Primero tienes que llamar a tu redactor, contándole todo lo que ocurrió.

b)  Luego tienes que escribir tú mismo/a tu reportaje para faxearlo.

## 4 ¡El problema de las generaciones!

a)  Tu madre/padre se queja de ti. Anoche no hiciste tus deberes, esta mañana no te lavaste la cara . . .
Le contestas, explicando que los hiciste el sábado pasado, te lavaste la cara ayer, etcétera . . .

b)  Estás harto/a de tus padres. Escribes una carta a tu primo/a explicando por qué. Basa lo que escribes en lo que pasó en la primera parte de este ejercicio.

## 5 Mi curriculum vitae

Imagina que vas a presentarte para un empleo. Tienes que escribir una carta en la que contarás todo lo que haya sido de interés en tu vida hasta ahora. Claro, tendrás que utilizar el pretérito más que nada.

# 20 PRETERITE AND IMPERFECT TENSES TOGETHER

## MECANISMOS

- A reminder:

The preterite is used for single, completed actions in the past, either one-off actions or those taking place over a defined period of time.

The imperfect tense is used for actions in the past for which no period or moment in time is defined: repeated or habitual actions, descriptions, and actions which could be described as ongoing. It is often used as a setting or background to another action (which may be expressed in the preterite).

*Ejemplos:*

| | |
|---|---|
| *José andaba por la calle cuando se cayó en un agujero enorme* | José was walking along the road when he fell into a huge hole |
| *Cuando entré en la habitación, mi padre escuchaba la radio* | When I went into the room, my father was listening to the radio |

- To sum up, it might be useful to think of the preterite being used for actions occurring at one moment in time or occupying a defined slice of time. The imperfect is used for actions, situations or descriptions occupying an undefined period of progressing time whose beginning and ending is unknown. If in any doubt, look back at Chapters 17 and 19 before doing the following exercises.

¡PONTE A PUNTO!

## 1 *Frases rellenas*

Pon los verbos cuyo infinitivo se da al final de la frase en la forma correcta del imperfecto o del pretérito.

1   Juan . . . el autobús todos los días.                                    *(coger)*
2   María . . . el autobús ayer.                                             *(coger)*
3   Don Fernando, lo siento, pero . . . mis deberes en casa.                 *(dejar)*
4   De niño, José siempre . . . los libros en casa.                          *(dejar)*
5   Cuando llegamos a San Salvador . . . sol.                                *(hacer)*
6   Ayer, después del desayuno, doña Alicia . . . las camas.                 *(hacer)*
7   El lunes mi madre y yo siempre . . . en casa.                            *(comer)*
8   El lunes pasado, mi novia y yo . . . en un restaurante.                  *(comer)*
9   La nueva casa . . . detrás de la biblioteca.                             *(estar)*
10  Mi tío . . . diez días en el hospital.                                   *(estar)*

## 2 ¡*Gazpacho de verbos!*

He aquí diez frases más en las cuales tienes que poner dos verbos, algunos en el pretérito, otros en el imperfecto.

1   Como . . . pobres, . . . pan y nada más.                                 *(ser, comer)*
2   Mientras su mujer . . . la televisión, Rafael
    . . . en la cocina.                                                      *(ver, trabajar)*
3   Cuando . . . la bomba, yo . . . el diario.                               *(caer, leer)*
4   Marcelino . . . por vino, pero al cruzar la
    calle . . .                                                              *(ir, caerse)*
5   Los moros . . . el mar y . . . España en poco
    tiempo.                                                                  *(cruzar, conquistar)*
6   No lo . . . tú, pero . . . la cartera en casa.                           *(saber, dejar)*
7   La casa de Don Miguel . . . en una colina, y
    . . . muy cómoda.                                                        *(estar, ser)*
8   Yo no . . . mucho dinero, pues . . . un disco
    y nada más.                                                              *(tener, comprar)*
9   Cuando . . . (vosotros) jóvenes, . . . más que
    ahora.                                                                   *(ser, estudiar)*
10  Don Justo . . . todos los días por aquella
    calle, pero aquel día . . . delante de un
    autobús.                                                                 *(ir, caerse)*

## 3 *Situaciones*

Escribe frases completas usando las siguientes sugerencias.

Por ejemplo:
**leer un libro – entrar mi hermano:**
**Mientras mi madre leía un libro, entró mi padre.**

1   ver la televisión – entrar mi tío
2   hacer los deberes – salir mi hermana

3   escuchar un disco – alguien llamar por teléfono
4   lavar los platos – romper un vaso
5   ir por la calle – ver un accidente
6   coger manzanas – caerse del árbol
7   jugar al fútbol – hacerse daño en el pie
8   subir la colina – ver un pájaro muy raro
9   tomar el sol en la playa – coger una insolación
10  estar en el jardín – oír el primer cuclillo.

## 4 ¡Ya es historia!

Vuelve a escribir la siguiente historia, poniendo los verbos en el imperfecto o el pretérito.

Al otro día (ir) a un partido de fútbol con mi hermano. (Hacer) mucho frío, y nos (poner) el jersey. (Haber) mucha gente en el estadio cuando (llegar) pero pronto (encontrar) asientos. Mientras tanto, mi hermana (decidir) ir al parque con sus amigas. (Dar) de comer a los patos, pero Maribel, que es muy estúpida, (caerse) al agua, y las demás (tener) que ayudarla a salir. Maribel siempre (decir) que (saber) nadar muy bien, pero casi (ahogarse). (Quedarse) en casa de domingo a martes y (volver) al instituto el miércoles por la mañana. Mi hermana (pasar) todo el día tomándole el pelo, (estar) muy contenta, porque no le (gustar) nada Maribel que le (criticar) todos los días. ¡La pobre Maribel (quedarse) muy callada!

## 1 La inquisición

Un(a) amigo/a quiere saber los detalles de tu vida familiar y personal. Cuéntale lo que hiciste ayer, y lo que hacían tus amigos y los miembros de tu familia cuando los viste.

Por ejemplo:
**Por la mañana vi la televisión, y cuando llegó mi novia veía una película muy buena.**

## 2 Correspondencia histórica

Escribe una carta en la que cuentas a un(a) amigo/a cómo pasaste las vacaciones o el fin de semana. Tendrás que usar el imperfecto y el pretérito.

# 21 PERFECT TENSE

MECANISMOS

## The perfect tense

The perfect tense in Spanish is formed by the present tense of *haber* + the past participle.

| comprar | comer | subir |
|---|---|---|
| *he comprado* | *he comido* | *he subido* |
| *has comprado* | *has comido* | *has subido* |
| *ha comprado* | *ha comido* | *ha subido* |
| *hemos comprado* | *hemos comido* | *hemos subido* |
| *habéis comprado* | *habéis comido* | *habéis subido* |
| *han comprado* | *han comido* | *han subido* |

• There are only a few irregular past participles:

*abrir – abierto*
*cubrir – cubierto*
*descubrir – descubierto*
*decir – dicho*
*volver – vuelto*
*devolver – devuelto*
*disolver – disuelto*
*resolver – resuelto*
*escribir – escrito*

*describir – descrito*
*freír – frito*
*hacer – hecho*
*satisfacer – satisfecho*
*morir – muerto*
*poner – puesto*
*romper – roto*
*ver – visto*

and the compounds of the verbs listed above.

• There is only ever one auxiliary verb: *haber.* The auxiliary verb and the past participle cannot be separated by pronouns to form questions: *Vd lo ha hecho* becomes *¿Lo ha hecho Vd?*

- Used in this way, the past participle never changes. (For other uses of the past participle, see Chapter 26.)
- The perfect tense is used in most cases as in English to say what has happened, what someone has done in the recent past:

| | |
|---|---|
| *¿Qué has hecho hoy?* | What have you done today? |
| *¿Has ido al fútbol?* | Have you been to the football? |

- The perfect tense is not used in the sense of 'How long have you been doing something?', where the present tense is used (see Chapters 12 and 41).

¡PONTE A PUNTO!

# 1 *Preparativos para las vacaciones*

Contesta con una frase completa a las preguntas siguientes. Si no estás cierto/a cómo usar los pronombres, repásalos primero en el Capítulo 10.

Por ejemplo:
– **¿Has puesto tus zapatos en la maleta?**
– Sí, **claro que los he puesto.**

1   ¿Has preparado la máquina fotográfica?
2   ¿Has encontrado los pasaportes?
3   ¿Has reservado un hotel?
4   ¿Has conseguido billetes para el ferry?
5   ¿Has visto el pronóstico del tiempo?
6   ¿Has dejado nuestra dirección a los vecinos?
7   ¿Has hecho una lista de compras?
8   ¿Has comprobado el aceite del coche?
9   ¿Has cerrado todas las ventanas?

# 2 *Cambios en España*

Convierte los infinitivos en tiempo perfecto:

Desde la muerte de Franco, España (ver) muchísimos cambios. Por ejemplo, se (crear) las autonomías, y éstas (fomentar) sus idiomas regionales. Mucho poder se (devolver) a las regiones. También el gobierno de Felipe González, que (ganar) cuatro elecciones generales, (pedir) y (conseguir) acceso a la Comunidad Europea. Esto (causar) algunos problemas, pero también (traer) muchas ventajas. Barcelona (ser) seleccionada para ser ciudad anfitriona de los Juegos Olímpicos y Sevilla (florecer) como base de la Expo 92. Las autoridades (decidir) construir un nuevo ferrocarril de alta velocidad, que (unir) Sevilla y la capital. Durante todo este tiempo, la familia real española (lograr) gran popularidad y se dice que el Rey (hacer) mucho por España. Es cierto que España (decir) adiós a la dictadura.

¡... Y EN MARCHA!

# 1 *Turistas*

Trabaja en parejas. Estás sentado/a en un banco en la calle en tu propia ciudad o región, hablando con un(a) turista que pasa unos días allí. Tienes que preguntarle lo que ha hecho durante su estancia, y él/ella tiene que contestar a cada pregunta.

Por ejemplo:
– ¿Ha visto usted el castillo?
– **Sí, lo he visto/No, no lo he visto.**

Verbos útiles: ver, visitar, oír, tomar, comer, probar, ir, comprar, viajar, fotografiar

# 2 *Confesiones*

Todos hemos hecho cosas que no debíamos haber hecho y no hemos hecho cosas que debíamos haber hecho. Discute con tus compañeros/as vuestros 'pecados' – verdaderos o imaginarios – y confiésalos, empleando el tiempo perfecto, claro. ¡Cinco confesiones, cada uno!

Por ejemplo:
**He puesto arsénico en el café del profesor. No he comprado un regalo para el cumpleaños de mi novio/a.**

# 3 *El progreso científico*

Discute con tus compañeros/as los avances que han hecho los científicos en los últimos años. ¿Qué otros avances se han hecho en la medicina, la ingeniería, la química, la electrónica u otras ciencias? Escribe una lista de los más importantes.

Por ejemplo:
**Los médicos han descubierto cómo escoger el sexo de un bebé.**

> Verbos útiles: descubrir, inventar, encontrar, hallar, mejorar, construir, componer, desarrollar, producir, reproducir, elaborar

# 22 PLUPERFECT AND OTHER COMPOUND TENSES WITH *HABER*

**MECANISMOS**

The pluperfect and other compound tenses in Spanish are formed with a tense of *haber* and the past participle. The participle remains unchanged throughout.

## The pluperfect tense

The pluperfect consists of the imperfect of *haber* + the past participle:

| | | |
|---|---|---|
| había comprado | había comido | había subido |
| habías comprado | habías comido | habías subido |
| había comprado | había comido | había subido |
| habíamos comprado | habíamos comido | habíamos subido |
| habíais comprado | habíais comido | habíais subido |
| habían comprado | habían comido | habían subido |

It means 'had bought/eaten' and it is called the pluperfect (= more than perfect) because it tells you what had happened before the other events expressed in the perfect, or, more likely, the preterite:

*Cuando llegamos, ya habían terminado*

When we arrived, they had already finished

(i.e. the finishing had happened before the arriving)

## The future perfect tense

The future perfect consists of the future of *haber* + the past participle:

| habré<br>habrás<br>habrá<br>habremos<br>habréis<br>habrán | comprado/comido/subido |
|---|---|

It tells you what will have happened:

| *Habrán terminado antes de que lleguemos* | They will have finished before we arrive |
|---|---|

# The conditional perfect tense

The conditional perfect consists of the conditional of *haber* + the past participle:

| habría<br>habrías<br>habría<br>habríamos<br>habríais<br>habrían | comprado/comido/subido |
|---|---|

It tells you what would have happened:

| *Habrían terminado antes de que llegásemos* | They would have finished before we arrived |
|---|---|

The *-ra* form of the imperfect subjunctive of *haber* (*hubiera*, etc.) is often used instead of the true conditional in this tense:

| *Hubieran llegado* | They would have arrived |
|---|---|

Note that both the future perfect and conditional perfect can be used to express supposition:

*Ejemplos:*

| *Ya habrán llegado* | They must have arrived (by now, i.e. in the present) |
|---|---|
| *Ya habrían llegado* | They must have arrived (by then, i.e. in the past) |

# *The past anterior*

The past anterior consists of the preterite of *haber* + the past participle:

| | |
|---|---|
| hube<br>hubiste<br>hubo<br>hubimos<br>hubisteis<br>hubieron | comprado/comido/subido |

It means 'had bought/eaten' and is now a mainly literary tense, used after time expressions such as *cuando* (when), *así que/en cuanto* (as soon as), *no bien* (no sooner), *apenas* (hardly):

*Ejemplo:*

*Apenas hubimos llegado cuando terminaron*

Hardly had we arrived when they finished

In modern speech, however, the preterite would be used:
*Apenas llegamos cuando terminaron.*

¡PONTE A PUNTO!

# 1 *La capital más céntrica del mundo*

Pon el verbo en el tiempo compuesto que le corresponda:

Antes del reinado de Felipe II en el siglo XVI, Madrid (ser) un pueblo de poca importancia. Antes de su reinado los reyes de España (tener) sus cortes en varias ciudades del país. Cristóbal Colón, por ejemplo, (ir) a Barcelona para consultarse con la Reina Isabel. Es de suponer que a Colón esto no le (gustar) nada, puesto que (tener) que dejar todo su equipo en el suroeste de España. Pero (ser) necesario cumplir con la voluntad real.

Ya durante los siglos siguientes, Madrid (aumentar) bastante su tamaño, y se (hacer) una ciudad importante. Pero ¿cómo (poder) decidir Felipe II construir una ciudad capital en un terreno tan inclemente? Claro que la mayoría de las capitales del mundo se (construir) en un río importante, pero Madrid no. Efectivamente, el río Manzanares hasta tiempos muy recientes no (ser) más que un cauce seco durante lo más del año y nunca (pasar) por el centro como en otras capitales.

## 2 *Mamá se preocupa*

Johnny va a visitar a su tía en Méjico. Traduce las preocupaciones de su madre al español, empleando tiempos compuestos:

1 *I wonder if he has arrived yet?*
2 *I wonder if the plane was on time?*
3 *I wonder if he packed his socks?*
4 *Will he have been airsick?*
5 *Will the plane have been diverted if it's foggy?*
6 *I wonder if my sister was there to meet him?*
7 *Will he have remembered to give her the present?*
8 *I wonder if he has taken enough money?*
9 *Would it have been better to have taken travellers' cheques?*
10 *I wonder what he will have said to his aunt?*

¡... Y EN MARCHA!

## 1 *¿Te acuerdas. . .?*

Estás ayudando a un víctima de un accidente a acordarse de lo que había hecho antes del accidente. Trabajando en parejas, uno/a hace las preguntas, el otro/la otra contesta.

Por ejemplo:
**– ¿A qué hora habías salido de casa?**
**– Había salido sobre las seis.**

Sigue haciendo preguntas sobre lo que había hecho: *¿Qué? ¿Quién? ¿Con quién? ¿Cómo? ¿Por qué? ¿Cuándo? ¿Dónde? ¿De dónde?*

## 2 *Conjeturas*

Tu mejor amigo/a y su familia se han ido de vacaciones a dar la vuelta al mundo. Tú y tus compañeros estáis celosos. Estáis conjeturando lo que habrán hecho hasta ahora.

Por ejemplo:
**Habrán visitado la Gran Barrera Coralina en Australia.**

¿Qué otras cosas habrán hecho?

## 3 *Más conjeturas*

¿Qué habrías hecho tú si tú hubieras dado la vuelta al mundo?

# 23 MODAL AUXILIARIES: MUST/ OUGHT/SHOULD/COULD

## Must

The idea of 'having to' or 'must' can be conveyed by a number of expressions in Spanish:

a) *tener que* + infinitive

| | |
|---|---|
| *Tenemos que comer para vivir* | We have to/must eat in order to live |

b) *deber* + infinitive

| | |
|---|---|
| *Debes ir en seguida* | You have to/must/should go immediately |

c) *haber de/hay que* + infinitive

| | |
|---|---|
| *Habéis de estudiar mucho* | You have to/must study a lot |

This use is not very common, but *hay que* is fairly commonly used where an impersonal expression is needed.

| | |
|---|---|
| *Hay que estudiar mucho* | One has to study a lot |

d) 'Must' with the idea of probability is expressed by the expression *deber de* + infinitive

| | |
|---|---|
| *Deben de ser las once y media* | It must be half-past eleven |
| *Debe de haber ido con José* | She must have gone with José |

Note that the *de* is often omitted.

# Ought/should

Be careful with 'should': it can mean the same as 'would', but here we are concerned with it when it means the same as 'ought'.

Use the conditional of *deber*:

| | |
|---|---|
| *Deberías ir a ver a un médico* | You should go and see a doctor/ You ought to go and see a doctor. |

# Could

'Could' may be the conditional or the past tense of 'can'. To be sure, convert it into terms of 'to be able', and then use the appropriate Spanish tense:

a) 'You couldn't do that (even) if you tried' (= 'You wouldn't be able to do that (even) if you tried' i.e. conditional):

*No podrías hacerlo aunque trataras*

b) 'I tried to do it but I couldn't' (= 'I tried to do it but I wasn't able', i.e. past tense, imperfect or preterite according to sense):

*Traté de hacerlo pero no pude/podía*

# Ought to have/should have

a) The simplest way to say what you ought to have or should have done, referring to a circumstance some time in the past, is to use the imperfect of *deber* + the infinitive of *haber* + the past participle:

| | |
|---|---|
| *Debías haber venido antes* | You ought to have/should have come earlier (but you didn't, so there's nothing that can be done about it now) |

b) If the circumstance is still applicable in the present, use the conditional or the *-ra* imperfect subjunctive of *deber* + the infinitive of *haber* + past participle:

| | |
|---|---|
| *Deberías/Debieras haber contestado a la carta* | You ought to have answered the letter (i.e. you have not yet done it, but still could) |

c) An alternative way of expressing this last example is to use *habrías/hubieras debido* + infinitive:

*Habrías/hubieras debido contestar a la carta*

# Could have

a) Use the imperfect of *poder* + the infinitive of *haber* + past participle to express what could have happened but didn't happen:

| | |
|---|---|
| *Podía haber venido a vernos* | He could have (was able to) come and see us (but didn't) |

b) Use the conditional of *poder* + the infinitive of *haber* + past participle to express the possibility of what could/might have happened:

| | |
|---|---|
| *Podrían haber visto lo que hacíamos* | They could have seen (would have been able to see) what we were doing. (This just states the possibility, without comment or implication.) |

c) *Habrían/Hubieran podido ver* is also possible for 'They could have seen/ would have been able to see.'

¡PONTE A PUNTO!

## 1 *Visitas a Londres*

Completa las frases siguientes:

1  . . . a Londres el domingo que viene.   *(you could go)*
2  . . . la Torre de Londres.   *(you ought to visit)*
3  También . . . la Catedral de San Pablo.   *(you should see)*
4  Nosotros . . . al teatro la semana pasada pero . . . conseguir entradas.   *(we could have gone; we couldn't)*
5  . . . antes   *(we ought to have gone)*
6  . . . que estaría completo.   *(we should have known)*
7  . . . asientos hace semanas.   *(we could have booked)*

## 2 *Obligaciones y probabilidades*

Traduce las frases siguientes al español con la expresión más apropiada.

1 *He must have left by now.*
2 *We have to leave before ten o'clock.*
3 *You will have to be quick to catch that train.*
4 *That must have been quite a problem for you.*
5 *The Spanish no longer have to do military service a long way from home.*
6 *The England team must have had a bad day.*
7 *It must be raining outside. I can see people with umbrellas.*
8 *You will have to take your raincoat with you.*
9 *One really must learn to respect the law.*
10 *It must have been quite a difficult exercise!*

## 3 *Oportunidades perdidas*

Una madre inglesa se queja de su hijo a una madre española. Tienes que explicarle a la madre española lo que dice la inglesa:

1 *He could have studied more.*
2 *He shouldn't have worked so much at the supermarket.*
3 *He could have worked on Saturdays only.*
4 *He could have got up earlier.*
5 *He shouldn't have spent so much time with that girl.*
6 *He ought to realise that he needs to pass his exams.*
7 *He could take the exams again next year, of course.*
8 *He could pass in Spanish if he tried.*
9 *He tried to study French but he couldn't do it.*
10 *I should have been more sympathetic, but I tried and couldn't.*

# 1 ¡Fuego!

### Incendio en un piso sevillano

Ayer una familia sevillana por poco muere carbonizada. Se escaparon todos de su piso al momento mismo que éste se convirtió en una bola de llamas. Parece que un vecino había visto pocos minutos antes cables eléctricos con el metal expuesto, ropa secando junto a la estufa eléctrica, una sartén de aceite hirviendo sobre la cocina, un montón de papeles encima del televisor, una colilla de cigarrillos humeando en la alfombra, y ni un solo detector de humo. ¡Todo un incendio esperando su momento para estallar!

Discute con tus compañeros/as cómo los dueños del piso sevillano podían haber evitado el incendio. ¿Qué podían haber hecho?

¿Cuáles son las medidas que se deberían tomar para evitar la posibilidad de incendio?

## 2 En el cole

No estás contento/a de la organización en tu colegio. ¿Qué deberían hacer las autoridades para que sea un sitio más atractivo? Y los estudiantes, ¿como podríais vosotros ayudar en este propósito?

Estás contento/a de la manera en qué se organiza la enseñanza en general en tu país? A tu modo de ver, ¿qué cambios debería hacer el gobierno? ¿Hay cambios que debería haber hecho hace mucho tiempo?

## 3 Medio ambiente

Toma un aspecto del medio ambiente que te interese y considera las medidas que se podrían o se deberían tomar para su conservación. Por ejemplo, si te preocupa el tema de la capa del ozono, considera lo que ha ocasionado la situación actual y explica lo que no debíamos haber hecho para causarla. Luego sugiere lo que podríamos o deberíamos hacer para mejorar la situación.

Por ejemplo:
**No debíamos haber usado tantos aerosoles. Deberíamos limitar el uso de los coches.**

# 24 IMPERSONAL VERBS

### MECANISMOS

There are a number of verbs, such as *gustar*, which work 'back to front' when compared with their English equivalents:

*Ejemplo:*

*Me gusta mucho el chocolate*

## Gustar

In practice, the English object is the Spanish subject, and therefore if you like something plural, the verb is plural in Spanish:

*Me gustan los chocolates*                I like chocolates (chocolates please me)

As this concept seems to cause problems for English speakers, study the following table carefully:

| | |
|---|---|
| *(A mí) me gusta el cine* | I like the cinema/I like films |
| *(A mí) me gustan las películas* | |
| *(A ti) te gusta el cine* | You like . . . |
| *(A ti) te gustan las películas* | |
| *(A él) le gusta el cine* | He likes . . . |
| *(A él) le gustan las películas* | |
| *(A ella) le gusta el cine* | She likes . . . |
| *(A ella) le gustan las películas* | |
| *A mi novio/a le gusta el cine* | My boy/girlfriend likes . . . |
| *A mi novio/a le gustan las películas* | |
| *(A usted) le gusta el cine* | You like . . . |
| *(A usted) le gustan las películas* | |
| *(A nosotros) nos gusta el cine* | We like . . . |
| *(A nosotros) nos gustan las películas* | |
| *(A vosotros) os gusta el cine* | You like . . . |
| *(A vosotros) os gustan las películas* | |

| | |
|---|---|
| *(A ellos/ellas) les gusta el cine* | They like . . . |
| *(A ellos/ellas) les gustan las películas* | |
| *A mis amigos les gusta el cine* | They like . . . |
| *A mis amigos les gustan las películas* | |
| *(A ustedes) les gusta el cine* | You like . . . |
| *(A ustedes) les gustan las películas* | |

The *a mí, a ti* . . . in brackets is often put in for emphasis. Remember that the English subject is the indirect object in Spanish, and this is why there is no differentiation between masculine and feminine:

*Le gusta* = He/She likes

So where there is a noun subject in English (My friends like . . .), this is expressed as the indirect object in Spanish, preceded by '*a*':

*A mis amigos les gusta* . . .

- When you want to say you like doing something, use the infinitive:

| | |
|---|---|
| *¿Te gusta bailar?* | Do you like dancing? |

Don't forget that this verb is almost always used only in the third person, in all tenses:

| | |
|---|---|
| *No te gustó la película, verdad?* | You didn't like the film, did you? |
| *Qué te gustaría hacer ahora?* | What would you like to do now? |

- Other Spanish verbs which work in a similar way are:

*encantar:*
| | |
|---|---|
| *Me encanta la música* | I love music |

*interesar:*
| | |
|---|---|
| *No nos interesa el teatro* | We're not interested in the theatre |

*emocionar:*
| | |
|---|---|
| *A mi hermana le emocionan las películas de miedo* | My sister is thrilled by horror films |

*entusiasmar:*
| | |
|---|---|
| *A nuestra profesora le entusiasman los viejos coches* | Our teacher is very keen on old cars |

*apetecer:*
| | |
|---|---|
| *¿Te apetece tomar algo?* | Do you fancy a drink? |

*quedar:*

| | |
|---|---|
| A Enrique le quedaba muy poco dinero | Henry had very little money left |
| *faltar:* | |
| A la casa le faltaban todos los cristales | The house was missing/lacked all its window-panes |
| *sobrar:* | |
| Nos sobra tiempo | We've got plenty of time (more than enough time) |
| *doler:* | |
| Me duelen las muelas | I've got toothache |

¡PONTE A PUNTO!

## 1 *El pasado y el futuro de mi educación*

Rellena los espacios en blanco con un verbo de los siguientes:

| | | | |
|---|---|---|---|
| me apetecería | me dolería | me interesa | me sobran |
| me faltan | me gustaría | me encantan | me interesan |
| me gustaban | me queda | | |

Cuando tenía 14 años, no (1) ... nada las matemáticas. A los 16 años tuve que decidir qué asignaturas (2) ... seguir estudiando. Escogí el español entre otras porque (3) ... las lenguas. Ahora (4) ... entrar en la universidad. El problema es que todavía (5) ... las calificaciones necesarias. El otro problema es que (6) ... poco tiempo para conseguirlas. (7) ... los consejos de mis amigos y familiares, pero no (8) ... algunos de los cursos que ofrecen las universidades. No (9) ... seguir un curso que encontrara aburrido. Pues (10) ... la cabeza.

## 2 *¡Estas expresiones idiomáticas!*

Explica a un(a) amigo/a español/a cómo se dicen las expresiones siguientes en español:

1 *Mike doesn't like Coca-Cola.*
2 *Peter didn't like the film.*
3 *Sandra loves playing tennis.*
4 *Andrew isn't interested in working here.*
5 *Our children fancy going to Spain this year.*

6   *My father isn't keen on gardening.*
7   *Barbara was thrilled by that book.*
8   *There are no more copies left.*
9   *Grandma has more than enough money.*
10  *That car had two wheels missing.*
11  *Maria's legs hurt.*

¡... Y EN MARCHA!

# 1 *La comida*

Con tus compañeros/as piensa en varios platos británicos, españoles y de otras nacionalidades, y di hasta qué punto te gustan, empleando:
*no me gusta(n) (nada); no me gusta(n) mucho; me gusta(n) mucho/muchísimo/ bastante/un poco; me encanta(n)*

Por ejemplo:
**Me gustan muchísimo las alubias en salsa de tomate.**

Haz una encuesta de los gustos de tus compañeros/as seguida por un reportaje oral o escrito.

Por ejemplo:
**A Daniel le gustan las zanahorias pero las patatas no.**
**A Linda le encantan las ensaladas pero no le apetece comer carne.**

# 2 *Actividades preferidas*

Otra encuesta. Pregunta a cada uno/a de tus compañeros y a tu profesor(a) cuáles son las tres actividades de ocio que más les gustan. Luego haz un reportaje sobre lo que te han dicho.

Por ejemplo:
**En sus ratos libres a mi profesor(a) de español le gusta ir a la piscina, hacer bricolaje y viajar por España.**

## 3 *El fin de semana*

Es viernes por la tarde. Usando varios de esos verbos impersonales, haz preguntas a tus compañeros/as de clase sobre sus proyectos para el fin de semana.

Por ejemplo:
– ¿Te apetece ir a la discoteca esta noche?
– Sí, me apetece/No, no me apetece.
– ¿Te interesa ver el fútbol mañana por la tarde? . . .

# 25 PREPOSITIONS AND THE INFINITIVE

MECANISMOS

- A number of verbs can be followed by another verb in the infinitive form. In some cases the verb links directly to a following infinitive, and others take *a* or *de*, or more unusually, other prepositions.

*Ejemplos:*

*Deseo hablar con mi novia*        I wish to speak to my girlfriend
*Queremos aprender a volar*        We want to learn to fly
*Los atletas acaban de llegar*        The athletes have just arrived
*Papá insiste en quedarse en casa*        Dad insists on staying at home
*¡Hay que sacar buenas notas!*        It's necessary to get good marks

The lists which follow give the most common verbs. For a fuller list, consult a more detailed grammar book*.

a) The following verbs are followed directly by an infinitive with no intervening preposition:

| | | | |
|---|---|---|---|
| *aconsejar* | to advise | *oír* | to hear . . . -ing |
| *acordar* | to agree to | *olvidar* | to forget to |
| *amenazar* | to threaten to | *ordenar* | to order to |
| *anhelar* | to long to | *parecer* | to seem to |
| *confesar* | to confess to | *pedir* | to ask to |
| *conseguir* | to succeed in | *pensar* | to plan to/intend to |
| *creer* | to believe | *permitir* | to allow to |
| *deber* | to have to/must/ought | *poder* | to be able to |
| *decidir* | to decide to | *preferir* | to prefer to |
| *dejar* | to let/allow | *pretender* | to try to |
| *desear* | to want/wish to | *procurar* | to try hard to |
| *esperar* | to hope/expect/wait | *prohibir* | to forbid . . . to |
| *evitar* | to avoid . . . -ing | *prometer* | to promise to |
| *fingir* | to pretend to | *querer* | to want to |
| *hacer* | to make | *recordar* | to remember to |
| *imaginar* | to imagine . . . -ing | *rehusar* | to refuse to |
| *intentar* | to try to | *resolver* | to resolve to |
| *jurar* | to swear to | *saber* | to know how to |
| *lograr* | to manage to/succeed in | *sentir* | to be sorry to |
| *mandar* | to order to | *soler* | to be accustomed to |
| *necesitar* | to need to | *temer* | to fear to |
| *negar* | to deny | *ver* | to see . . . -ing |
| *ofrecer* | to offer to | | |

* For example: *A new reference grammar of modern Spanish* by John Butt and Carmen Benjamin (Hodder & Stoughton)

**¡ACCION GRAMATICA!**

b) The following verbs are followed by *a* + an infinitive:

| | | | |
|---|---|---|---|
| acertar a | to manage to | impulsar a | to urge to |
| acostumbrar a | to be accustomed to | incitar a | to incite to |
| alcanzar a | to manage to | inclinar a | to incline to |
| animar a | to encourage to | invitar a | to invite to |
| aprender a | to learn to | ir a | to be going to |
| atreverse a | to dare to | limitarse a | to limit oneself to |
| ayudar a | to help to | llegar a | to end up (-ing) |
| comenzar a | to begin to | llevar a | to lead to |
| comprometerse a | to undertake to | mandar a | to send to |
| conducir a | to lead to | meterse a | to begin to |
| contribuir a | to contribute to | negarse a | to refuse to |
| convidar a | to invite to | obligar a | to oblige to |
| decidirse a | to decide to/make up one's mind to | pasar a | to go on to |
| | | persuadir a | to persuade to |
| dedicarse a | to devote oneself to | ponerse a | to begin to/set about (-ing) |
| desafiar a | to challenge . . . to | precipitarse a | to rush to |
| disponerse a | to get ready to | prepararse a | to get ready to |
| echarse a | to begin to | resignarse a | to resign onself to |
| empezar a | | resistirse a | to resist |
| enseñar a | to teach to | tender a | to tend to |
| forzar a | to force to | volver a | to (do something) again |

c) The following verbs are followed by *de* + the infinitive:

| | | | |
|---|---|---|---|
| acabar de | to have just | guardarse de | to take care not to |
| acordarse de | to remember | *haber de | to have to |
| acusar de | to accuse of | hartarse de | to be fed up with |
| alegrarse de | to be pleased to | jactarse de | to boast of |
| avergonzarse de | to be ashamed of | olvidarse de | to forget to |
| cansarse de | to tire of | parar de | to stop (-ing) |
| cesar de | to stop (-ing) | pasar de | to be uninterested in (-ing) |
| cuidar de | to take care to | pensar de | to think about |
| *deber de | to have to/must (supposition) | presumir de | to boast about (-ing) |
| dejar de | to stop (-ing) | terminar de | to stop (-ing) |
| disuadir de | to dissuade from | tratar de | to try to |
| encargarse de | to take charge of | | |

* (see Chapter 23)

d) The following take other prepositions (*en, por, con*) before a following infinitive:

| | | | |
|---|---|---|---|
| consentir en | to consent to | persistir en | to persist in |
| consistir en | to consist of | quedar en | to agree to |
| convenir en | to agree to | tardar en | to take a long time (-ing) |
| dudar en | to hesitate to | esforzarse por | to struggle to |
| hacer bien en | to be right to | estar por | to be in favour of |
| hacer mal en | to be wrong to | luchar por | to struggle for |
| insistir en | to insist on | optar por | to opt for |
| interesarse en | to be interested in | amenazar con | to threaten to |
| pensar en | to think of (-ing) | | |

e) Note two very commonly used verbs which take *que* + infinitive:

*tener que*  to have to

*hay que*  it is necessary to

- The infinitive is also used after several subordinating prepositions: *al, hasta, para, por, sin, antes de, después de.* However, these can only be followed by an infinitive if there is no change of subject, otherwise the appropriate form of finite verb must be used.

*Ejemplo:*

| | |
|---|---|
| *Seguiré trabajando hasta terminarlo* | I shall work until I finish it |
| But | |
| *Seguiré mirándole hasta que acabe* | I shall watch him until **he** finishes |
| *Hice esto para ayudarte* | I did this to help you |
| But | |
| *Te llamé para que me ayudases* | I called you to help me (so that **you** would help me) |
| *Lo hizo sin querer* | He did it without meaning to |
| But | |
| *Lo hizo sin que yo lo quisiera* | He did it without **my** wanting him to |
| *Vamos a visitarla antes de regresar* | Let's visit her before going home |
| But | |
| *Vamos a visitarla antes de que se vaya* | Let's visit her before **she** goes |

(See also Chapter 34 on the subjunctive of futurity.)

¡PONTE A PUNTO!

# 1 *Las vacaciones*

En las siguientes frases se usan algunos de los verbos que figuran en las listas. Tienes que poner *a, de, en, por,* etcétera – si hace falta.

1 El año pasado, mi padre decidió . . . pasar las vacaciones en España.
2 Empezó . . . informarse sobre el viaje, los hoteles y las playas.
3 Mi madre prefirió . . . ir en coche, y no en avión.
4 Los dos se dedicaron . . . finalizar los detalles.
5 Por fin nos preparamos . . . ponernos en camino.

6   No pudimos . . . coger el ferry desde Plymouth, a causa de un incendio a bordo de uno de los buques.

7   Pero al fin llegamos a Francia y tratamos . . . encontrar una pensión.

8   Al día siguiente logramos . . . viajar casi ochocientos kilómetros.

9   Al llegar a nuestro hotel en España, comenzamos . . . broncearnos y a pasarlo bien.

10   Después de dos semanas de divertirnos, nos dispusimos . . . volver a casa.

## 2 *Los exámenes*

Rellena los espacios en blanco con el verbo que mejor convenga de la lista que se da abajo; no olvides poner *a, de*, etc – si hace falta – entre el verbo y el infinitivo.

Hace un año ya, (1) ... hacer los exámenes de GCSE. Después de varios años de estudio, por fin (2) ... poner a prueba todo lo que sabía. Durante las últimas semanas, (3) ... repasar todas mis asignaturas, y sólo (4) ... estudiar para comer y beber. El hecho es que (5) ... sacar notas bastante buenas, pues (6) ... seguir estudiando en el Sixth Form, porque (7) ... hacerme médico.
Había (8) ... evitar todos los quehaceres de casa, lo que les enfadó a mis padres, pero había (9) ... dedicarme totalmente a mis estudios.
Por fin llegaron los exámenes, y (10) ... hacer lo mejor que podía. Todos los días (11) ... estudiar durante dos o tres horas por la tarde, y a acostarme temprano.
Después de los exámenes, (12) ... esperar los resultados.
Afortunadamente, (13) ... sacar buenas notas. En efecto, me (14) ... entrar en el Sixth Form, y mis padres me (15) ... seguir estudiando. Mis profesores me (16) ... estudiar cuatro asignaturas, pero yo (17) ... estudiar tres solamente. Al fin (18) ... estudiar cuatro, pero mis padres me (19) ... seguir trabajando en el café donde trabajé durante el verano.
¡Otra vez (20) ... estudiar!

| aconsejar | dejar | esforzarse | necesitar | querer |
| comprometerse | desear | esperar | optar | resignarse |
| decidir | disponerse | invitar | persuadir | resolver |
| dedicarse | disuadir | lograr | prepararse | tener |

## 3 *Sustituciones*

Escribe una nueva versión de las siguientes frases, sustituyendo una de las expresiones que se explican en la última parte de *Mecanismos*: *al, hasta, para, por, sin, antes de, después de*.

1 Cuando llegué a casa, preparé la cena.
2 Veré el partido, pero dejaré de hacerlo cuando vea el primer gol.
3 Compré este regalo; voy a dárselo a mi novia.
4 Volví a casa inmediatamente porque perdí la cartera.
5 Llegué al cole, pero no vi a mi amigo.
6 Vamos a pararnos a tomar algo de beber; luego iremos a casa.
7 Iremos al cine, y luego iremos al restaurante.

**¡... Y EN MARCHA!**

# 1 *Intenciones y razones*

a) Habrás notado que muchos de los verbos de las listas expresan deseos, obligaciones e intenciones, y que otros expresan razones o explicaciones. Cuéntales tus intenciones a tus amigos/as. Te preguntarán por qué vas a/quieres/tienes que hacerlo. Contesta a esta pregunta, dando una razón empleando otro de los verbos que se mencionan en este capítulo.

Por ejemplo:
– **Mañana espero ir a Ayacucho.**
– **¿Por qué?**
– **Pues, prometí visitar a mi amiga.**

b) Escribe una serie de frases de este tipo, expresando tus intenciones y dando las razones.

Por ejemplo:
**Necesito comprar un regalo para mi novia para ayudarla a olvidar lo que ocurrió ayer.**

c) Escribe 100 palabras sobre tus ambiciones para el futuro, usando uno de estos verbos en cada frase. Una cosa: ¡no debes usar el mismo verbo más de una vez!

# 2 *Huevos y tortillas*

A lo mejor, habrás oído alguna vez el siguiente refrán:

*'No se puede hacer una tortilla sin romper huevos'*

Trata de inventar otros refranes nuevos del mismo estilo. También podrías sugerir posibles temas a tus compañeros/as: a ver si saben inventar un nuevo refrán. Algunos serán quizá un poco controvertidos, otros podrían tener un tema ecológico.

Por ejemplo:

**No se puede comer carne sin matar a un animal.**

**No se puede hacer papel sin cortar un árbol.**

**No se puede construir un coche sin producir residuos tóxicos.**

Si quieres, puedes escribir 50 palabras sobre este tema, empleando unas cuantas frases con la misma estructura.

## 3 *El sabueso y el sospechoso*

Un día, al llegar a casa, encuentras a un detective que te espera en el umbral de tu puerta. Al parecer, ha habido une serie de asesinatos y atracos en tu pueblo y ¡te sospechan a ti! Un(a) compañero/a de clase será el detective: te hará una serie de preguntas sobre lo que has hecho durante el día. Tienes que contestar como mejor puedas. Los dos tenéis que usar las siguientes estructuras: *antes de* + infinitivo, *después de* + infinitivo, *sin* + infinitivo.

Por ejemplo:

– **¿Qué hizo usted esta mañana después de salir de casa?**

– **Pues, fui al colegio y llegué a las nueve.**

– **¿Qué hizo al llegar?**

– **Fui a la clase de inglés. Después de terminar esta clase, fui al patio de recreo a buscar a mis amigos.**

– **¿Qué hizo antes de comer a mediodía?**

– **Fui a hablar con el director. Después de salir de su despacho, fui inmediatamente al comedor. Al entrar, vi el cadáver del cocinero . . .**

Una vez terminada la interrogación, tienes que escribir tu declaración. ¿Eres inocente, o no?

# 26 PARTICIPLES AND GERUNDS

**MECANISMOS**

- There are two types of participle: the present participle, or 'gerund', and the past participle. These two types of verb-form may seem to be similar, but they differ substantially in function and should not be confused.

## Past participles

- The past participle is used to form compound tenses such as the perfect and pluperfect tenses (see Chapters 21 and 22):

*Ejemplos:*

| | |
|---|---|
| *He perdido mi cartera* | I've lost my wallet |
| *Dijo que había perdido su cartera* | She said she had lost her wallet |

- But the past participle can also be used as an adjective, following the normal rules of agreement:

*Ejemplo:*

| | |
|---|---|
| *La cartera perdida es de cuero marrón* | The lost wallet is made of brown leather |

## Present participles or 'gerunds'

Most Spanish grammar books refer to *el gerundio* as 'the gerund', rather than 'the present participle'. This is probably because it cannot be used as an adjective as in other languages ('running water', *'eau courante'*), and never changes its ending to agree with any other part of speech. To be consistent with other grammars you may use, we call it 'the gerund' throughout this book.

- The gerund has a verbal function meaning 'while . . .' or 'by . . . ing':

*Ejemplos:*

| | |
|---|---|
| *Viajando por la Mancha, vimos muchos molinos de viento* | While travelling through la Mancha, we saw lots of windmills |
| *Abriendo la ventana, se ve un panorama magnífico* | By opening the window you can see a magnificent view |

• The gerund can also be used with the verb *estar* to form the present continuous tense (see Chapter 18):

| | |
|---|---|
| *Manuel está trabajando en la biblioteca* | Manuel is working in the library |

• A gerund cannot be used as an adjective, and so has no agreement with a noun, nor can it be used as a verbal noun. This means that it cannot be used for 'I like swimming', for example. Where an adjective is needed to convey the idea of '. . . ing', most Spanish verbs have a version ending in *-ante/-iente*, or *-adora(a)/-edor(a)/-idor(a)* based on the infinitive:

*Ejemplos:*

| | |
|---|---|
| *agua corriente* | running water |
| *un ruido ensordecedor* | a deafening noise |

The only way to find out whether a verb has one of these forms at all, and if so which one, is to look in a dictionary. Sometimes another type of adjective entirely may be needed to translate an adjective which ends in '. . . ing' in English.

• The verbal noun function in Spanish is performed by the infinitive as in the following examples (see Chapter 24):

| | |
|---|---|
| *Me gusta nadar . . .* | I like swimming . . . |
| *. . . pero mi hermano no sabe nadar muy bien* | . . . but my brother can't swim very well |

## Traducción

1   Traduce las siguientes frases al español pero ten cuidado con las palabras
que terminan con *'-ing'* en inglés.

*Last summer, as we were feeling adventurous, my sister and I decided to go on a
walking holiday in Wales. On our first day, after walking for about twenty
kilometres, our legs were tired and we felt like sleeping for a week, so we set about
looking for a youth hostel. Unfortunately we had forgotten to bring our youth hostel
map, which I had left on the kitchen table at home! After another hour of walking
we found a hostel by a river. When we went in, a pleasant girl was booking a
room, so we watched the river flowing by while waiting. After booking two rooms
with running water, we went to the kitchen to prepare our supper, and then sat
watching television before going to bed at ten o'clock, exhausted by our first day of
walking, but convinced that we were going to enjoy the rest of our holiday
exploring this part of Wales.*

¡ACCION GRAMATICA!

# 27 IMPERATIVES

**MECANISMOS**

- The imperative or 'command form' of the verb is used to express direct orders. Each imperative form is based on the present tense of the verb. Because Spanish has four ways of saying 'you', there are four positive (DO!) and four negative (DON'T!) forms.

## *Positive familiar commands*

a) The positive command for *tú* is almost the same as the present tense *tú* form of the verb – just take away the *-s*:

*hablas* → *habla*          *comes* → *come*          *subes* → *sube*

Irregular forms are as follows:

| | | |
|---|---|---|
| *decir* → *di* | *poner* → *pon* | *tener* → *ten* |
| *hacer* → *haz* | *salir* → *sal* | *venir* → *ven* |
| *ir* → *ve* | *ser* → *sé* | |

and also compounds of these verbs.

b) For the positive command in the *vosotros* form, take the infinitive of the verb and replace the *-r* with *-d*:

*hablar* → *hablad*          *comer* → *comed*          *subir* → *subid*

## *Positive formal commands*

The positive command for *usted* and *ustedes* uses the appropriate form of the present subjunctive:

| | | |
|---|---|---|
| *hablar* → *hable (Vd)* | *comer* → *coma (Vd)* | *subir* → *suba (Vd)* |
| *hablen (Vds)* | *coman (Vds)* | *suban (Vds)* |

As you can see, you just need to take the *usted* or *ustedes* form and swap '*a*' for '*e*' or '*e*' for '*a*'.

# Negative commands

All negative commands use the present subjunctive as follows:

a) Familiar:

| | | |
|---|---|---|
| *no hables* | *no comas* | *no subas* |
| *no habléis* | *no comáis* | *no subáis* |

b) Formal:

| | | |
|---|---|---|
| *no hable (Vd)* | *no coma (Vd)* | *no suba (Vd)* |
| *no hablen (Vds)* | *no coman (Vds)* | *no suban (Vds)* |

• As you can see, all '*usted*' and '*ustedes*' commands and all negative commands use the subjunctive; only the '*tú*' and '*vosotros*' positive commands have separate forms.

# Object pronouns with imperatives

Object pronouns and reflexive pronouns are attached to the end of positive commands but precede negative commands as with other parts of the verb. Note that where they are attached to the end of positive commands, an accent is usually needed to keep the stress in the same place when it is now two syllables from the end:

| | | | | |
|---|---|---|---|---|
| *cómelo* | *comedlo* | *cómalo* | *cómanlo* | eat it |
| *háblame* | *habladme* | *hábleme* | *háblenme* | talk to me |
| *levántate* | *levantaos* | *levántese* | *levántense* | get up |
| **NB:** *No lo comas, No me hables, No te levantes,* etc. | | | | |

Note that the *vosotros* command of a reflexive verb loses its '*d*' before the pronoun -*os*, with the one exception of *ir*: *idos* (go away).

• Other ways of expressing commands

a) *que* with the appropriate part of the present subjunctive can be used to express a command for any person, a kind of encouragement to do something.

*Ejemplos:*

| | |
|---|---|
| *¡Que te mejores pronto!* | Get better soon |
| *¡Que saquéis todos buenas notas!* | Make sure you all get good marks |
| *¡Que no nos vea mamá!* | Mum had better not see us! |

b) Infinitives are often used to express commands, especially on warnings, notices and in instructions, such as in recipes:

*No asomarse por la ventanilla*     Don't lean out of the window
*Lavar y pelar las patatas*     Wash and peel the potatoes

c) The command 'let's . . .' is expressed by using *vamos a* + the infinitive:

*Vamos a ver lo que pasa*     Let's see what is going on

**¡PONTE A PUNTO!**

1   He aquí unas instrucciones para hacer una tortilla española. Los verbos vienen en la forma del infinitivo:

Tomar medio kilo de patatas y cuatro huevos. Lavar y pelar las patatas, y cortarlas en trozos. Cascar y batir los huevos en una fuente grande. Poner media taza de aceite en una sartén, y calentar: añadir las patatas y freírlas un poco. Echar las patatas en la fuente y mezclarlas con los huevos; añadir un poco de sal y pimienta y mezclar bien. Poner un poco más de aceite en la sartén, y cuando esté caliente, añadir las patatas y los huevos. Freír bien y servir caliente o fría.

a) Cámbialos a la forma del imperativo de 'tú'.

b) Luego repítelo con la forma de 'usted'.

c) Ahora tienes que usar las instrucciones para explicar a unos amigos cómo se prepara una tortilla española. Tienes que cambiar los verbos a la forma plural del imperativo (vosotros).

2   Esta serie de frases describe lo que se tiene que hacer para utilizar varios productos – o sea el 'modo de empleo'. Cambia los verbos a la forma del imperativo para 'usted'.

1   Conservar el producto en una nevera.
2   Mantener el producto bien frío.
3   No lavar esta prenda en agua caliente.
4   Servir la salsa con arroz o macarrones.
5   No dejar al sol.

## 1 *El atracador*

Imagina que eres atracador, y que un(a) compañero/a de clase es tu primera víctima. Dile lo que quieres que haga, utilizando el imperativo. Puedes ser un atracador cortés, utilizando las formas del usted, o menos formal, utilizando las formas del tú.

Por ejemplo:
**¡Deme todo su dinero!/¡Dame todo tu dinero!**
**¡Enséñeme su reloj!/¡Enséñame tu reloj!**
**¡Quítese ese abrigo!/¡Quítate ese abrigo!**

## 2 *El nuevo empleado/La nueva empleada*

Tú eres dueño/a de empresa, o jefe de un departamento. Tu compañero/a de clase es el nuevo empleado/la nueva empleada. Tienes que explicarle exactamente lo que tiene que hacer:

Por ejemplo:
(Camarera) **Pon las mesas, prepara los menús, llena los jarros de agua fresca . . .**
(Cartero) **Pon las cartas en el órden de los números de las casas, ponlas en tu cartera, llévalas a las casas . . .**

Otras posibilidades: cocinero/a, labriego/a, dependiente, albañil, taxista, cobrador(a) de autobús, barrendero/a, recepcionista, azafata.

## 3 *La visita*

Tu amigo/a español(a) va a pasar las vacaciones en tu casa. Escríbele una carta, dándole una serie de instrucciones para ayudarle a organizar el viaje y a encontrar tu casa. Dile también lo que debería traer en cuanto a ropa y otras cosas que necesitará para las actividades y excursiones que vas a organizar para él/ella.

## 4 *Gastronomía*

Has inventado un plato nuevo, y acabas de servirlo por primera vez a unos amigos. Te piden la receta: explícasela usando el imperativo, especificando los ingredientes que hay que comprar, y el método de preparar la receta. He aquí unas sugerencias:

| | |
|---|---|
| tortilla de pescado | uvas rellenas |
| paella londinense | sapo en el agujero |
| pastel de pastor | sopa de plátano |
| flan con rata | gazpacho inglés |
| bocadillos a la gitana | fabada australiana |

Después, otros amigos te piden estas recetas por escrito. Escoge dos o tres de las más sabrosas para escribirlas.

## 5 Publicidad

Si tienes una revista o un periódico español, mira los anuncios. Verás que muchos de ellos contienen instrucciones o consejos en la forma imperativa. Imagina que trabajas para una compañía internacional de publicidad. Tienes que escribir la versión española de varios anuncios que se ven en la tele y en los periódicos ingleses. Trata de escoger los que usan la forma del imperativo.

Por ejemplo:
**¡Compre el nuevo detergente Dash, para tener menos trabajo y más limpieza! ¡Compra dos paquetes y te regalamos otro gratis! ¡Lava todas las prendas de la familia, por sucias que estén, con el nuevo detergente DASH!**

# 28 SER AND ESTAR

MECANISMOS

- To be, or not to be? That is indeed the question! It may help you to understand why there are two verbs in Spanish for 'to be'. Indeed, to understand which to use, look back at Latin, the mother of languages such as Spanish, French and Italian.

*Ser* comes from the Latin verb 'esse', which was used to refer to 'being' in the sense of existence, and gives us words like 'essence', describing what things are like in essence.

*Estar*, on the other hand, derives from the Latin verb 'stare', which meant 'to stand', 'being' in the sense of position/place and to refer to temporary states. This gives us words like 'stationary', 'static', 'station', 'state'.

There are cases where either can be used, sometimes with a difference in meaning, but in the majority of cases only one is correct. Therefore it is well worth knowing a few rules of thumb to enable you to decide which to use and where.

- *Ser*, then, is used for the following purposes:

a) to describe who or what somebody or something is, such as the type of person, their job or profession and so on:

*Ejemplos:*

| | |
|---|---|
| *Alfonso es médico* | Alfonso is a doctor |
| *El señor de la foto era mi padre* | The man in the photo was my father |
| *Este libro es una novela francesa* | This book is a French novel |

b) to describe the natural, innate characteristics of a thing or person:

*Ejemplos:*

| | |
|---|---|
| *Es una chica muy feliz* | She is a happy girl |
| *Mi anillo es de oro* | My ring is made of gold |

¡ACCION GRAMATICA!

| | |
|---|---|
| *Estos señores son muy ricos* | These people are very rich |
| *Soy de Granada* | I am from Granada (i.e. I am a native of . . .) |

c) to tell the time:

*Ejemplos:*

| | |
|---|---|
| *Es la una* | It is one o'clock |
| *Son las cinco y media* | It is half-past five |
| *Eran las diez y veinte* | It was twenty past ten |

d) to express possession:

| | |
|---|---|
| *Es mío* | It is mine |
| *Son de la profesora* | They belong to the teacher |

- *Estar* is used for all other aspects of 'to be', namely:

a) to refer to place or location, to say where somebody or something is:

*Ejemplos:*

| | |
|---|---|
| *Madrid está en el centro de España* | Madrid is in the centre of Spain |
| *El año pasado estuvimos un mes en España* | Last year we were in Spain for a month |

b) to refer to the state or condition of somebody or something, usually expressed via an adjective:

*Ejemplos:*

| | |
|---|---|
| *Estaba muy cansado cuando llegó* | He was very tired when he arrived |
| *Estamos tristes, después de oír las noticias* | We are sad, having heard the news |

c) to describe what is actually going on, forming the present continuous and other continuous tenses together with the gerund:

*Ejemplos:*

| | |
|---|---|
| *Estoy escribiendo* | I am writing |
| *Estaban leyendo cuando entró mi madre* | They were reading when my mother came in |

d) to describe a state resulting from an action, often by means of a past participle used as an adjective.
(See also Chapter 29 for use of *estar* with a past participle.)

e) *Estar* is also used in the following expressions:

i) To express prices:

| | |
|---|---|
| *¿A cuánto está?* | How much is it? |
| *Está a cien pesetas* | It's one hundred pesetas |

ii) To express dates:

| | |
|---|---|
| *¿A cuántos estamos?* | What is the date? |
| *Estamos a quince de octubre* | It's the fifteenth of October |

iii) In the expression *estar por* (to be in favour of/inclined to):

| | |
|---|---|
| *Estoy por ir al cine* | I'm in favour of going to the cinema |

iv) In the expression *estar para* (to be about to, in the mood for):

| | |
|---|---|
| *Estaba para salir . . .* | He was about to go out . . . |

- Both *ser* and *estar* can be used in the passive voice (see Chapter 29).
- Some adjectives have a different meaning depending on whether they are used with *ser* or *estar*.

*Ejemplos:*

| | |
|---|---|
| *ser aburrido/a*   to be boring | *estar aburrido/a*   to be bored |
| *ser listo/a*   to be clever | *estar listo/a*   to be ready |

In addition, when *estar* is used with an adjective normally used with *ser*, it tends to mean 'to appear' or 'to look'.

*Ejemplos:*

| | |
|---|---|
| *¡Estás muy guapa hoy!* | You look lovely today! |
| *¡Qué viejo estás!* | You do look old! |

- To sum up: *Ser* is used to indicate what somebody/something is and its natural, basic, expected qualities.
  *Estar* is used to indicate where somebody/something is and states brought about by circumstances.

If in doubt, ask yourself if there is a good case for *estar*. If not, use *ser*. This is not a foolproof rule, but it is usually helpful.

Yet there are apparent anomalies:

*Están muertos*                    They are dead

(apparently permanent but it's because they have *died*, i.e. brought about by circumstances)

*Es joven*                         He is young

(He just *is* – it's a basic characteristic of his.)

*¡Qué joven está!*                 Doesn't he look young!/Isn't he young!

(This is not an expected quality – it's a surprise that he looks so young.)

**¡PONTE A PUNTO!**

# 1 *Un pueblo curioso*

He aquí la descripción de uno de los pueblos más viejos de Inglaterra. Tienes que llenar los espacios con la forma más apropiada de los verbos *ser* y *estar*.

El pueblo de Totnes (1) ... situado en el sur del condado de Devon, que (2) ... una región turística muy popular en el suroeste de Inglaterra. (3) ... situado en la parte más alta del río Dart, y (4) ... por aquí por donde tienen que pasar las carreteras hacia las playas y pueblos de los South Hams, en el extremo sur de Devon. (5) ... un pueblo de unos doce mil habitantes y en el verano (6) ... lleno de turistas que llegan en tren, autocar o hasta en barco, haciendo excursión por el río Dart.
Lo que no sabe mucha gente (7) ... que Totnes (8) ... un pueblo muy histórico. (9) ... el segundo pueblo inglés en recibir la cédula real. En efecto, (10) ... su nombre también el que revela un poco de su historia: Tutta's Ness, o sea la nariz de Tutta; esto (11) ... el promontorio en el que el rey sajón de esta región, Tutta, hizo construir un pequeño castillo. En el pueblo hay muchas casas y otros edificios muy antiguos. Hace dos años uno de estos monumentos, el arco de la Puerta del Este, (12) ... destruido por un incendio, en el que (13) ... quemados también varios edificios vecinos. Pero han estado reconstruyendo este arco, y ya (14) ... terminado.
Totnes tiene otro aspecto muy curioso: (15) ... la capital de la sociedad marginada de la región, o sea (16) ... lleno de hippies, y de otra gente que lleva

un estilo de vida poco convencional. También hay allí muchos artistas, músicos y escritores, atraídos por el centro cultural de Dartington, que (17) ... situado al lado de Totnes. Aquí (18) ... el Colegio de Música y también el Colegio de Arte que ahora (19) ... cerrando.

## 2 *El enigma de Hamlet o Las islas británicas*

Rellena el espacio en cada una de las frases siguientes con la forma correcta del verbo *ser* o del verbo *estar*.

El Reino Unido (1) ... un estado independiente. (2) ... compuesto de cuatro países: Inglaterra, Escocia, el País de Gales e Irlanda del Norte. Inglaterra (3) ... el más grande de estos paises. Inglaterra, Escocia y Gales (4) ... situados en la isla de Gran Bretaña. Juntas, las islas de Gran Bretaña e Irlanda (5) ... las Islas Británicas. (6) ... invadidas por muchas razas – entre otras por los celtas, anglos, sajones, romanos, normandos. Hace miles de años, Gran Bretaña (7) ... unida con Francia por un puente de tierra. Luego (8) ... creado el Canal de la Mancha cuando subió el nivel del mar. Ahora (9) ... construido el Túnel de la Mancha. Gran Bretaña ya no (10) . . . isla.

¡... Y EN MARCHA!

## 1 *Los desconocidos*

El/la profesor(a) o un miembro de la clase tiene que preparar tarjetas con los nombres y algunos datos importantes de varios personajes famosos de hoy o de la historia. Preferiblemente estos constituirán parejas, por ejemplo Juan Carlos y Sofía, Antonio y Cleopatra. Se distribuye una tarjeta a cada miembro de la clase, y todos tienen que buscar su pareja dirigiendo preguntas a los demás, y usando solo los verbos *ser* y *estar*.

Por ejemplo:
**¿Eres hombre o mujer?**
**¿Estás vivo/a o muerto/a?**
**¿Eres inglés/inglesa o español(a)?**
**¿Eres/Fuiste rey/reina/científico/a/explorador(a)?**

No se permite usar la pregunta *¿Quién eres?* ni empezar con la pregunta *¿Eres (+ nombre)?'*

## 2 *Tu pueblo*

Escribe o cuenta la historia de tu ciudad/pueblo/región, usando los verbos *ser* y *estar*. Si sabes bastantes detalles, podrías contrastar cómo es ahora y cómo era hace muchos años.

Por ejemplo:
**Mi pueblo es muy grande ahora, pero hace treinta años era muy pequeño. Antes era un pueblo industrial; ahora ya no lo es. Hace muchos años Correos estaba al lado de la iglesia; ahora está en el centro.**

## 3 *Tu familia*

Escribe o cuenta la historia de tu familia: cómo es ahora, y cómo ha sido en el pasado. Trata de usar los verbos *ser* y *estar* cuando sea posible.

Por ejemplo:
**Mi familia es muy grande, pero mi abuelo era hijo único. Mi abuelo era muy alto, pero mis hermanos y yo somos muy bajos. Hasta hace cinco años la familia vivía en otro sitio, pero ahora está en . . .**

## 4 *El dibujo misterioso*

Cada miembro de la clase tiene que preparar – en secreto – un dibujo que contenga varios objetos predeterminados: digamos un comedor con una mesa, cuatro sillas, un aparador, etcétera. Luego, en parejas o todos juntos, tratáis de copiar el dibujo de un(a) compañero/a sin mirarlo y haciendo preguntas:

Por ejemplo:
**¿Dónde está la mesa? ¿Dónde están las sillas? ¿El aparador, está a la derecha o a la izquierda?**

Luego podéis comparar los dos dibujos, haciendo como un juego de 'Antes y después'.

Por ejemplo:
**Antes el aparador estaba detrás de la mesa, ahora está delante, etcétera.**

## 5 *Descripciones*

En voz alta describe varios objetos nombrados por tus compañeros/as. A ver si aciertas a reconocer las palabras que dicen. Igualmente, podrías escribir unas descripciones más detalladas.

Por ejemplo:

**Mi bolígrafo es de plástico, es rojo y es muy útil. Sirve para escribir apuntes, cartas, etcétera. Es un Parker.**

## 6 *Se busca...*

Al parecer, un amigo de tu familia es un criminal buscado por la policía. Después de varios años de llevar una vida respetable, o por lo menos así lo creían todos, la policía ha descubierto que es jefe de un grupo de gángsteres. El hombre se ha escapado, y tú tienes que dar a la policía una descripción escrita, con todos los detalles posibles, para ayudarles a coger al criminal.

¡ACCION GRAMATICA!

# 29 PASSIVE

MECANISMOS

- A passive verb is one where the subject suffers or undergoes the action. In the sentence 'My friend sold the house', the verb is active because the subject (my friend) performed the action of selling the house, which is the direct object. However, we can turn the sentence round and say 'The house was sold by my friend'. The verb is now passive because the subject is now what underwent the action of selling, i.e. the house, and my friend becomes what is known as the 'agent', the person by whom the action was done.

*Ejemplos:*

| Active | Passive |
|---|---|
| The government won the elections<br>*El gobierno ganó las elecciones* | The elections were won by the government<br>*Las elecciones fueron ganadas por el gobierno* |
| The authorities will fix the prices<br>*Las autoridades fijarán los precios* | The prices will be fixed by the authorities<br>*Los precios serán fijados por las autoridades* |

You can see that the passive in English is made up of the relevant tense of 'to be' (is/was/will be) and the past participle of the verb denoting the action in question. You do exactly the same in Spanish, using the relevant tense of *ser* (not *estar*) plus the past participle, but remember that in Spanish you must also make the past participle agree with the subject (hence *ganadas* and *fijados* in the above examples).

- It is not always necessary to express the agent by whom the action was done:

| *Por fin los documentos fueron firmados* | At last the documents were signed |
|---|---|

- The passive is very common in English, but rather less so in Spanish, where alternative constructions are often used in its place (see the next chapter).

Note that there is no literal equivalent in Spanish of 'I was given a present', as 'I' would have been the indirect object of an active verb – '(someone) gave a present to me'. You would have to say *'se me dio un regalo'* (again see the next chapter).

- It is important to differentiate between *ser* and *estar* used with the past participle:
  *ser* indicates the action being done and *estar* the resultant state after the action has taken place:

| *Los documentos fueron firmados* | (i.e. someone signed them) |
|---|---|
| *Los documentos estaban firmados* | (i.e. the signature was on them) |
| *La casa fue construida en una colina* | (i.e. someone built it there) |
| *La casa estaba construida en una colina* | (i.e. that was its situation) |

(See also Chapter 28 on *ser* and *estar*.)

¡PONTE A PUNTO!

1    Pon el verbo en el tiempo de la pasiva que convenga al sentido.

Por ejemplo:
**Ayer la carretera (bloquear) > Ayer la carretera fue bloqueada.**

### Problemas de carreteras

Ayer cayó mucha nieve y la carretera Burgos-San Sebastián (cortar) en dos sitios. La carretera (despejar) por dos grandes quitanieves que (traer) desde Burgos. Mientras tanto los chóferes de los coches y camiones atascados (alojar) en el colegio de un pueblo vecino. Las comidas de emergencia (preparar) por el personal de cantina y unos padres de los colegiales. Aunque ésta es una circunstancia que (prever) por las autoridades, casi siempre (sorprender) por las dificultades que trae. Los usuarios de dicha carretera esperan que algo (hacer) antes del próximo invierno. El MOPU (Ministerio de Obras Públicas) ha asegurado que el trayecto de la carretera (mejorar) y que si va a haber problemas de nieve, unos avisos (transmitir) por la emisora de radio local.

**2**  Cambia los verbos de activa a pasiva:

### La ciudad de Plasencia

**1**  Alfonso VIII, rey de Castilla, fundó Plasencia en 1180.
**2**  Este rey la ubicó sobre el rio Jerte.
**3**  Las autoridades la amurallaron para protegerla.
**4**  El rey también inició el famoso mercado del martes.
**5**  El concejo restauró el ayuntamiento varias veces.
**6**  Pusieron nombres a las varias puertas de la ciudad, según la dirección de la carretera que salía por ellas.
**7**  Comenzaron la catedral vieja en el siglo XIII.
**8**  En la Casa de las Dos Torres, derribaron una de las torres a principios del siglo XX.
**9**  Recientemente han construido una Ciudad Deportiva municipal, con excelentes instalaciones.

## ¡... Y EN MARCHA!

Los ejercicios de esta serie se encontrarán en el capítulo siguiente.

# 30 ALTERNATIVES TO THE PASSIVE

MECANISMOS

The passive can be (and often is) avoided in Spanish as follows:

• Make the sentence active:

| | | |
|---|---|---|
| *La casa fue vendida por mi amigo* | > | *Mi amigo vendió la casa* |
| The house was sold by my friend | > | My friend sold the house |

Although the basic sense is the same, the emphasis is different (i.e. the emphasis on 'my friend' is lost).

• Make the verb active, but keep the object first and reinforce it with an object pronoun:

*La casa la vendió mi amigo*

This keeps the emphasis as it would have been in the passive.

• Make the verb reflexive:

*Se vende casa*                              House for sale

But you cannot do this if you wish to use *por* + an agent. If you just want to say the house was sold, then the simplest way in Spanish is:

*La casa se vendió*                          The house was sold (You can't say who by)

*Ejemplos:*

| | |
|---|---|
| *La guerra se declaró en 1939* | War was declared in 1939 |
| *Se servirá la cena a las nueve* | Supper will be served at nine |

If the subject is plural, the verb is also plural:

*Las ventanas se rompieron ayer*            The windows were broken yesterday

Note: *Se* is often used in recipes:

| | |
|---|---|
| *Se ponen el jamón y los huevos en una sartén* | The bacon and eggs are put in a frying pan |

It is not usual to use this construction when the subject is a person. 'The recruit was killed' would not be *el recluta se mató*, as this would be suicide, so you use the impersonal *se*.

• The 'impersonal' *se* is used rather like *'on'* in French.

*Ejemplos:*

| | |
|---|---|
| *Al recluta se le mató/Se le mató al recluta* | The recruit was killed |
| *A Roberto se le vio en la calle* | Robert was seen in the street |

This construction is very useful to get over phrases where the subject would have been the indirect object if the verb had been active:

*Ejemplos:*

| | |
|---|---|
| *Se nos dijo* | We were told |
| *Se me dio . . .* | I was given . . . |
| *A mi hermana se le regaló un ordenador* | My sister was given a computer |

The verb remains singular even if the English subject is plural:

| | |
|---|---|
| *A Roberto y Ana se les vio en la calle* | Robert and Anne were seen in the street |

• The impersonal *se* can be used rather like 'one' in English:

| | |
|---|---|
| *No se hace esto* | One doesn't do that/That isn't done |

But if the verb is already reflexive, *uno* has to be used:

| | |
|---|---|
| *Estando de vacaciones, uno se levanta tarde* | While on holiday one gets up late |

**¡PONTE A PUNTO!**

## 1 *En familia*

Expresa las siguientes frases de todas las maneras posibles, usando o no usando la pasiva según las normas que se explican arriba:

1 En mi familia tanto mi padre como mi madre toman las decisiones.
2 También mi padre y mi madre cobran el presupuesto familiar.
3 Cada sábado me dan una cantidad de dinero de bolsillo.
4 Gasto este dinero en discos y ropa.
5 Por lo general ahorro una parte del dinero.
6 La ingreso en la caja de ahorros.
7 Si me comporto mal, mis padres me dan alguna sanción.
8 Me prohíben salir durante dos o tres días.
9 Pero nunca usan violencia conmigo.
10 La gente dice que soy un chico bastante normal.

## 2 *Problemas de carretera*

Vuelve a hacer el ejercicio 2 de la sección *¡Ponte a punto!* (Capítulo 29) – página 164 – pero empleando construcciones que eviten el uso de la pasiva.

## 3 *Una señora británica visita los Picos de Europa*

Una amiga británica, que acaba de visitar Cantabria en el norte de España y que ha escrito una carta sobre el tema a su amiga española en Madrid, quiere que se la traduzcas al español antes de echarla al correo. El problema es que la señora es muy aficionada al uso de la pasiva en inglés. ¿Sabes traducirla a un español que sea aceptable?

> *Last week was spent in a hotel in the north of Spain, where we were treated very well. In the evenings we were given a three course meal and a bottle of wine. If desired, breakfast was served in our rooms. It was said in the tour operator's brochure that the hotel was two star, but we were informed when we got there that this had been changed to three stars this year. On Tuesday we were taken to the* Picos de Europa, *and were provided with a picnic meal by the hotel. When the village of* Fuente Dé *was reached, we were told that we would be taken up to the top of the mountain in the cable-car and then brought down and picked up by the coach at six o'clock. It was reckoned that a pleasant day was had by most of us.*

**¡... Y EN MARCHA!**

## 1 *Historia de nuestro colegio*

Tú y tus compañeros/as de clase estáis preparando una historia de tu colegio, en la que muchos verbos estarán en pasiva. Podéis empezar:
**El colegio fue planificado/fundado/construido en . . .** (Pero ¡cuidado!, tendréis que decir 'se le dio/puso el nombre de . . .')
Ahora seguid y a ver cuántas frases conseguís hacer, con pasiva donde sea admisible, y evitándola donde no lo sea.

## 2 *Mi ciudad o pueblo*

Con un plano o unas postales de tu pueblo o ciudad, describe su desarrollo a un(a) compañero/a, usando cuando sea posible verbos en pasiva o con 'se'.

Por ejemplo, hablando de un nuevo supermercado puedes decir:
**El supermercado Tesco fue construido/se construyó hace tres años, y al mismo tiempo la carretera fue ensanchada/se ensanchó.**

Pero ¡no te olvides de decir también lo que será hecho/se hará en el futuro! Si prefieres, puedes escribir tu descripción en forma de carta.

## 3 *Un poco de cocina*

Trae tu receta preferida a clase y explícasela a tus compañeros/as. De ser posible, prepárala en clase, mostrándoles a tus compañeros/as cómo hacerla. Claro que tienes que usar 'se' con los verbos. ¡Que aproveche!

# 31 | TENSES OF THE SUBJUNCTIVE

MECANISMOS

## The subjunctive

The subjunctive itself is not a tense, but an alternative form of the verb which has to be used in certain circumstances. Grammar books usually refer to it as the subjunctive *mood*, and it is true that it does often convey a particular mood of, for example, sadness, joy, anger, doubt or uncertainty.

Exactly where and how to use the subjunctive will be explained little by little in the chapters which follow (Chapters 32–6). If you follow the explanations and do the exercises and activities which accompany the explanations, you should be well on the way to acquiring that feeling or instinct for the subjunctive, which plays a very important part in both spoken and written Spanish.

## Tenses of the subjunctive

The subjunctive has several tenses:

## Present subjunctive

### a) Regular verbs
Usually the formation of the present subjunctive causes no problems, as you merely exchange the endings of the present indicative (the 'normal' present tense): *e* for *a*, or *a* for *e* (but remember that the first person (*yo*) also ends in -*e* or -*a*):

| ar | er | ir |
|---|---|---|
| **comprar** | **beber** | **subir** |
| *compre* | *beba* | *suba* |
| *compres* | *bebas* | *subas* |
| *compre* | *beba* | *suba* |
| *compremos* | *bebamos* | *subamos* |
| *compréis* | *bebáis* | *subáis* |
| *compren* | *beban* | *suban* |

**b) Radical-changing verbs** (see Chapter 13)

i) Those verbs which have only one change in the present indicative have the change in the same place in the present subjunctive (*e > ie, o > ue, u > ue*):

| pensar (e > ie) | volver (o > ue) |
|---|---|
| *piense* | *vuelva* |
| *pienses* | *vuelvas* |
| *piense* | *vuelva* |
| *pensemos* | *volvamos* |
| *penséis* | *volváis* |
| *piensen* | *vuelvan* |

ii) Those *-ir* verbs with an additional change in the first and second persons plural (*e > i* and *o > u*) also have this second change in the present subjunctive:

| preferir | dormir |
|---|---|
| *prefiera* | *duerma* |
| *prefieras* | *duermas* |
| *prefiera* | *duerma* |
| *prefiramos* | *durmamos* |
| *prefiráis* | *durmáis* |
| *prefieran* | *duerman* |

iii) Those *-ir* verbs, such as *pedir*, which have the *e > i* change retain it in all six parts:

| pedir |
|---|
| *pida* |
| *pidas* |
| *pida* |
| *pidamos* |
| *pidáis* |
| *pidan* |

**c) Irregular verbs**

The first person singular is the stem for almost all present subjunctives, so those with an irregularity there carry it through into this tense.

i) Those verbs, such as *poner*, whose stem in the first person singular (*yo*) form ends with -g- retain the -g- in the present subjunctive:

*Ejemplo:*

> **poner** *(pongo): ponga*
> *pongas*
> *ponga*
> *pongamos*
> *pongáis*
> *pongan*

Similarly:

*caer (caigo): caiga . . .*
*hacer (hago): haga . . .*
*salir (salgo): salga . . .*
*traer: (traigo): traiga . . .*
*valer: (valgo): valga . . .*

Verbs of this sort which also have a radical change in the indicative (*decir*, for example) lose the radical change in the present subjunctive and retain the same consistent stem ending in *-g-* throughout:

*Ejemplo:*

> **decir** *(digo): diga*
> *digas*
> *diga*
> *digamos*
> *digáis*
> *digan*

Similarly:

*oír (oigo): oiga . . .*
*tener (tengo): tenga . . .*
*venir (vengo): venga . . .*

ii) Verbs with their infinitives ending in *-ecer, -ocer, -ucir*, whose first person singular stem ends in *-zc-*, retain the *-zc-* throughout:

*Ejemplos:*

*conducir (conduzco): conduzca . . .*
*conocer (conozco): conozca . . .*
*parecer (parezco): parezca . . .*

¡ACCIÓN GRAMÁTICA!

iii) *Estar* and *dar* are predictable, but don't forget the accents:

| dar | estar |
|-----|-------|
| *dé* | *esté* |
| *des* | *estés* |
| *dé* | *esté* |
| *demos* | *estemos* |
| *deis* | *estéis* |
| *den* | *estén* |

iv) Spelling changes are sometimes necessary because of swapping *-a/-e* endings. Stems ending in *-c-*, *-z-*, *-g-*, *-gu-* are especially subject to this:

*cazar (cazo, cazas . . .): cace, caces . . .*
*coger (cojo, coges . . .): coja, cojas . . .*
*sacar (saco, sacas . . .): saque, saques . . .*
*seguir (sigo, sigues . . .): siga, sigas . . .*

The final letter of the stem is constant in the subjunctive.

iv) The following verbs have a totally irregular stem which remains constant with the usual *-a-* type endings:

*Ejemplo:*

| ser |
|-----|
| *sea* |
| *seas* |
| *sea* |
| *seamos* |
| *seáis* |
| *sean* |

Similarly:

*caber: quepa . . .*
*\*haber: haya . . .*
*ir: vaya . . .*
*saber: sepa . . .*

(\* The present subjunctive of *haber* – *haya* – is used with the past participle to form the perfect subjunctive.)

# Imperfect subjunctive

There are two forms of the imperfect subjunctive, which, with one exception, are completely interchangeable. The stem is always the third person plural (*ellos*) of the preterite, including whatever irregularity that may contain.

## a) Regular verbs

| -ar | | -er | | -ir | |
|-----|-----|-----|-----|-----|-----|
| comprar > *compraron* | | beber > *bebieron* | | rsubir > *subieron* | |
| *comprara* | *comprase* | *bebiera* | *bebiese* | *subiera* | *subiese* |
| *compraras* | *comprases* | *bebieras* | *bebieses* | *subieras* | *subieses* |
| *comprara* | *comprase* | *bebiera* | *bebiese* | *subiera* | *subiese* |
| *compráramos* | *comprásemos* | *bebiéramos* | *bebiésemos* | *subiéramos* | *subiésemos* |
| *comprarais* | *compraseis* | *bebierais* | *bebieseis* | *subierais* | *subieseis* |
| *compraran* | *comprasen* | *bebieran* | *bebiesen* | *subieran* | *subiesen* |

## b) Radical-changing verbs (see Chapter 13)

Verbs that change in the third person of the preterite (*e* > *i* or *o* > *u*) also have this change in the imperfect subjunctive, but the stem remains constant throughout.

*Ejemplos:*

*dormir (durmieron): durmiera/durmiese . . .*
*preferir (prefirieron): prefiriera/prefiriese . . .*
*pedir (pidieron): pidiera/pidiese . . .*

c) All verbs with *'pretérito grave'* (see Chapter 19) keep the preterite stem:

*Ejemplos:*

*estar (estuvieron): estuviera/estuviese . . .*
*tener (tuvieron): tuviera/tuviese . . .*

d) Verbs with -*y*- replacing -*i*- in third person preterite retain the -*y*-:

*Ejemplos:*

*caer (cayeron): cayera/cayese . . .*
*creer (creyeron): creyera/creyese . . .*
*leer (leyeron): leyera/leyese . . .*
*oír (oyeron): oyera/oyese . . .*

Similarly, *huir (huyeron): huyera/huyese . . .* and other verbs ending in -*uir*.

e) Other verbs which lose the -*i*- in the third person preterite ending also lose it in this tense:

*Ejemplos:*

*decir (dijeron): dijera/dijese . . .*
*reñir (riñeron): riñera/riñese . . .*
*traer (trajeron): trajera/trajese . . .*

Similarly, *conducir (condujeron): condujera/condujese . . .* and all verbs ending in *-ducir*.

# Perfect subjunctive

The perfect subjunctive is formed with the present subjunctive of *haber* + the past participle:

| | | |
|---|---|---|
| *haya comprado* | *haya bebido* | *hayas subido* |
| *hayas comprado* | *hayas bebido* | *hayas subido* |
| *haya comprado* | *haya bebido* | *hayas subido* |
| *hayamos comprado* | *hayamos bebido* | *hayamos subido* |
| *hayáis comprado* | *hayáis bebido* | *hayáis subido* |
| *hayan comprado* | *hayan bebido* | *hayan subido* |

# Pluperfect subjunctive

The pluperfect is formed with the imperfect subjunctive of *haber* (either form) + the past participle:

| | |
|---|---|
| *hubiera subido* | *hubiese subido* |
| *hubieras subido* | *hubieses subido* |
| *hubiera subido* | *hubiese subido* |
| *hubiéramos subido* | *hubiésemos subido* |
| *hubierais subido* | *hubieseis subido* |
| *hubieran subido* | *hubiesen subido* |

# Sequence of tenses with the subjunctive

Usually, when the main verb of the sentence is in the present, the future, the perfect or the imperative, the subjunctive verb dependent on it will be in the present or perfect:

| | | | |
|---|---|---|---|
| *Le digo* | | I'm telling him | |
| *Le diré* | *que se marche* | I'll tell him | to leave |
| *Le he dicho* | | I've told him | |
| *Dile* | | Tell him | |

When the main verb is in the imperfect, the preterite, the pluperfect, the conditional or the conditional perfect, the subjunctive verb dependent on it will be in the imperfect or pluperfect:

| | | | |
|---|---|---|---|
| *Le decía* | | I was telling/used to tell him | |
| *Le dije* | *que se marchara/ marchase* | I told him | to leave |
| *Le diría* | | I would tell him | |
| *Le había dicho* | | I had told him | |
| *Le habría dicho* | | I would have told him | |

Sometimes, however, if the sense demands it, these sequence rules can be broken:

*Siento que estuvieras enfermo*          I'm sorry you were ill

Activities practising the use of the subjunctive follow in the *¡Ponte a punto!* and *¡ . . . Y en marcha!* sections of Chapters 32–6.

# 32 SUBJUNCTIVE: INFLUENCE, EMOTION AND JUDGEMENT

**MECANISMOS**

## *Influencing others*

The action is expressed in the subjunctive in Spanish with verbs of wanting, liking, ordering, advising, allowing or causing, someone or something to do an action, or with verbs of avoiding, preventing or prohibiting someone or something (from) doing an action.

But the subjects of the two verbs must be different. Compare:

| | |
|---|---|
| *Quiero ayudar* | I want to help (i.e. I both want and help) |
| *¿Quieres que ayude?* | Do you want me to help? (i.e. *You* want . . . *I* help) |

*Ejemplos:*

| | |
|---|---|
| *Dile a Miguel que venga aquí* | Tell Michael to come here |
| *Trata de impedir que se escapen* | Try to prevent them (from) escaping |
| *La ley no permitía que se vendiese* | The law didn't allow it to be sold |
| *Todo esto hizo que mudásemos de casa* | All this caused us to move house |

The most common verbs used with a subjunctive in this way are:

| | | | | |
|---|---|---|---|---|
| *decir* | *mandar\** | *sugerir* | *querer* | *desear* |
| *permitir\** | *exigir* | *pedir* | *implorar\** | *consentir en* |
| *recomendar\** | *preferir* | *prohibir\** | *impedir\** | *aconsejar\** |
| *hacer\** | *conseguir* | *lograr* | | |

\* Verbs marked with an asterisk may also be used with an infinitive, even if the subjects are different:

| | |
|---|---|
| *No nos permitían hacerlo/No permitían que lo hiciéramos* | They didn't allow us to do it |

# Emotional reactions

The subjunctive is used after verbs and other expressions of joy, sadness, anger, sorrow, fear and other emotions:

*Ejemplos:*

*Mi padre estaba bastante enfadado que suspendiera*

My father was quite annoyed that I failed

*Nos alegra mucho que puedas estar aquí*

We're very pleased you can be here

# Value judgements

Closely related to these emotions are all 'value judgements' – reactions of indignation, incredulity, justification, approval, disapproval or concern. After such expressions, too, the subjunctive is used:

*Ejemplos:*

*Es una vergüenza que no podamos salir sin el miedo de atracos*

It's a disgrace that we can't go out without fear of muggings

*¿Cómo justificaremos que se gaste tanto dinero?*

How can we justify so much money being spent?

*No me gustó que ocurriese así*

I didn't like it happening like that

**¡PONTE A PUNTO!**

## 1 *¡Qué niños tan traviesos!*

Una familia española con dos niños jóvenes, Jaime de tres años y Pablo de cinco, pasa algún tiempo en tu casa. Tu madre, que no habla español, empieza a exasperarse de sus actividades y quiere que le traduzcas a la madre española lo que dice.

1 *I don't like Jaime writing on the walls!*
2 *I'd prefer both children to play outside!*
3 *Tell Pablo to wash his hands!*
4 *Tell Pablo to lower the TV!*
5 *I don't want them to paint the cat!*
6 *Tell them not to put dirty shoes on the table!*
7 *Ask Pablo not to jump on the bed!*

8  *It's terrible that they go to bed so late!*

9  *It's best that you all go home tomorrow!*

## 2 *Una crisis futbolística*

Escribe los verbos en el subjunctivo:

El director del club de futbol Real Madrid se declara tanto sorprendido como triste que Emilio Butragueño *querer* irse a jugar a Inglaterra. A las preguntas de nuestros reporteros, el favorito de los forofos madrileños respondió que no quiere que su vida *seguir* siendo siempre igual. Hubo gran consternación que Butragueño *escoger* este momento para hacer que su carrera *cambiar* de dirección, puesto que a todos les gustaría que *desempeñar* un papel significativo en el éxito de su equipo en el campeonato actual. Muchos encontrarán incomprensible que nuestro Emilio *decidir* irse a la patria del gamberrismo futbolístico y ¡seguro que habrá los que traten de impedir que se *marchar*! Las autoridades del club inglés de Tranmere Rovers están muy contentas que Butragueño *firmar* el contrato, pero algo asombradas de que los madrileños lo *tomar* tan mal.

¡... Y EN MARCHA!

## 1 *¡Qué asco!*

Todos/as tus compañeros/as de clase hacen cosas que no te gustan. Tú tienes que decirles que no te gusta que hagan estas cosas y lo que prefieres que hagan:

Por ejemplo:

**Felipe, ¡no me gusta que pongas los pies en la mesa!**

**¡Prefiero que los pongas en el suelo!**

## 2 *¡Esos concejales municipales!*

Imagínate que los sucesos siguientes han ocurrido en tu ciudad o pueblo. Con tus compañeros/as de clase apuntad vuestras reacciones:

Por ejemplo:

**Las autoridades construyen un vertedero de basuras al lado del hospital.**

Unas reacciones posibles:

**– Es asqueroso que construyan eso allí.**

– Encuentro incomprensible que hagan tal cosa.
– ¡Qué bueno que hayan decidido por fin construir el vertedero!

En esta región:

1  . . . el año que viene cierran la estación y eliminan la línea de ferrocarril.
2  . . . ponen un rascacielos enfrente de la iglesia parroquial.
3  . . . cierran la piscina cubierta.
4  . . . prohíben los perros en el parque municipal.
5  . . . el año que viene se abrirá un nuevo polígono industrial.
6  . . . han ensanchado la carretera de circunvalación.
7  . . . van a peatonalizar las calles céntricas.
8  . . . están renovando el alumbrado público en los barrios exteriores.
9  . . . habrá obras de carretera durante todo el verano.

Ahora añade tus reacciones a unos sucesos que han ocurrido, ocurren o van a ocurrir de verdad en tu propia ciudad o pueblo.

## 3 *En los márgenes de la sociedad*

Estudia el texto siguiente y luego discute con tus compañeros/as vuestras reacciones a lo que dice, usando expresiones que necesiten el subjuntivo. Quizás antes de empezar, deberíais hacer una lista de posibles frases que expresen vuestras reacciones:
*Es increíble/insoportable que . . ./Lamentamos que . . .* , etcétera.

Por ejemplo:
– **Es increíble que los niños muy jóvenes tengan que vivir así.**
– **No es verdad que la policía los mate.**

---

### En los márgenes de la sociedad

En varios países pobres, y a veces en los comparativamente ricos, de Latinoamérica, existen unos problemas sociales horrendos. Se oye hablar de chicos y chicas muy jóvenes que han sido abandonados por sus padres, o que han huido de casa, que viven en las calles, viviendo de la mendicidad o del robo. Se dice que por la noche los busca la policía y los mata. Eso por lo menos es lo que se lee en la prensa. Una parte de la causa es que sus padres han tenido que dejar sus pueblos en el campo, puesto que no encuentran trabajo allí, y han acudido a las ciudades, pero tampoco han podido encontrar trabajo, y no pueden soportar una familia. Cuando los jóvenes viven así, las drogas y la prostitución pueden ser otro problema, sobre todo si les parecen ser la única manera de hacerse con qué vivir. La iglesia trata de ayudar, tanto políticamente como con apoyo financiero donde éste sea posible, pero parece que la vida sigue siendo corta y brutal para estos jóvenes.

---

# 33 SUBJUNCTIVE: DOUBT, DISBELIEF AND POSSIBILITY

MECANISMOS

The subjunctive is used in various situations where there is an element of doubt or uncertainty.

## Expressions of doubt

The subjunctive is used after expressions implying doubt or uncertainty:

| | |
|---|---|
| *dudar que* | to doubt whether |
| *es dudoso que* | it's doubtful whether |
| *parece dudoso que* | it seems doubtful that |
| *resulta dudoso que* | it turns out (to be) doubtful that |
| *temer que* | to be afraid that |
| *esperar que* | to hope that |

*Ejemplos:*

| | |
|---|---|
| *Dudo que sepamos la solución del problema* | I doubt whether we know the answer to the problem |
| *Es dudoso que nos ayuden* | It's doubtful whether they will help us |

## Expressions of uncertainty

Expressions of certainty in the negative become expressions of doubt (and take the subjunctive), but expressions of doubt in the negative become expressions of certainty (and therefore take the indicative). Compare the following examples:

| | |
|---|---|
| *Es cierto que saben la verdad* | It's certain they know the truth |
| *No es cierto que sepan la verdad* | It's not certain they know the truth |
| *Es de dudar que sepan la verdad* | It's to be doubted whether they know the truth |
| *No cabe duda de que saben la verdad* | There's no (room for) doubt that they know the truth |

# Expressions of disbelief

The subjunctive is also used after verbs of knowing, saying and thinking in the negative or to ask questions with negative implications. This can be regarded as a further extension of doubt: if you don't know, can't say, or don't think that something is the case, then that is doubt!

| | |
|---|---|
| *No creemos que sea el caso* | We don't think that that is the case |
| *No puedo decir que tenga razón, aunque lo creo* | I can't say that he is right, although I think so |
| *No sabía que pensaras así* | I didn't know you thought (like) that |
| *¿Tu crees que todo salga bien?* | Do you think everything will turn out all right? |
| *Era difícil creer que tuvieran éxito* | It was difficult to believe they would be successful (implying that you couldn't believe it) |

In this category, too, is *negar* (to deny) which takes the subjunctive:

| | |
|---|---|
| *Siempre negaba que ocurriera* | He always denied it was happening/would happen |

# After statements of possibility and likelihood

As a logical extension of the above, possibility implies some doubt; so, too, does probability, as it is not total certainty.

The most common phrases of this kind requiring the subjunctive are:

| | |
|---|---|
| *Es posible que . . .* | It is possible that . . . |
| *Parece/Resulta posible que . . .* | It seems possible that . . . |
| *Es probable que . . .* | It is likely/probable that . . . |
| *Parece/Resulta probable que . . .* | It seems likely/probable that . . . |
| *Hay/Existe la posibilidad de que* | There is the possibility that . . . |
| *Hay/Existe la probabilidad de que* | There is the likelihood/probability that |
| *Puede (ser) que . . .* | It may be that . . . |

¡ACCION GRAMATICA!

*Ejemplos:*

*Hay que admitir la posibilidad de que tengan razón*

One has to admit the possibility that they are (may be) right

*Es probable que lo sepan ya*

It's probable/likely they know already

¡PONTE A PUNTO!

1 Pon los verbos en el tiempo correcto del indicativo o subjuntivo según el sentido:

## La España de hoy en día

Ya sabemos que España *estar* de moda tanto en Europa como en el mundo entero. Es probable que esta popularidad *seguir*. No cabe duda de que se *poder* ver toda clase de producto español en las tiendas europeas. Es dudoso que *haber* una buena discoteca en Londres o París donde no se oiga algún conjunto español. Para los españoles mayores, es difícil creer que la actitud de los extranjeros hacia su país *haber* cambiado tanto. A fin de cuentas, algunos de ellos no creían que la democracia se *establecer*. Lo que es cierto es que España ya *poder* contarse como uno de los países principales en la diplomacia europea. ¿Quién hubiera creído hace veinte años que Madrid se *hacer* centro diplomático europeo o que España *participar* plenamente en la CE? ¿Puede que lo *estar* soñando?

## 2 El pronóstico del tiempo

Añade una frase que requiera el subjuntivo a las frases siguientes, cambiando el verbo debidamente.

Por ejemplo:
**Lloverá mañana** > **Es posible/Hay la posibilidad de que llueva mañana.**
**No lloverá mañana** > **Es dudoso/No creemos que llueva mañana.**

1  Hará mucho calor en el sur.
2  Nevará en los Pirineos.
3  Hará viento en las costas gallegas.
4  No soplará el viento en las costas mediterráneas.
5  Se formarán brumas ligeras en el valle del Ebro.
6  Las temperaturas serán muy altas en el interior.

7   Las temperaturas no bajarán mucho al anochecer.
8   Caerán lluvias torrenciales en las montañas cantábricas.

¡... Y EN MARCHA!

# 1 *La semana que viene*

Discute con tus compañeros/as de clase las cosas que – posiblemente – ocurrirán durante los próximos ocho días. Claro que tenéis que emplear las frases que se facilitan arriba.

Por ejemplo:
**El martes es posible que tengamos examen en español.**
**El domingo hay la probabilidad de que vengan a visitarnos unos amigos.**

Apunta una posibilidad o probabilidad para cada día de la semana.

# 2 *¡Escándalos!*

Trabajando en parejas, uno/a hace alguna observación en forma de pregunta acerca de sus amigos/as o profesores del colegio; el otro/la otra tiene que contradecirle, expresando sus dudas o su ignorancia.

Por ejemplo:
**¿Sabes que el señor X va a comprar un coche nuevo?**
**¡Hombre! Yo no sabía que tuviera bastante dinero para eso!**
**¡Caramba! Dudo que sepa conducir!**

# 3 *El fantasma*

Trabaja con un(a) compañero/a expresando vuestras dudas acerca de la autenticidad y la veracidad histórica de la siguiente historia – ¡usando frases que exijan el subjuntivo, claro!

Por ejemplo:
**No creo que un caballero de la edad media se llame así.**

El castillo de Fuentenegra (siglo XI) en la provincia de Salamanca acaba de ser adquirido por un nuevo dueño. Plácido Lunes Cantante, 39 años, adquirió el castillo muy barato. La razón es que, según las tradiciones de la comarca, el castillo está habitado por un fantasma. No sólo fantasma, sino fantasma activo, por no decir hiperactivo.

Parece que durante la época romana, el castillo era uno de los muchos que se habían construido en la frontera. El dueño de entonces, don Sebastián Santos, caballero, tenía un vecino, don Julio Catedrales Tenor, que vivía en otro castillo, al otro lado de la calle. Este vecino era algo loco, pero inventor muy genial, y le gustaba experimentar con la tecnología militar de la época. Don Sebastián y su vecino se odiaban uno a otro, y de vez en cuando, si el uno veía al otro en las murallas de su castillo, le invitaba a tomar un té. El vecino de Sebastián acababa de inventar una especie de arco multiflecha, o sea, una ametralladora para disparar flechas. Una noche muy oscura, cuando nada estaba visible, parece que el vecino don Julio observó a don Sebastián en una de sus murallas. Don Julio disparó, e inmediatamente el pobre Sebastián cayó víctima de un disparo de dicha máquina, siendo alcanzado por una docena de flechas de un solo golpe. Pereció agonizando en la escalera de la sala grande.

Ahora se le oye durante toda la noche bajando y subiendo la escalera, berreando de voz en grito – ¿Quién me quita estas puñeteras flechas del cuerpo? ¡¡Aaaaayyyyyyyyyyy . . . !! Y el pobre vuelve a expirar ruidosamente cada madrugada.

# 34 SUBJUNCTIVE: FUTURITY, PURPOSE AND OTHER EXPRESSIONS

**MECANISMOS**

## *Expressions of futurity*

The subjunctive must be used after the following expressions when they refer to actions which have not yet taken place but which may (or may not) take place in the future:

| | |
|---|---|
| *así que . . .* | |
| *en cuanto . . .* | as soon as . . . |
| *tan pronto como . . .* | |
| *no bien . . .* | no sooner . . . (than . . .) |
| *hasta que . . .* | until . . . |
| *después de que . . .* | after . . . |
| *mientras . . .* | as long as . . . , while . . . |
| *una vez que . . .* | once . . . |
| *cuando . . .* | when . . . |

*Ejemplos:*

| | |
|---|---|
| *Hasta que se cambie la ley no podremos hacer nada* | Until the law is changed, we shan't be able to do anything |
| *Mientras no se cambie la ley . . .* | As long as the law isn't changed . . . |
| *Después de que se cambie la ley . . .* | After the law is changed . . . |
| *Una vez que se cambie la ley . . .* | Once the law is changed . . . (it hasn't been changed yet) |

Similarly, the subjunctive must be used when the actions had not taken place at the time of reference:

| | |
|---|---|
| *Todos estábamos de acuerdo de que no podríamos hacer nada . . .* | We were all agreed that we wouldn't be able to do anything . . . |
| *. . . hasta que se cambiara la ley* | . . . until the law was changed |

| | |
|---|---|
| . . . *mientras no se cambiara la ley* | . . . as long as the law wasn't changed |
| . . . *después de que se cambiara la ley* | . . . after the law was changed |
| . . . *una vez que se cambiara la ley* | . . . once the law was changed |

(In all the above cases, the law hadn't been changed yet.)

Note that when these expressions simply record a fact, with no reference to the future, they are followed by the indicative (see Chapter 15).

# Expressions of purpose

The subjunctive is required after various expressions meaning 'so that, in order that' and which indicate purpose:

*para que . . .*
*a que . . .*
*a fin de que . . .*
*con el objeto de que . . .*
*de modo que . . .*

*Ejemplo:*

| | |
|---|---|
| *Traje los planes para que ustedes los vieran* | I brought the plans so that you could see them |

Note, however, that when *de modo que* . . . indicates result, not purpose, it is followed by the indicative:

| | |
|---|---|
| *Traje los planes a la reunión, de modo que todos pudieron verlos* | I brought the plans to the meeting, so (with the result that) everybody was able to see them |

# Expressions requiring the subjunctive

The subjunctive is used after the following expressions:

| | |
|---|---|
| *antes de que . . .* | before |
| *con tal que . . .* | provided that |
| *a condición de que . . .* | on condition that |
| *a no ser que . . .* | unless |
| *a menos que . . .* | unless |
| *sin que . . .* | without |
| *aunque . . .* | even though, even if |

*Ejemplos:*

| | |
|---|---|
| *Con tal que dimita el ministro . . .* | Provided the minister resigns . . . |
| *A menos que dimita el ministro . . .* | Unless the minister resigns . . . |
| *Aunque dimitiera el ministro . . .* | Even if the minister were to resign . . . |

However, when *aunque* means 'although' and simply reports a fact, it is followed by the indicative.

- When the subjects of the two verbs are the same, it is usual to use the infinitive after *hasta, después de, antes de, sin, para* and *a fin de* (see Chapter 25 on the infinitive):

| | |
|---|---|
| *Hasta recibir la carta no sabremos lo que dice* | Until we receive the letter, we won't know what it says |
| *El ladrón se escapó sin ser visto* | The thief escaped without being seen |
| | (the thief both escaped and wasn't seen) |
| *Trabajo mucho para mejorar mi español* | I work hard to improve my Spanish |
| | (I both work and improve) |

¡PONTE A PUNTO!

Rellena cada espacio en blanco con una de las frases facilitadas arriba:

# 1 *En busca de trabajo*

Rellena los espacios en blanco con una de las expresiones ilustradas, teniendo cuidado de que convenga al sentido:

(1) ... compre el periódico leeré los pequeños anuncios. (2) ... haya notado los posibles puestos, escribiré cartas, (3) ... digan que telefonee. (4) ... haya terminado de escribir las cartas, las echaré al correo. (5) ... las eche, compraré sellos. (6) ... reciba una respuesta, llamaré por teléfono, (7) ... el puesto parezca bien. (8) ... llame, fijaré una cita para entrevistarme. (9) ... me ofrezcan el puesto, lo aceptaré, (10) ... me paguen lo suficiente para vivir. (11) ... reciba mi primer sueldo, me compraré algo muy caro, (12) ... que sea lo que quiero, claro.

¡ACCIÓN GRAMÁTICA!

## 2 *Gibraltar*

Pon los verbos que van entre paréntesis en el tiempo debido del subjuntivo:

¿De quién es Gibraltar? En la época de Franco, los gibraltareños decían que no querían ser españoles, hasta que España (ser) democrática. Los ingleses decían que no dejarían la soberanía sin que los habitantes del Peñón lo (querer). Antes de que (morir) Franco, la situación no iba a resolverse. Desde la muerte de Franco, en efecto la situación ha ido cambiando, pero para que los gibraltareños (cambiar) de parecer, todavía hace falta tiempo. Con tal que lo que pase (ser) según sus deseos, un día el problema se resolverá, pero quizás no mientras (tener) sus recuerdos de la España de la dictadura. Tampoco habrá solución hasta que España y el Reino Unido (hablar) en serio y (hacer) un verdadero acuerdo. En cuanto (ocurrir) esto, entonces todos los partidos podrán estar contentos.

## 3 *En la fábrica*

Estás trabajando en una fábrica que exporta sus productos a España. Una empresa en Barcelona ha mostrado algún interés y tu jefe te ha pedido que le ayudes con una carta de respuesta que contiene las frases siguientes. ¿Cómo vas a expresarlas en español? Claro que hay que hablar de usted/ustedes a los clientes comerciales.

1  *as soon as the process is complete*
2  *when the product is ready*
3  *as soon as we know the dimensions*
4  *as long as this situation continues*
5  *until you give us the green light*
6  *once we receive a definite order* (un pedido)
7  *provided we know what you want*
8  *unless you send us a fax*
9  *even if the order is a small one*
10  *on condition that the contract* (el contrato) *is signed soon*

## 1 *Faenas domésticas*

Usando las frases facilitadas arriba, trabaja con un(a) compañero/a (que será tu madre/padre) para decidir cuando harás las faenas domésticas:

Por ejemplo:
**¿Cuando lavarás el coche?**
**Lavaré el coche en cuanto termine el desayuno.**

Otras faenas pueden ser, por ejemplo: fregar los platos, hacer la cama, pasar el aspirador, bajar al supermercado, preparar la cena, planchar la ropa, barrer el patio, poner la mesa, quitar la mesa, cortar el césped, salir de paseo con el perro . . .

## 2 *Proyectos de vacaciones*

Imagínate que eres un(a) estudiante español/a y que estás discutiendo con tus compañeros/as vuestros proyectos para unas vacaciones de verano en Gran Bretaña. Estáis mirando varias guías para decidir adónde ir, qué hacer y cuándo, y cómo alojaros. ¡A ver cuántas frases inventáis, empleando las frases que se explican al principio de este capítulo!

Por ejemplo:
**En cuanto lleguemos a Londres, buscaremos un albergue juvenil.**
**No quiero parar en un albergue a menos que sea cómodo.**
**Iremos a Stratford on Avon con el objeto de que Elena vea una obra de Shakespeare.**

## 3 *Intrusos*

Estás de vacaciones en la Costa del Sol, y mientras estabas en la playa, unos ladrones han entrado en la casa que tú y tu familia habéis alquilado. Tienes que hacer una declaración a la policía sobre el incidente, y como quieres lucir tu español, escribes cada frase con *sin* y el infinitivo o *sin que* y el subjuntivo. Ten cuidado con la diferencia y ¡a ver cuántas frases escribes así! Al terminar, compara oralmente tu descripción del robo con la de tus compañeros/as.

Por ejemplo:
**Los ladrones entraron sin que nadie les viese y se fueron sin que el perro del vecino ladrase. Habían entrado sin romper nada.**

Ten en cuenta tu ropa, tu dinero, tus otras posesiones, los muebles, las puertas y ventanas, el estado de la casa y las imprentas digitales.

## 4 *Planificación municipal*

Trabaja con un(a) compañero/a. Uno/a quiere construir una casa en la ciudad; el otro/la otra es oficial de planificación municipal. Éste/Ésta tiene ideas muy firmes pero muy restrictivas en cuanto a su trabajo, y tiene que expresarlas empleando el subjuntivo con las frases facilitadas en este capítulo.

Por ejemplo:
– **Quisiera construir una nueva casa en la ciudad.**
– **No se puede, a menos que se haga en el estilo antiguo.**

– **Quisiera enseñarle los planes.**
– **Sí, señor/señorita, en cuanto Vd rellene este formulario.**

Seguid, hablando de la fachada, las ventanas, el acceso, el garaje, el interior, la calefacción, las alcantarillas, la fecha de empezar, la empresa de constructores . . .

Los obstáculos pueden ser: el permiso del Ayuntamiento, el aspecto de la fachada, el acceso a la calle, la altura de la casa, un constructor designado por el Ayuntamiento y las medidas para la protección del medio ambiente, por ejemplo.

# 35 SUBJUNCTIVE: INDEFINITE AND NEGATIVE ANTECEDENTS

MECANISMOS

The subjunctive must be used after various expressions where there is an indefinite or negative element.

## After an indefinite antecedent

This is a use of the subjunctive which is very typical but perhaps less easy to understand. It is, in fact, a further instance of the presence of doubt requiring a subjunctive. The 'antecedent' is the noun or pronoun to which the clause following refers back.

For example:

If you are looking for an activity which will keep you fit . . .

In this sentence, the word 'activity' is the antecedent, and it is indefinite, because any activity will do, so long as it keeps you fit. Therefore, in Spanish, the verb 'will keep' goes in the subjunctive:

*Si buscas una actividad que te mantenga en forma . . .*

Subjunctive clauses of this kind may be introduced by the relative pronouns *que* or *quien* and also *donde* or *como*:

*Ejemplos:*

*¿Hay una tienda por aquí donde vendan cerámica?*

Is there a shop (any shop) around here where they sell ceramics?

*Cuéntame los problemas que hayas tenido en las relaciones con tus padres*

Tell me about the problems you have had in your relations with your parents (i.e. any problems you may have had)

*Haz como quieras*

Do as you wish

# After a negative antecedent

The subjunctive is also used when the antecedent is negative:

*Ejemplo:*

*No hay quien me ayude*

There is no one who will help me/There is no-one to help me

The title of García Márquez's well-known book *El coronel no tiene quien le escriba* is usually translated as 'No-one writes to the Colonel', but a more literal translation would be 'The Colonel doesn't have anyone who writes to him/The Colonel doesn't have anyone to write to him'. *(No)* . . . *quien* is used here instead of *nadie que*, and is, therefore, a negative antecedent so that the verb, *escriba*, is in the subjunctive.

This kind of sentence also carries more than a hint of purpose, and is often the equivalent of the English 'someone/something to . . .', 'no-one/nothing to . . .'

*Ejemplos:*

*Necesito a alguien que me ayude con este problema*

I need someone to help me with this problem (i.e. someone who may help)

*No había nada que le detuviera*

There was nothing to stop him (i.e. nothing that would stop him)

# Other negative expressions which require the subjunctive

*No es que . . .* — It's not that . . .
*No puede ser que . . .* — It can't be that . . .
*No es porque . . .* — It's not because . . .

*Ejemplo:*

*No es que/No es porque no te quiera . . .*

It's not that/It's not because I don't love you . . .

## 1 *El tae-kwondo*

Pon el verbo entre paréntesis en indicativo o subjuntivo según haga falta:

Si buscas un deporte que te (mantener) en buena forma y que al mismo tiempo (mezclar) la destreza física con el arte, ¿por qué no (probar) el tae-kwondo? No es una actividad que (requerir) gran fuerza, pero es un deporte que se (hacer) muy popular entre los españoles. Esto no es porque (ser) un deporte con orígenes europeos, puesto que (tener) sus raíces en el Oriente. Unos dicen que los españoles (necesitar) un deporte que (canalizar) la violencia. El tae-kwondo no es un deporte que se (poder) practicar donde y como se (querer). Hay que haber un local que (ofrecer) sitio suficiente y un sitio donde los practicantes se (cambiar) y se (poner) el uniforme, que (ser) de rigor.

## 2 *El cielo*

Un(a) amigo/a tuyo/a te ha pedido que le traduzcas las frases siguientes para que pueda rellenar el cupón de un concurso que ha visto en una revista española. En el concurso piden unas definiciones del cielo. ¡Claro que una condición es que se tiene que emplear frases con antecedentes indefinidos o negativos!

Empieza cada frase con 'El cielo es . . .' (*Heaven is . . .*)

Por ejemplo:
**El cielo es una casa que sea antigua.**

*Heaven is . . .*
a) . . . *a house which is completely automatic*
b) . . . *a servant to prepare my food* (un criado que . . .)
c) . . . *a companion to bring me happiness*
d) . . . *two beautiful children to keep me busy*
e) . . . *a job to give me satisfaction*
f) . . . *a salary to pay for it all*
g) . . . *having no financial problems to worry me*
h) . . . *a lovely garden where we can relax*
i) . . . *common sense to bring me back* (devolver) *to reality!*

Bien, pero tu amigo/a dice que la frase tiene que empezar 'El cielo sería . . .' así que tienes que hacer la traducción otra vez, cambiando los verbos al imperfecto del subjuntivo.

## 3 *Unas vacaciones desastrosas*

Cambia los verbos que vienen entre paréntesis al indicativo o subjuntivo según el sentido. Ten cuidado con el tiempo del subjuntivo:

Las vacaciones del año pasado fueron un desastre. Buscamos unas vacaciones que (ser) interesantes y que no (costar) un dineral. Llamamos por teléfono a cierta agencia que (anunciar) vacaciones de a caballo. Como no hay ningún sitio por aquí donde se (poder) aprender a montar a caballo, pedimos una escuela donde se nos (enseñar).

Llegó julio y fuimos en coche a la granja en Gales que (elegir). Al llegar ¡no había nadie que nos (recibir)! ¡La granja estaba desierta! Tuvimos que buscar quien nos (indicar) algún pueblo de donde (poder) llamar a la agencia. Como ya eran las nueve de la noche no conseguimos hablar con nadie que nos (ayudar). Por fin pasó un granjero en un tractor, a quien preguntamos si conocía un hotel donde nos (alojar). Él dijo que no, en esa región, no hay quien se (dedicar) siquiera a alquilar habitaciones. Tuvimos que dormir en el coche y a la mañana siguiente volvimos a casa. Como, claro, apenas había palabras que (expresar) nuestro descontento, mis padres escribieron una carta muy fuerte a la agencia. Ahora buscamos alguna medida que les (obligar) a devolvernos nuestro dinero.

**¡... Y EN MARCHA!**

## 1 *No es así*

Un(a) de tus compañeros/as se comporta de una manera extraña, y estáis discutiendo las razones posibles. Hay que rechazar cada observación o sugerencia que se hace.

Por ejemplo:
– **Estará enamorado/a.**
– No, **no es que/porque** esté enamorado/a.

## 2 *El novio/La novia ideal*

Cada uno escribe unas frases que describan el novio/la novia ideal, empezando:
*Me gustaría un(a) novio/a que . . .*

¡Cuidado! Como el verbo *Me gustaría* está en condicional, tendrás que emplear el imperfecto del subjuntivo.

Por ejemplo:
**Me gustaría un(a) novio/a que fuera muy inteligente y que tuviera los ojos azules.**

## 3 *La casa tecnológica*

Tu y tus compañeros/as de clase estáis diseñando una casa que tenga toda la tecnología moderna. Hablad de los aparatos que consideréis imprescindibles, y quizás los que no, mencionando la función de cada aparato.

Por ejemplo:
**Necesitaremos un aparato que cierre las cortinas.**
**No queremos nada que no sea automático.**

## 4 *¡Qué ciudad!*

Imagínate que eres habitante de la peor ciudad de tu país (¡claro que no lo es en realidad!). Tú y tus compañeros/as estáis lamentando a un(a) amigo/a español/a la falta de todo lo necesario para una buena ciudad. Empleando verbos negativos, seguid inventando más quejas similares a los modelos.

Por ejemplo:
**En las calles no hay luces que funcionen.**
**No tenemos concejales que se interesen por los habitantes.**
**No hay muchos autobuses que lleguen a la hora debida.**

Hablad de las escuelas, las tiendas, las calles, el hospital, los médicos, los transportes, los habitantes y las diversiones.

# 36 MISCELLANEOUS USES OF THE SUBJUNCTIVE

**MECANISMOS**

The subjunctive is used in various situations, apart from those already covered in Chapters 31–5.

## *Expressions ending in* -quiera

The equivalent ending in Spanish of English pronouns or adverbs ending in -ever is *-quiera*:

| | |
|---|---|
| *quienquiera* | whoever |
| *cuandoquiera* | whenever |
| *dondequiera* | wherever |
| *comoquiera* | however, in whatever way |
| *cualquiera/cualesquiera* | whichever |

These expressions ending in *-quiera* take the subjunctive.

*Ejemplos:*

| | |
|---|---|
| *Quienquiera que lo reciba* | Whoever receives it |
| *A dondequiera que vayas* | Wherever you go |

Note that *cualquiera* and *cualesquiera* drop the final *a* before a noun:

*Ejemplo:*

| | |
|---|---|
| *Cualquier regalo que escojas . . .* | Whichever gift you choose . . . |

- If 'whenever' simply records repeated fact, use *siempre que* with the indicative:

| | |
|---|---|
| *Siempre que voy a Caracas, me alojo en el hotel Orinoco* | Whenever/Always when I go to Caracas, I stay at the Orinoco Hotel |

# Expressions with 'whatever' and 'however'

The following common expressions and variations on them use the subjunctive to express the idea of 'whatever':

| | |
|---|---|
| *Pase lo que pase . . .* | Whatever happens . . . |
| *Hagamos lo que hagamos . . .* | Whatever we do/do as we may . . . |
| *Digan lo que digan . . . .* | Whatever they (may) say . . . |
| *Sea lo que sea . . .* | Whatever it is . . . |
| *Sea como sea . . .* | Be that as it may . . . |

To get over the idea of 'however' + an adjective or adverb, use *por . . . que* followed by the subjunctive.

*Ejemplos:*

| | |
|---|---|
| *Por mucho/más que te quejes . . .* | However much you complain . . . |
| *Por inteligentes que fuesen . . .* | However intelligent they were . . . |

# After words meaning 'perhaps'

*Quizá(s)*, *tal vez* and *acaso* all mean 'perhaps', and are often followed by the subjunctive, again where there is an element of doubt.

*Ejemplos:*

| | |
|---|---|
| *Quizás no vengan mañana* | Perhaps they won't come tomorrow |
| *Tal vez ya lo sepan* | Maybe they know already |

# ¡Ojalá . . . !

*¡Ojalá . . . !* is used to introduce a very strong wish or desire. It originates from Arabic and means 'O Allah!'

When it is used with the present subjunctive, this phrase suggests an open possibility, whereas with the imperfect subjunctive, the likelihood of the wish being fulfilled is more remote.

*Ejemplos:*

| | |
|---|---|
| *¡Ojalá ganen!* | I hope they win! |
| *¡Ojalá supiera más español!* | I wish I knew more Spanish! |

*¡Ojalá!* can also stand by itself, expressing a fervent wish that something previously mentioned will or will not happen:

*¿Ganar el premio? ¡Ojalá!*

Win the prize? I wish I could!
(implying 'that'll be the day!')

## 1 *Elecciones generales*

Escoge un adjetivo o adverbio y también un verbo en subjuntivo de los facilitados abajo para reconstruir las frases siguientes:

1 Por . . . que . . . ese diputado, no conseguirá persuadirnos.
2 Por . . . que . . . el gobierno, no iba a hacer eso.
3 Por . . . que . . . al Presidente, no volveremos a elegirle.
4 Por . . . escaños que . . . los comunistas, no podrán formar un gobierno.
5 Por . . . que . . . con el resultado, la vida seguirá como siempre.
6 Por . . . que . . . los políticos, parece que no saben resolver nuestros problemas.
7 Por . . . que . . . el gobierno de ganar, siempre habría la posibilidad contraria.
8 Por . . . que . . . el resultado, faltarán seis semanas para el nuevo gobierno.

| **Adjetivos/adverbios:** listos   muchos   seguro   rápidamente   tonto   más   fuerte   contentos |
| --- |
| **Verbos:** estemos   sean   grite   se declare   estuviera   fuese   amemos   ganen |

## 2 *Más observaciones electorales*

Completa las frases con una de las frases explicadas en este capítulo:

1 . . . la derecha gane las elecciones.
2 ¡. . . no las ganen los comunistas!
3 . . . que diga eso tiene que ser muy optimista.
4 . . . que hable el presidente, siempre tiene éxito.
5 . . . lo que . . . , pasado mañana tendremos un nuevo gobierno.
6 . . . que sea el gobierno, me es igual.
7 . . . el próximo sea mejor.

## 1 *El último recurso*

Estáis tú y tus compañeros/as con unos compañeros españoles en lo alto de una montaña. Estáis inmovilizados allí porque ha bajado una niebla muy densa, y todos empezáis a tener miedo. Haced algunas observaciones un poco nerviosas, ¡empleando expresiones que acabáis de aprender, claro!

Por ejemplo:
**Pase lo que pase, por lo menos tenemos algo de comer.**
**Quienquiera que nos halle, con esta niebla no vendrá hasta mañana.**

## 2 *Desaparecido/a*

Uno/a de tus compañeros/as ha desaparecido. Todos tenéis que hacer sugerencias acerca de lo que le ha pasado, usando *quizás* o *tal vez*.

Por ejemplo:
**Quizás haya ido al fútbol.**
**Tal vez esté enfermo/a.**

## 3 *Deseos*

Todos tenéis que expresar tres deseos algo remotos pero asequibles, empleando *¡ojalá!* con el presente del subjuntivo.

Por ejemplo:
**¡Ojalá me regalen un perro para mi cumpleaños!**

Ahora, otros tres deseos más improbables, con el imperfecto del subjuntivo.

Por ejemplo:
**¡Ojalá tuviera millones de pesetas!**

¡ACCION GRAMATICA!

# 37 'IF . . .' CLAUSES

**MECANISMOS**

The use of *si* meaning 'if' is less complicated in Spanish than it looks, provided the following guidelines are borne in mind.

- With a totally open possibility, use the present tense in the *si* clause, as in English. This is usually in combination with the present, future or imperative in the main clause of the sentence.

*Ejemplos:*

*Si veo a Carlos, le daré tu recado*    If I see Carlos, I'll give him your message

*Si ves a Carlos, dale mi recado*    If you see Carlos, give him my message

- With a statement of plain fact about circumstances in the past, use the indicative of the relevant tense in the *si* clause.

*Ejemplo:*

*Si veíamos a Carlos, le dábamos los buenos días y nos parábamos a charlar si él quería*    If we saw Carlos, we said hello and stopped to chat if he wished

- If the possibility is remote or hypothetical, use the imperfect subjunctive after *si*, in combination with the conditional in the main clause of the sentence.

*Ejemplo:*

*Si vieras a Carlos, le darías mi recado, ¿no?*    If you saw/were to see Carlos, you would give him my message, wouldn't you?

- If the statement is contrary to what actually happened, use the pluperfect subjunctive in combination with the conditional perfect.

*Ejemplo:*

| | |
|---|---|
| *Si hubiera/hubiese visto a Carlos, le habría/hubiera dado tu recado* | If I had seen Carlos (but I didn't), I would have given him your message (but I couldn't) |

Note that after *si*, you can use either the *hubiese* or *hubiera* form of the pluperfect subjunctive, and in the main clause, either the conditional *habría* or the subjunctive form *hubiera*. You will meet all these variations, but you may find it easier yourself, at least until you become confident with this construction, to use the *hubiera* form (with the correct ending) in both parts of the sentence.

*Ejemplo:*

| | |
|---|---|
| *Si hubiéramos visto a Carlos, le hubiéramos dado tu recado* | If we had seen Carlos, we would have given him your message |

- 'What if . . . ?' is expressed by *¿Si . . . ?* and the present indicative or imperfect or pluperfect subjunctive, depending on the meaning:

| | |
|---|---|
| *¿Si Carlos viene a vernos?* | What if Carlos comes to see us? |
| *¿Si Carlos viniera/viniese a vernos?* | What if Carlos came to see us? |
| *¿Si Carlos hubiera/hubiese venido a vernos?* | What if Carlos had come to see us? |

- 'As if . . .' is expressed by *como si . . .* + the imperfect or pluperfect subjunctive:

| | |
|---|---|
| *Era como si no le viera* | It was as if I couldn't see him |
| *Era como si no le hubiera visto* | It was as if I hadn't seen him |

- Whether

When *si* means 'whether' after verbs such as *saber*, it can be followed by any indicative tense that makes sense.

*Ejemplo:*

| | |
|---|---|
| *No sabemos si Carlos viene/vendrá/ vendría/venía/ha venido/vino . . . a vernos* | We don't know if/whether Carlos is coming/will come/would come/was coming/has come/ came . . . to see us |

¡PONTE A PUNTO!

## 1 *Diario de las vacaciones*

Una señora está de vacaciones con su marido en una isla española y apunta unos pensamientos sobre cada día. Pon el verbo que aparece entre paréntesis en el tiempo del indicativo o del subjuntivo que le corresponda. ¡Mira el verbo principal y ten cuidado con la concordancia de los tiempos!

---

**Domingo – día de llegada:**
Si no (haber) mucha gente en el bar, tomaremos una cerveza.
Si (hacer) mucho calor esta tarde, la pasaremos en la playa.

**Lunes:**
Mi marido dice que si (pasar) tanto tiempo bajo este sol, vamos a parecernos a un par de langostas.
Me pregunto qué pasaría si (coger) los dos una insolación.

**Martes:**
Si nos (poner) crema de sol antes, no hubiéramos tenido la piel quemada.
Si (tener) la piel morena como los españoles, no tendríamos estos problemas.

**Miércoles:**
Si mi marido (seguir) bebiendo y comiendo así, se va a poner enfermo.
¡Qué nubes tan amenazadoras! Si (llover) esta tarde, nos quedaremos al lado de la piscina.

**Jueves:**
Si (llegar) a persuadir a mi marido, iremos de compras en la ciudad.
Si (encontrar) una muñeca típica, la compraría para mi nieta.

**Viernes:**
Si aquella muñeca no (ser) tan cara, la hubiera comprado.
Si (saber) qué otro regalo le gustaría, se lo compraría.

**Sábado – día de salida:**
Si el avión (llevar) retraso, tendremos que esperar en el aeropuerto.
Si (quedar) más tiempo, nos hubiera gustado visitar el interior de la isla.

---

## 2 *Gibraltar – ¡otra vez!*

Cambia el infinitivo del verbo al tiempo del indicativo o del subjuntivo que convenga al sentido:

En 1969, el General Franco dijo que si los ingleses no (entrar) en negociaciones sobre la soberanía del Peñón, cerraría la verja. Si los gibraltareños (querer) unirse a España, los británicos hubieran empezado a negociar, pero entonces aquellos querían quedarse bajo la soberanía británica. Es de conjeturarse lo que habría pasado si los habitantes de la Roca (votar) por unirse a la dictadura. Ahora que España es una democracia y miembro de la CE, si los gibraltareños (querer) unirse a España, quizás habrá menos problemas. Pero si los ingleses (ser) verdaderamente sinceros hacia España al asunto de la soberanía, no habría tantas procrastinaciones. Pero, ¿si los gibraltareños no (tener) ganas de hacerse españoles? ¿Qué se debería hacer entonces? Y ¿si España (volver) a ser dictadura?

¡ ... Y EN MARCHA!

# 1 ¿Amigos?

Tu amigo(a) quiere que le/la ayudes el sábado que viene, pero tú tienes pocas ganas de hacerlo y le pones muchas condiciones.

Por ejemplo:
**Bueno, te ayudaré si tengo bastante tiempo.**

¡A ver cuántas más condiciones puedes imponer – por ejemplo, el tiempo que hace, tu novio/a, otros amigos, compras, ayudar en casa, tener ganas, descansar – antes de consentir en ayudarle/la!

# 2 Un(a) presidente prudente

Ya conocerás la situación en qué se te pregunta '¿qué harías si fueras presidente?' Supongamos que ya eres presidente del gobierno. Quieres hacer muchas cosas, pero las circunstancias todavía no están lo suficientemente estables para permitirte hacerlas. Quieres bajar los impuestos, pero todavía no puedes. En una entrevista, tienes que decir en qué circunstancias los bajarías, según este modelo:

**Bajaría los impuestos si la productividad industrial fuera más alta.**

No olvides hablar de: los tipos de interés, el valor de la peseta, las próximas elecciones, los servicios sociales, las pensiones, la enseñanza, las importaciones, las exportaciones, la balanza de pagos, el paro.

# 3 La historia de un criminal

Pablo García, 23 años, parado, sin dirección fija, fue ayer condenado a tres años de cárcel por haber atracado y robado a una turista inglesa en Torremolinos. Parece ser que ésta no es la primera vez que comparece ante el juez, puesto que tiene una historia de criminalidad desde los catorce años.

Con tus compañeros/as, trata de analizar el caso de Pablo para descubrir cómo se desvió del buen camino. A ver cuántas razones puedes expresar, usando *si*.

Por ejemplo:
**Si su padre no le hubiera echado de casa a los 16 años, no se hubiera vuelto al crimen.**
(No hace falta cambiar la segunda parte de la frase cada vez.)

Considera también problemas en el colegio, malas influencias, follones en casa, robo de coches, otros atracos, drogas, vivir con squatters, la falta de trabajo y otros problemas en que tú puedas pensar.

# **38** NEGATIVES

- In Spanish, the verb is made negative by putting *no* before it:

*Vamos*   We're going
*No vamos*   We're not going

- Other negative expressions are:

| | |
|---|---|
| *nada* | nothing |
| *nadie* | nobody, no-one |
| *nunca* <br> *jamás* | never |
| *ninguno* | no, not any, none |
| *ni . . . ni . . .* | neither . . . nor . . . |
| *tampoco* | not either, neither (negative of *también* = also) |
| *en mi vida* | never in my life |
| *a/en ninguna parte* | nowhere |
| *ya no* | no longer, not any more (always precedes verb) |

When these expressions follow the verb, the verb is preceded by *no*:

*No vamos nunca al cine*   We never go to the cinema
*No me conoce nadie aquí*   No-one knows me here

When the negative precedes the verb, or there is no verb, *no* is not used:

*Nunca vamos al cine*   We never go to the cinema
*Nadie me conoce aquí*   No-one knows me here
*¿Vas mucho al cine? Nunca*   Do you go to the cinema much? Never

*Ninguno* is the negative of *alguno*, and agrees with the noun it refers to. Like *algún*, it drops the *-o* and takes an accent on the *-u-* with a masculine singular noun.

*Ejemplo:*

No tengo ningún interés    I have no interest

*Ninguno* seldom occurs in the plural:

*Ejemplo:*

Ninguno de estos objetos vale    None of these objects is/are any good

Note also that *alguno* used after the noun can give an even stronger negative meaning.

*Ejemplo:*

No tengo interés alguno    I have no interest at all/ whatsoever

*Tampoco* is the negative of *también* (also, too):

Manolo quiere ver Madrid y yo quiero verla también/y yo también.    Manolo wants to see Madrid and I want to see it as well/and I do too.

Manolo no quiere ver Madrid ni yo quiero verla tampoco/ni yo tampoco.    Manolo doesn't want to see Madrid, and I don't want to see it either/neither do I.

**¡PONTE A PUNTO!**

# 1 *Depresión*

Llena los espacios en blanco con la más apta de las frases negativas siguientes:

nunca, ni . . . ni . . . , tampoco, en su vida, en ninguna parte, nada, nadie, ninguno, alguno

Últimamente me parece que . . . me quiere y yo no tengo interés en . . . No salgo . . . y . . . de mis amigos viene a verme . . . me he sentido tan deprimida. No encuentro simpatía . . . Parece que . . . mis padres . . . mis amigos quieren ayudarme. Siento que no sirvo para . . . Mi novio me invita al cine pero no siento interés . . . en salir, y luego si le digo que no quiero ir, contesta que, bueno, pues, él no quiere ir . . . ¡Dice que . . . ha encontrado a una persona tan difícil como yo!

## 2 *Unas vacaciones fatales*

Cambia las frases siguientes al negativo:

1   Siempre vamos de vacaciones en avión.
2   Siempre encontramos alojamiento en alguna parte.
3   Siempre queremos ir con unos amigos.
4   Nuestros amigos quieren ir también con nosotros.
5   Tanto nuestros amigos como nosotros lo pasamos bien.
6   Siempre hay algo interesante que hacer y alguién simpático con quien charlar.
7   ¡Algunas de estas observaciones son correctas!

## 3 *¿Con 'no' o sin 'no'?*

Acuérdate de la regla que dice que si el negativo viene después del verbo, tienes que usar *no* antes. Para un poco de práctica, cambia las frases siguientes de modo que se pueda quitar el 'no' . . . ¡Cuidado! No será práctico cambiarlas todas y tienes que identificar las frases donde no sea posible.

Por ejemplo:
**No voy nunca al cine/Nunca voy al cine.**

1   No ha llegado nadie.
2   No lo sabe ni Pedro ni Ana.
3   No lo sé yo tampoco.
4   No hemos visto a nadie.
5   No me conoce nadie.
6   No hemos oído nada.
7   No ocurre nada.
8   No he hecho tal cosa en mi vida.
9   Esto no ocurre nunca.
10  No lo encuentro en ninguna parte.
11  No conozco a ninguna de estas personas.

¡... Y EN MARCHA!

## 1 *Los jactanciosos*

Usando frases negativas, cada miembro de la clase tiene que hacer tres jactancias (¡verdaderas o ficticias!).

Por ejemplo:
**Yo no tengo ningún problema con la gramática española.**
**No hay nada que yo no entienda.**
**Yo nunca digo mentiras.**

## 2 *Libro de reclamaciones*

A todos nos gusta quejarnos, y la mayoría de nuestras quejas son negativas. Aquí tienes la oportunidad de quejarte acerca de tu colegio. Haz una lista de tus reclamaciones y cuéntalas a tu profesor(a) o a un(a) compañero/a de clase que tiene que responder, justificándose.

Por ejemplo:
**Ninguno de los profesores me quiere.**
**Nuestras cosas no están seguras en ninguna parte.**
**Nunca ponen papel higiénico en los servicios.**

## 3 *¡Qué gobierno!*

¡Más quejas! Esta vez, todavía usando frases negativas, te quejas del gobierno – el británico, o el español.

Opción A: Tú haces las reclamaciones y tu compañero/a, que es diputado/a, trata de responder a tus quejas.

Opción B: Trabaja con tus compañeros/as para reunir una lista de reclamaciones contra el gobierno, que vais a presentar a vuestro/a diputado/a, que podría ser tu profesor(a).

Por ejemplo:
**Ningún ministro tiene ni idea de cómo vivimos nosotros.**
**El gobierno nunca tiene en cuenta nuestras opiniones.**
**No tiene ninguna solución al problema de Irlanda del Norte/ETA.**

# 39 *PARA* AND *POR*

**MECANISMOS**

The two prepositions *para* and *por* are often confused but basically *para* usually means 'for', and *por* usually means 'by', 'through' or 'because of', and in certain contexts, 'for'.

- *Para* is used:

a) to indicate destination, objective, purpose or intention:

*Ejemplos:*

| | |
|---|---|
| *Este regalo es para ti* | This present is for you (i.e. its destination) |
| *Café para todos* | Coffee for everyone |
| *Estudio para abogado* | I'm studying to be a lawyer |
| *Salimos para la costa* | We set out for the coast |
| *Para mí una ensalada* | A salad for me |

*¿Para qué?* means 'What for?'/'For what purpose?' and presupposes the answer *para* + infinitive or *para que* + subjunctive ('in order to'/'in order that') (see Chapter 35).

*Ejemplo:*

| | |
|---|---|
| *¿Para qué haces footing?* | Why do you jog? (What for?) |
| *Hago footing para mantenerme en forma* | I jog (in order) to keep fit |

b) to express 'in view of', 'considering':

*Ejemplo:*

| | |
|---|---|
| *El supermercado es muy feo para su situación* | The supermarket is very ugly for its position |

c) with *estar* to convey the sense of 'to be on the point of':

*Ejemplo:*

*Estaba para decirlo*     I was about to say so

d) in expressions of time:

i) to convey 'by a certain time':

*Ejemplo:*

*Estará listo para las ocho*     It will be ready by eight o'clock

ii) to convey 'for a particular time':

*Ejemplos:*

*Estamos citados para las tres*     We have an appointment for three o'clock

*Nos queda dinero para dos días*     We have enough money left for two days

iii) to express 'around, towards':

*Ejemplo:*

*Te veo para las cinco*     I'll see you around/towards five o'clock

• *Por* is used:

a) in the sense of 'through' in the physical sense:

*Ejemplo:*

*Pasamos por Córdoba*     We passed through Cordoba

b) meaning 'because of':

*Ejemplos:*

*No podíamos ver por la gente que había*     We couldn't see for/because of the people

*Le quiero por su bondad*     I love him for his kindness

*Me intereso por su carácter*     I'm interested in her character

*Tiene curiosidad por las casas antiguas*     He has an interest in old houses

c) with an infinitive, meaning 'through . . . ing, because of . . . ing':

*Ejemplo:*

| | |
|---|---|
| *Eso fue por no saber lo que hacía* | That was through not knowing what I was doing (i.e. because I didn't know what I was doing) |

d) to express the agent ('by') with a passive verb:

*Ejemplo:*

| | |
|---|---|
| *La fábrica fue construida por una empresa del pueblo* | The factory was built by a village firm |

e) to express 'by means of':

*Ejemplos:*

| | |
|---|---|
| *Funciona por presión atmosférica* | It works by (means of) atmospheric pressure |
| *Conseguí los billetes por tu ayuda* | I got the tickets through/by means of your help |
| *Mando la respuesta por fax* | I'm sending the answer by fax |

f) to convey 'on behalf of, in support of, for the sake of':

*Ejemplos:*

| | |
|---|---|
| *Lo hice por ti* | I did it for/in support of/on behalf of you |
| *No estoy por la caza* | I'm not for/in favour of hunting |
| *¡Por Dios!* | For God's sake! |

g) to express 'in exchange for':

*Ejemplos:*

| | |
|---|---|
| *Gracias por tu ayuda* | Thanks for (in exchange for) your help |
| *Pagué demasiado por estos zapatos* | I paid too much for (in exchange for) these shoes |

h) with units of measure to convey 'per':

*Ejemplos:*

| | |
|---|---|
| *A doscientos kilómetros por hora* | At 200 kilometres per hour |

| | |
|---|---|
| *Tres veces por día* | Three times per/a day |

(*Al día* is probably more usual.)

i) in the sense of 'to get':

*Ejemplos:*

| | |
|---|---|
| *Voy al supermercado por (a por) leche* | I'm going to the supermarket for/ to get some milk |
| *Le mandaron por los bomberos* | They sent him for the fire brigade |

• *Por* is commonly used:

a) in a place context:

| | |
|---|---|
| *un viaje por Europa* | a trip round/all over Europe |
| *por la calle* | in the street/outdoors |
| *por aquí/allí* | this/that way, around here/there |

b) in a time context:

i) with parts of the day:

| | |
|---|---|
| *por la mañana/tarde/noche* | in the morning/afternoon, at night |

ii) *sólo por . . .* just for . . . (time):

| | |
|---|---|
| *Préstamelo sólo por un día* | Lend it to me just for a day |

With projected future time, either *para* or *por* may be used:

| | |
|---|---|
| *Voy a Inglaterra para/por un mes* | I'm going to England for a month |

• To summarise the use of *por/para* in the translation of 'for', think first of the meaning of 'for' in English.

If it means 'intended for/destined for/for a purpose', use *para*.

If it means 'in exchange for/because of/on behalf of/in support of/through', use *por*.

Note: *Por ahora* (For now), but *para siempre* (For ever)!

# 1 *Los niños de la calle*

Rellena los espacios en blanco con *para* o *por*:

Si viajas (1) ... muchas de las ciudades de Sudamérica (2) ... la tarde o (3) ... la noche, verás a niños y niñas muy jóvenes (4) ... las calles. (5) ... ellos resulta una vida muy peligrosa puesto que la policía tiene mucho interés (6) ... el aspecto de la ciudad, y queda poco simpatía (7) ... estos pequeños mendigos. Hay ciertos individuos y organizaciones que tratan de hacer algo (8) ... ellos, pero (9) ... esa partes del mundo son una minoría. (10) ... los gobiernos es un problema, puesto que queda muy poco dinero (11) ... ayudarles. (12) ... mí, yo creo que (13) ... conseguir cualquier éxito, las organizaciones caritativas internacionales y los gobiernos tendrán que hacer más (14) ... resolver este problema. (15) ... ahora parece que se puede hacer muy poco.

# 2 *Concursos televisados*

Rellena los espacios en blanco en el diálogo siguiente con *para* o *por*, según convenga:

– (1) ... mucha gente los concursos televisados son un sueño.
– Pero (2) ... tomar parte hay que someterse a unas pruebas de selección.
– Si te escogen quizás cobres millones de pesetas (3) ... sólo contestar a unas preguntas.
– (4) ... tener éxito no tienes que ser inteligente.
– (5) ... mí esto no importa. (6) ... no tener problemas de dinero yo haría cualquier cosa. (7) ... tener una familia que gasta tanto, yo no tengo dinero (8) ... nada.
– Bueno, me voy. Tengo que ir al supermercado (9) ... provisiones. Sólo pagué 400 pesetas (10) ... carne ayer. Luego quiero estar en casa (11) ... las cinco (12) ... ver *El precio justo* en la tele.

# 1 *Visitantes intergalácticos*

Recientemente, en un caso muy extraño, han venido a tu región unos visitantes del espacio cuyo único idioma terrestre es el español. Hacen una visita a tu clase, donde todos tenéis que responder a sus preguntas acerca del uso de varios objetos corrientes en la clase. Una mitad de la clase hace el papel de los extraterrestres, la otra mitad sois vosotros mismos.

Por ejemplo:
– ¿Para qué sirve esto?
– Es un bolígrafo. Sirve para escribir.

## 2 ¡Estos niños inquisitivos!

Ya sabes lo inquisitivos que son los niños de unos tres o cuatro años. Tú estás trabajando de *au pair* en una familia española y te han encargado de llevar a su hijo Pablito o su hija Conchita a la ciudad. El niño/La niña (tu compañero/a de clase) te hace un sinfín de preguntas sobre lo que hacéis y veis. Todas las preguntas, claro, empiezan con *¿Para qué?* o *¿Por qué?*, y tú tienes que contestar.

Por ejemplo:
– ¿Por qué vamos en autobús y por qué no vamos andando?
– Porque es muy lejos para ir andando.

– ¿Para qué sirve este botón? (señalando el botón del timbre en el autobús)
– Para parar el autobús.

## 3 ¿Para qué estamos aquí?

Estás teniendo una discusión filosófica con un(a) amigo/a español/a (tu compañero/a de clase), y para empezar, todos tenéis que pensar por lo menos en cinco preguntas acerca de nuestra existencia que empiecen con *¿Para qué?* o *¿Por qué?* y tu compañero/a tiene que contestar a las preguntas.

Por ejemplo:
– ¿Para qué existen las religiones?
– Para dar sentido a la vida.

– ¿Por qué todavía hay tantas guerras?
– Porque los humanos todavía no han aprendido a respetar las creencias de otros.

# 40 THE PERSONAL *A*

**MECANISMOS**

- This is one of the quirks of Spanish. The preposition *a* comes before a direct object when the object is a definite, particularised person or persons.

*Ejemplos:*

*Ayer vi a Pedro*                    I saw Peter yesterday
*Llevaré a los niños al cole*        I'll take the children to school

It is also often used when an animal is the direct object, when the animal is 'personalised'.

*Ejemplo:*

*Cada noche tenemos que pasear al*   Every night we have to walk the
*perro*                              dog

- The personal *a* is not used, however, if the direct object is not definite. Compare these two examples:

*¿Conoces al profesor que vive cerca*   Do you know the teacher who
*del colegio?*                          lives near the school?
*Buscamos un profesor que viva cerca*   We're looking for a teacher who
*del colegio*                           lives near the school

In the second example, the direct object is not a definite teacher but any teacher so long as he/she lives near the school. (See also Chapter 35 on the subjunctive.)

- The following pronouns are also preceded by *a* when they are the direct object: *alguien, alguno, uno, ambos, cualquiera, nadie, otro, ninguno, quien, ¿quién?, todo.*

*Ejemplos:*

*No veo a nadie*                     I can't see anyone
*¿Conoces a alguien aquí?*           Do you know anyone here?

¡ACCION GRAMATICA!

| | |
|---|---|
| *¿A quién escogiste?* | Who(m) did you choose? |

*A* is also used before *el que/el cual/la que/la cual,* etc. in a relative clause (see Chapter 43).

*Ejemplo:*

| | |
|---|---|
| *Fue la mujer a la que habíamos visto antes aquel día* | It was the woman (whom) we had seen before that day |

Note that *querer* without the *a* usually means 'to want', but with *a, querer* usually means 'to love'!

*Ejemplos:*

| | |
|---|---|
| *Quiero una hija* | I want a daughter |
| *Quiero a una hija* | I love one daughter (but not the others) |

¡PONTE A PUNTO!

## 1 *En la fábrica de yogur*

Rellena los espacios en blanco con la preposición *a* cuando sea necesario:

Recientemente fuimos a España mis compañeros de clase y yo con nuestra profesora. El primer día visitamos ... una fábrica de yogur y conocimos ... el director. ¡Éste preguntó ... nuestra profe si entendíamos bien el español! Mientras estábamos allí visitamos ... la sección donde mezclan el producto y fuimos a ver ... la encargada. Ella nos enseñó ... el proceso de producción y dijo que la fábrica emplea .... cincuenta personas. Al terminar la visita fuimos a buscar ... un autobús que nos llevara al centro de la ciudad. Preguntamos ... un hombre que paseaba ... su perro delante de la fábrica. Parecía que él no quería ayudar ... nadie, pero poco después encontramos ... alguien que podía ayudarnos. Vimos ... un taxista que comía ... un bocadillo en su taxi. Su taxi era demasiado pequeño para llevar ... un grupo como el nuestro, pero llamó por radio ... sus colegas que acudieron en otros dos taxis. Durante los otros días de la estancia encontramos ... muchas personas interesantes y aprendimos ... muchos datos nuevos sobre España.

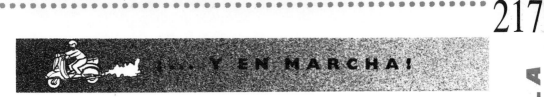

**THE PERSONAL A**

## 1 ¿A quién?

Utilizando verbos tales como *ayudar, querer, observar, mirar, escuchar, admirar, considerar, odiar, detestar, aborrecer, aprobar, desaprobar,* haz preguntas a tus compañeros/as.

Por ejemplo:
– ¿A quién ayudas más en casa?
– Ayudo más a mi madre/No ayudo a nadie.
– ¿A qué deportista admiras?
– Admiro a Arantxa Sánchez.
– ¿A cuál consideras el mejor conjunto de tu país?
– A . . .

# 41 | HOW LONG FOR?

**MECANISMOS**

When you want to say in Spanish how long you have been doing something, you have to take a number of factors into consideration. Here is some guidance.

- If you have been doing something for a period of time and **are still doing it**, you need to use the present tense in one of the following constructions (a, b or c):

*Ejemplos:*

a) *Vivimos aquí desde hace cuatro años*
b) *Hace cuatro años que vivimos aquí*
c) *Llevamos cuatro años viviendo aquí*

We've been living here for four years

a) *Estudio español desde hace seis meses*
b) *Hace seis meses que estudio español*
c) *Llevo seis meses estudiando español*

I've been learning Spanish for six months

To sum up:

> Action in present tense + *desde hace* + time
> or
> *Hace* + time + *que* + action in present tense
> or
> *Llevar* in present tense + time + action in gerund

The construction with *llevar* is very common and a useful idiom to know.

- You can use *llevar* without the gerund to indicate that you have been somewhere for a certain time:

*Ejemplo:*

| | |
|---|---|
| *Llevamos media hora aquí* | We've been here (for) half an hour |

- To ask how long someone has been doing something you would say:

*¿Cuánto tiempo hace que . . ./Desde cuándo . . . (+ present tense)?*
*¿Cuánto tiempo llevas/lleva Vd . . . (+ gerund)?*

- If you had been doing something, and **were still doing it** at the point of reference, you use the same construction, but put the verbs, including *hace*, in the imperfect, *hacía*.

*Ejemplos:*

*Vivíamos allí desde hacía cuatro años, cuando nació Jaime*
*Hacía cuatro años que vivíamos allí, cuando nació Jaime*
*Llevábamos cuatro años viviendo allí, cuando nació Jaime*
We had been living there for four years when James was born

*Estudiaba español desde hacía seis meses cuando fui a España por primera vez*
*Hacía seis meses que estudiaba español cuando fui a España por primera vez*
*Llevaba seis meses estudiando español cuando fui a España por primera vez*
I had been learning Spanish for six months when I went to Spain for the first time

- The question 'How long had you been . . .ing?' would be:

*¿Cuánto tiempo hacía que . . ./¿Desde cuándo . . . ? (+ imperfect tense)*
*¿Cuánto tiempo llevaba(s) . . . ? (+ gerund)*

- When you wish to talk about something which happened for a period of time in the past which is now complete, use *durante* (although Latin-American speakers tend to use *por* instead of *durante*).

*Ejemplos:*

| | |
|---|---|
| *Habló durante tres horas* | He spoke for three hours |
| *Durante dos años no sabíamos dónde estaba* | For two years we didn't know where he was |

¡ACCION GRAMATICA!

- A number of verbs closely associated with time are just followed by the period of time without a word for 'for' as often happens in English.

*Ejemplos:*

| | |
|---|---|
| *Vivimos tres años allí* | We lived there (for) three years |
| *Estuve dos días en Granada* | I was in Granada (for) two days |

- When referring to time in the future, use either *para* or *por* for 'for':

| | |
|---|---|
| *Vamos a Madrid para/por una semana* | We're going to Madrid for a week |

Again, with verbs such as *estar* and *vivir*, the preposition may be omitted, with the timespan immediately after the verb:

| | |
|---|---|
| *Estaremos tres días en Barcelona* | We'll be in Barcelona for three days |

¡PONTE A PUNTO!

# 1 *Detalles personales*

Cambia las frases siguientes usando *llevar* con el gerundio.

Por ejemplo:
**Aprendo francés desde hace seis años > Llevo seis años aprendiendo francés.**

1 Sé nadar desde hace diez años.
2 Viajo al extranjero desde hace once años.
3 Vivimos en esta ciudad desde hace siete meses.
4 Salgo con mi novio/a desde hace año y medio.
5 Hago mis *A levels* desde hace nueve meses.
6 Hace mucho tiempo que hablo español.
7 Hace casi un año que estamos en esta clase.
8 Hace varios años que admiramos a nuestro/a profesor(a) de español.

# 2 *Los refugiados de guerra*

Estás tratando de ayudar a una familia yugoeslava, refugiados de la guerra civil en aquel país. El padre, que habla y escribe inglés muy bien, no sabe ni una palabra de español. ¿Puedes ayudarle a traducir su declaración al español?

*We had been living in Sarajevo for two years when the war began. Before that we lived for five years in a village, where I worked for three years on a farm and for two years in the bar. When we left Sarajevo, there had been no water for four days. We had been travelling round* (por) *Europe for three months. We were in Italy for five weeks, then we went to London for six weeks. We have been waiting here for four days and we wish to go to Spain and stay there for a few months or until the war is over* (hasta que se acabe la guerra).

¡... Y EN MARCHA!

## 1 *Entrevista*

Estás buscando un empleo, y para prepararte para la entrevista, pides a tu compañero/a de clase que te haga las preguntas que pudieran hacerte. Todas las preguntas tienen que empezar con *'¿Desde cuándo . . . ?'* o *¿Cuánto tiempo llevas . . . (-ando/-iendo) . . . ?*

*Por ejemplo:*
– **¿Cuánto tiempo llevas en tu colegio actual?**
– **Llevo seis años allí.**

– **¿Desde cuándo estudias idiomas?**
– **Estudio francés desde hace seis años y español desde hace cuatro.**

## 2 *Curriculum vitae*

Ya has practicado para la entrevista, pero te han pedido que escribas un 'C.V.', detallando los aspectos más importantes de tu vida, tus estudios y tu personalidad. Escribe una pequeña 'autobiografía' indicando el tiempo que has pasado en cada etapa o aspecto de tu vida. Incluye por lo menos diez expresiones que indiquen el tiempo que pasaste en cada actividad o etapa.

Por ejemplo:
**Nací en Birmingham y viví allí tres años . . .**
**Llevaba dos años yendo al colegio en Worcester, cuando mi padre cambió de trabajo . . .**

# 42 PREPOSITIONS

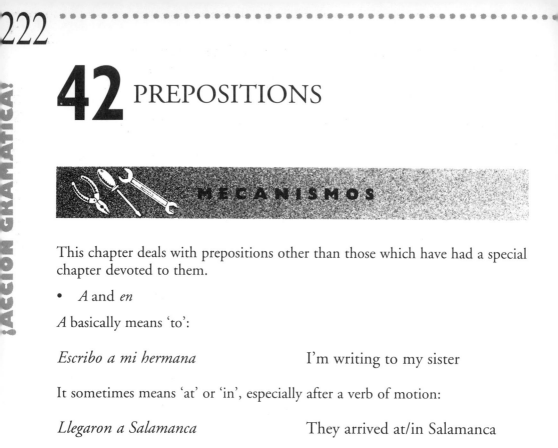

**MECANISMOS**

This chapter deals with prepositions other than those which have had a special chapter devoted to them.

* *A* and *en*

*A* basically means 'to':

| | |
|---|---|
| *Escribo a mi hermana* | I'm writing to my sister |

It sometimes means 'at' or 'in', especially after a verb of motion:

| | |
|---|---|
| *Llegaron a Salamanca* | They arrived at/in Salamanca |

*En* basically means 'in', 'on', and often 'at':

| | |
|---|---|
| *La tienda está en Toledo* | The shop is in Toledo |
| *Te veré en la estación* | I'll see you at/in the station |

Note that 'in Paris' is *en París* in Spanish (unlike the French *à Paris*).

*A* usually indicates motion to a place but *en* indicates position in or on a place. Note the difference between:

| | |
|---|---|
| *Estamos en casa* | We're at home   (position) |
| *Vamos a casa* | We're going (to) home   (motion) |

Be careful with phrases such as 'We're going to eat in the restaurant', which is expressed as *Vamos a comer al restaurante*, the idea being that in fact you are going **to** the restaurant **to** eat.

* *A* also means 'from' when used with verbs of 'separation' such as *robar, confiscar, quitar, comprar*.

*Ejemplos:*

| | |
|---|---|
| *Compré mi casa a un español* | I bought my house from a  Spaniard |

| | |
|---|---|
| *Le quitaron el pasaporte al inmigrante* | They took the immigrant's passport (They took the passport from the immigrant) |

- *Con* means 'with' and is used much as in English but remember the special forms:
  *conmigo, contigo, consigo*   with me, with you, with himself/herself/oneself

- *De*

a) Besides the various usages mentioned elsewhere in this book, remember that *de* can mean 'from':

*Ejemplo:*

| | |
|---|---|
| *Somos/Venimos de León* | We're/We come from Leon |

b) Watch out for verbs which are followed by *de*, such as:
*llenar de* to fill with, *cubrir de* to cover with

c) *Una taza de café* can mean both a cup of tea or a teacup, just as *una botella de cerveza* means either a beer bottle or a bottle of beer. If a clear distinction really needs to be made, say *una botella con cerveza* for a bottle(ful) of beer, and *una botella para cerveza* for a beer bottle!

- *Entre* means 'between' or 'among'.

*Ejemplo:*

| | |
|---|---|
| *entre amigos* | between/among friends |

Note also:
*decir entre sí* to say to oneself

- *Hacia* means 'towards', or the suffix '-wards'.

*Ejemplo:*

| | |
|---|---|
| *hacia el cielo* | towards the sky/skywards |

- *Hasta* means 'until', 'up to', 'as far as'.

*Ejemplos:*

| | |
|---|---|
| *hasta ahora* | up to now, until now |
| *hasta luego* | till then, 'see you' |
| *hasta la plaza* | as far as the square |

- *Según* means 'according to', or, if used with a verb, 'according to what . . .'

*Ejemplo:*

| *Según dicen . . .* | According to what they say |

It can also stand by itself meaning 'it depends':

*Ejemplos:*

| – *¿De acuerdo?* | All right? |
| – *Según* | It depends |

- *Sin* means 'without'. It usually comes before a noun without the indefinite article.

*Ejemplos:*

| *sin camisa* | without a shirt |
| *sin dinero* | without any money |

- *Sobre, en, encima de*

a) *Sobre* and *en* both mean 'on (a vertical or horizontal surface)':

*Ejemplos:*

| *en la mesa* | on the table |
| *en la pared* | on the wall |

b) *Sobre* and *encima de* both mean 'on top of (a horizontal surface)':

*Ejemplo:*

| *encima de/sobre la mesa* | on (top of) the table |

c) *Encima de* also means 'above':

*Ejemplo:*

| *encima de la puerta* | above the door |

*Por encima de* 'over' implies motion:

*Ejemplo:*

| *Los globos volaban por encima de nosotros* | The balloons were flying over (the top of) us |

- *Detrás de* and *tras* both mean 'behind', though *tras* can also mean the same as *después de* – 'after', 'as a result of'.

*Ejemplos:*

| | |
|---|---|
| tras los sucesos de hoy | after today's events |
| correr tras | to run after |

- *Delante de* and *ante* both mean 'in front of', 'before' in that sense. *Ante* often suggests 'in the presence of', 'faced with':

*Ejemplos:*

| | |
|---|---|
| comparecer ante el juez | to appear before the magistrate |
| ante este problema | faced with this problem |

# Other useful prepositions

| | |
|---|---|
| a causa de | because of |
| a razón de | because of, owing to |
| acerca de | about, on the subject of |
| al asunto de | |
| al lado de | beside, next to |
| al otro lado de | on the other side of |
| alrededor de | around |
| bajo | under |
| contra | against |
| debajo de | under, beneath |
| debido a | due to, owing to, because of |
| desde | from, since |
| desde . . . hasta . . . | from . . . to/until . . . |
| después de | after |
| dentro de | inside, within |
| dentro de cinco minutos | in five minutes' time |
| enfrente de | opposite (*not* in front of) |
| frente a | faced with/confronted with, in consideration of, opposite |
| junto a | next to |
| mediante | by means of |
| por medio de | |
| a pesar de | in spite of |
| pese a | |
| en torno a | around |

Note: *estar en contra de*    to be against

- Finally, note that many of the prepositions which are followed by *de* can be used as adverbs by omitting the *de*.

*Ejemplos:*

*Los que van delante . . .*       Those who go in front . . .
*Viven enfrente*                  They live opposite
*Lo que ves debajo . . .*         What you can see below . . .

¡PONTE A PUNTO!

## 1 *La casa de mis sueños*

Rellena los espacios en blanco con una preposición que convenga al sentido:

(1) ... la casa (2) ... mis sueños habría muchas habitaciones. (3) ... la sala de estar, (4) ... el suelo, habría una alfombra persiana. (5) ... la chimenea habría unas butacas muy cómodas, y (6) ... éstas unos cojines de lujo. (7) ... las ventanas habría unas cortinas lujosas y (8) ... el marco de la ventana unas persianas para protegernos del sol. (9) ... la chimenea tendría una pintura de Picasso. (10) ... el primer piso habría varios dormitorios, cada uno (11) ... cuarto de baño. (12) ... las paredes de éstos habría azulejos. (13) ... el sur de España hay mucha sequía. (14) ... este problema instalaría (15) ... el techo de la casa un gran depósito para coger agua. (16) ... la casa tendría un jardín, donde trataría de cultivar flores (17) ... lo seco del clima. (18) ... todo este sueño me vais a preguntar ¿(19) ... dónde voy a sacar el dinero? Pues en efecto (20) ... un éxito (21) ... la lotería, no habrá problema, excepto que tengo que esperar (22) ... el año que viene el permiso de construir. (23) ... el régimen actual hay muchas reglas, pero no estoy (24) ... ellas. ¡Quiero tener buenas relaciones (25) ... los que viven (26) ... !

# 43 RELATIVE PRONOUNS AND ADJECTIVES

**MECANISMOS**

- A relative pronoun or adjective is one which joins two clauses in order to give more information about a noun or pronoun, for example: the house in which (where) I was born, the woman who left her gloves on the bus, the person whose photo was in the paper, the one that got away, etc. – in other words, 'who', 'whom', 'which', 'that', 'whose', 'where', 'when'.

- It is important to differentiate between **relative** pronouns or adjectives, which are link words, and **interrogative** pronouns or adjectives which ask questions. In English, words such as 'who', 'what' and 'which' have both a relative and interrogative function, and the same is true in Spanish. Interrogative (question) words are dealt with in Chapter 44.

Remember: **relative pronouns do not ask questions.**

What follows below should give you guidance through an area of Spanish where only some rules are hard and fast. Here are the main rules, with some variations you are sure to meet.

## *'Restrictive' and 'non-restrictive' clauses*

It is helpful to remember that:

i) a 'restrictive' relative clause is one which, quite literally, restricts the scope of the antecedent, and there is no comma or pause between the antecedent and the relative pronoun. For example:

The girl who works in the tourist office is our neighbour

(i.e. Which girl? – The one who works in the tourist office. The relative clause restricts the reference to this one particular girl.)

ii) a 'non-restrictive clause' does not restrict the scope of the antecedent; it simply provides more information, and the antecedent and relative are separated by a comma. For example:

The girl, who works in the tourist office, is our neighbour

In this case, 'who works in the tourist office' simply adds some extra information about the girl.

# Relative pronouns 'who', 'whom', 'which' and 'that'

a) The relative pronoun *que* is usually used, referring to a person or persons or a thing or things, as the subject of a 'restrictive clause'.

*Ejemplos:*

*El problema que se plantea es éste*  The problem which presents itself is this

*La chica que trabaja en la oficina de turismo*  The girl who works in the tourist office

b) If the clause is 'non-restrictive' (i.e. simply gives more information about the antecedent), you can also use *que* or else *quien* or *el cual (/la cual/los cuales/ las cuales).*

*Ejemplo:*

*La chica, que/quien/la cual trabaja en la oficina de turismo, fue víctima del accidente*  The girl, who works in the tourist office, was a victim of the accident

Note the comma (or a pause in speech) in this case.

c) Use *que* as the direct object of the clause, referring either to a person or a thing:

*Ejemplos:*

*El problema que prevemos es éste*  The problem (which/that) we foresee is this

*La chica que vimos en la oficina de turismo*  The girl (whom/that) we saw in the tourist office

When a person is the object, as in the above example, the tendency is to use the personal *a* with *el que* or *quien:*
*La chica a la que/a quien vimos en la oficina de turismo*

This form **must** be used in non-restrictive clauses.

*Ejemplo:*

| | |
|---|---|
| *La chica, a la que habíamos visto en la oficina de turismo, fue víctima del accidente* | The girl, (whom) we had seen in the tourist office, was a victim of the accident |

d) After prepositions use *el que/la que/los que/las que* referring to people or things, or *quien/quienes* for people only, though there is a tendency for *a, de, con* and *en* to be followed by *que* without the article *el/la/los/las*.

*Ejemplos:*

| | |
|---|---|
| *La oficina en (la) que vimos a esa mujer* | The office in which we saw that woman |
| *La mujer con la que/con quien hablamos en la oficina* | The woman we spoke with* (with whom we spoke) in the office |

\* Note that the preposition ('with' in this case) cannot come at the end of the clause as in English, and must always precede the relative pronoun.

e) The relative pronoun can never be omitted in Spanish as it often is in English, as in the above example.

f) There is yet another form which may be used with a preposition: *el cual/la cual/los cuales/las cuales*, and which tends to be used after the longer compound prepositions, such as *delante de, detrás de*, in non-restrictive clauses. In spoken Spanish, however, this tends to sound rather stilted.

*Ejemplo:*

| | |
|---|---|
| *Los árboles, debajo de los cuales estaban sentados . . .* | The trees under which they were sitting/The trees they were sitting under . . . |

Both *el que* and *el cual* take their gender and number from the noun they refer to – *los cuales* refers to *los árboles* in this example.

g) When 'which' refers to an idea, not to a noun with a specific gender, *lo que* or *lo cual* is used.

*Ejemplo:*

| | |
|---|---|
| *Llegaron tarde, lo que me dio más tiempo para preparar algo de comer* | They arrived late, which gave me more time to prepare something to eat |

- 'Whose'

The relative adjective *cuyo/a/os/as* means 'whose' and agrees with the thing possessed.

*Ejemplo:*

*Es un director cuyas películas son
muy divertidas*

He's a director whose films are
very amusing

- *El que/La que* mean 'he/she who', 'the one which'; *los que/las que* mean 'those who, the ones who/which'.

*Ejemplo:*

*Hablando de películas, la que me
gusta más es . . .*

Talking of films, the one (which)
I like best is . . .

- *Lo que* means 'what' in the sense of 'that which'.

*Ejemplo:*

*Eso no es lo que quiero*

That isn't what I want

¡PONTE A PUNTO!

1 Rellena los espacios en blanco con una palabra relativa que convenga al sentido.

### La familia real española

El papel (1) . . . tiene el Rey de España no es ejecutivo. Juan Carlos es un rey (2) . . . papel se describe en la constitución como 'parlamentario'. Sin embargo en 1982 fue el rey (3) . . . impidió el golpe de estado (4) . . . hubiera aniquilado la joven democracia española. Don Juan Carlos fue traído desde Portugal a España cuando tenía muy pocos años por el General Franco, (5) . . . quería educarle en su molde. Cuando don Juan Carlos sucedió a Franco, los españoles, (6) . . . pensaban que sería como el viejo general, bajo (7) . . . habían vivido tantos años, tuvieron una sorpresa muy grande. El líder comunista, (8) . . . le apodó al rey Don Juan Carlos el Breve, admitió más tarde que se había equivocado.

El rey y la reina Sofía, (9) . . . familia consiste en dos hijas y un hijo, (10) . . . es el príncipe de Asturias y heredero del trono, llevan una vida bastante modesta para la realeza en el palacio de la Zarzuela, (11) ... se encuentra en las afueras de Madrid. Una cosa (12) ... le irrita al rey es cuando los presidentes visitantes, con (13) ... tiene que encontrarse se atildan con medallas y otros adornos. Él dice que prefiere llevar un traje de negocios, (14) ... por lo menos es más cómodo. A veces en invierno una cosa (15) ... le gusta hacer es escaparse a las pistas de esquí, (16) ... se mezcla con la gente. Las condiciones bajo (17) ... vive la familia real española parecen algo más normales que (18) ... llevan sus equivalentes en el Reino Unido, (19) ... son mucho más ricos.

## 2 *Guía turística*

El director de turismo de tu región tiene una cinta muy vieja de un comentario sobre la región y quiere que tú lo transcribas para volver a hacer una mejor grabación. Has transcrito todo lo que puedes, pero por desgracia no se oyen bien ciertas palabras y ahora tienes que adivinar las palabras que faltan. ¡Qué coincidencia que todas sean expresiones relativas! Rellena entonces los espacios en blanco:

Aquí se encuentra la abadía, (1) ... es una gran iglesia del siglo XV, y al lado (2) ... ustedes verán lo (3) ... se llama la Pump Room, (4) ... fue construida en el siglo XVIII. Es un edificio (5) ... exterior es muy típico de esa época, y debajo (6) ... se descubrieron en el siglo XIX los famosos Baños Romanos. Continuamos por esta calle, (7) ... hasta hace unos pocos años llevaba mucho tráfico, pero (8) ... ahora está peatonalizada, (9) ... les ha gustado a la mayoría de los habitantes. Ésta es una ciudad (10) ... centro es muy compacto, pero (11) ... ha sido parcialmente estropeado por estos edificios modernos, delante de (12) ... ustedes se encuentran ahora. Más abajo, los arcos del ferrocarril son obra del famoso ingeniero Brunel, de (13) ... ya les hemos hablado y (14) ... fama es internacional.

¡... Y EN MARCHA!

## 1 *Careo de sospechosos*

Tus compañeros/as de clase tienen que adivinar a quién estás describiendo. Decidid primero entre vosotros a qué tipo de persona vas a describir – a vuestros amigos/as, profesores, estrellas de televisión o cine, personajes deportivos, etc. Se pueden escoger también ciudades o países. Tenéis que emplear por lo menos dos cláusulas relativas en cada descripción.

Por ejemplo:
**Es el futbolista que juega/jugaba en el Real Madrid y que tiene pecas en la cara.** (Emilio Butragueño)
**Es una profesora con quien estudiamos francés y cuya hija está en cuarto curso de este colegio.** (la Sra X)

## 2 Definiciones

Trabaja con una pareja. Uno/a de vosotros es un(a) estudiante de español que tiene problemas de vocabulario, y te pide explicaciones de palabras que no conoce. Claro que las explicaciones tienen que contener palabras relativas.

Por ejemplo:
– **¿Quieres explicarme qué es una panadería?/el ozono?**
– **Es una tienda en que se vende pan.**
– **Es un gas que es un compuesto del oxígeno, que es muy importante para la protección contra la radiación y cuya capa en ciertos sitios se hace peligrosamente tenue.**

## 3 Los padres españoles

Dos miembros de la clase son el padre y la madre de un(a) nuevo/a alumno/a español/a, y los otros/las otras les enseñan el colegio. Los padres hablan poco inglés, y hay que explicarles todo acerca del colegio, empleando un plano, a ser posible. Claro que las respuestas tienen que contener expresiones relativas.

Por ejemplo:
– **¿Qué es esta aula?**
– **Es el aula en que estudiamos geografía.**

– **¿Quién es aquel hombre?**
– **Se llama 'caretaker': es el hombre que mantiene la limpieza del colegio.**

# 44 INTERROGATIVES AND EXCLAMATIONS

**MECANISMOS**

- Interrogatives are words which are used to ask questions. Not all questions contain one, of course: a question in Spanish can be the same as a statement, with the question marks indicating the question in written form, and the appropriate intonation pattern identifying it as a question in spoken form.

  In some cases there is a word-order pattern similar to that found in English questions – where the subject and verb are inverted – but this is not essential due to the flexibility of Spanish word order generally, and in particular because in Spanish subject pronouns are not usually needed.

*Ejemplos:*

| | |
|---|---|
| *¿Vas al bar conmigo?* | Are you going to the bar with me? (same as statement) |
| *¿Pepe sabe que vamos?/¿Sabe Pepe que vamos?* | Does Pepe know we are going? (with or without inversion) |
| *¿Va la discoteca, o no?* | Is he/she going to the disco, or not? (no separate subject word, no inversion possible) |

- Interrogative words all ask for a specific piece of information in the answer, rather than simply for a 'yes' or 'no' response. They all have a written accent on the stressed vowel, which affects the pronunciation of *'qué'*. They can all be used in both direct and indirect questions (see Chapter 45) and always carry the accent when being used in an interrogative role, whether in direct or indirect questions. Most are pronouns or adverbs, and two (*¿cuánto/a/os/as?* and *¿qué?*) can be used either in an adjectival way or as a pronoun. *Cuál(es)* is a pronoun, and has to match in number the noun to which it refers.

# Interrogatives

| | |
|---|---|
| *¿Cómo?* | How? |
| *¿Cuál? ¿Cuáles?* | Which one? Which ones? |
| *¿Cuándo?* | When? |
| *¿Cuánto/a/os/as?* | How much/How many? |
| *¿Dónde?* | Where? |
| *¿Adónde?* | Where to? |
| *¿De dónde?* | Where from? |
| *¿Qué?* | What? Which? |
| *¿Para qué?* | What for? |
| *¿Por qué?* | Why? |
| *¿Quién?* | Who? |
| *¿De quién?* | Whose? |

Most are straightforward in meaning and use, but the following need some explanation.

a) *¿Quién?* always means 'Who(m)?', and can be used with various prepositions.

*Ejemplos:*

| | |
|---|---|
| *¿Quién es este chico?* | Who is this boy? |
| *¿A quién diste la carta?* | To whom did you give the letter? |
| *¿Con quién fuiste?* | Who did you go with/With whom did you go? |
| *¿De quién es este coche?* | Whose is this car? |

b) *¿Qué?* usually means 'What?' and it, too, can be used with various prepositions.

*Ejemplos:*

| | |
|---|---|
| *¿Qué es?* | What is it? |
| *¿Qué vas a hacer?* | What are you going to do? |
| *¿Qué libros prefieres?* | What/Which books do you prefer? |
| *¿De qué es?* | What is it made of? |
| *¿En qué quedamos?* | What shall we agree to? |
| *¿Para qué estudias?* | What are you studying for? |

Note that the preposition must come at the beginning of the sentence.

c) *¿Qué?* also means 'Which?' but only when used with a noun.

*Ejemplo:*

| | |
|---|---|
| *¿Qué película prefieres?* | Which film do you prefer? |

d)  *¿Cuál?* means 'Which one?', implying a choice.

*Ejemplos:*

| | |
|---|---|
| *Tengo dos manzanas. ¿Cuál quieres?* | I have two apples. Which (one) do you want? |
| *¿Cuáles de estos sellos te gustan más?* | Which (ones) of these stamps do you like most? |

e)  *¿Cuánto?* can be used either as an adjective or a pronoun, in which case it agrees with the noun referred to, or as an adverb, when it is invariable.

*Ejemplos:*

| | |
|---|---|
| *¿Cuántas naranjas quieres?* | How many oranges do you want? |
| *¿Cuánto dinero tienes?* | How much money have you got? |
| *¿Cuánto vale?* | How much does it cost? |

f)  *¿Cómo?* usually means 'How?', but can sometimes mean 'Why?'.

*Ejemplos:*

| | |
|---|---|
| *¿Cómo lograste hacerlo?* | How did you manage to do it? |
| *¿Cómo no?* | Why not? |

Note also its use in *'¿Cómo te llamas?'* What's your name?

- Several of the interrogatives can also be used in exclamations. Note that they still carry the written accent:

| | |
|---|---|
| *¡Qué* (+ noun) + *más/tan* (+ adjective)!'<br>*¡Qué* (+ adjective + noun)!* | What a (+ adjective + noun)! |
| *¡Cuánto/a* (+ noun)!* | What a lot of (+ noun)! |

Note also exclamations based on a verb: *'¡Cómo (+ verb)!*

*Ejemplos:*

| | |
|---|---|
| *¡Qué pena!* | What a shame! |
| *¡Qué niña más guapa!* | What an attractive girl! |
| *¡Cómo has crecido!* | How you've grown! |
| *¡Cuánta comida!* | What a lot of food! |

## 1 *El relleno*

He aquí una serie de frases interrogativas o exclamaciones. Tienes que poner en el espacio una interrogación o una exclamación.

1   ¿ . . . llama a la puerta?
2   ¿ . . . gente viene a la fiesta?
3   ¿ . . . necesitas tanto dinero?
4   ¿ . . . vas a la exposición?
5   ¿ . . . se llaman estos animales?
6   ¿ . . . de estos cuadros prefieres?
7   ¿ . . . pintor los pintó?
8   ¿ . . . vas a ir al aeropuerto?
9   ¿ . . . encontraste mis gafas? En la silla?
10   ¿ . . . van estos niños tan de prisa?
11   ¿ . . . llegará el autobús?
12   ¡ . . . me gusta la sopa cuando la gallina es gorda!
13   ¡ . . . lástima!
14   ¡ . . . chico más imbécil!
15   ¡ . . . gente en una plaza tan pequeña!

## 2 *Interrogatorio*

He aquí un artículo que contiene muchas interrogaciones y exclamaciones: ¡por desgracia, éstas se han borrado, y tienes que rellenar los espacios!

¿Hasta (1) . . . van a llegar los extremos, en lo que se refiere a los excesos de los jóvenes? ¡(2) . . . desgracia la juventud de hoy! ¿(3) . . . se rebelan, y (4) . . . van a terminar las manifestaciones de falta de control y disciplina? ¿(5) . . . gente tiene que morir y (6) . . . coches tienen que estrellarse o incendiarse antes de que se ponga fin a lo que se llama 'joyriding'? ¿(7) . . . disturbios tenemos que sufrir y en (8) . . . ciudades? ¿(9) . . . podrá la policía conseguir lo que necesita para poder controlarlos? ¿(10) . . . gente quiere ver a muchos de estos jóvenes en la cárcel! ¡(11) . . . valientes son algunos, y (12) . . . valientes también los bomberos que tienen que sufrir tantas injurias y ataques mientras tratan de salvar los edificios incendiados! ¡(13) . . . imbéciles e irresponsables son los que cometen estos delitos! ¿(14) . . . es la culpa de todo esto? ¿(15) . . . va a encargarse de una vez de esta situación? ¡(16) . . . nos gustaría encontrar una solución a estos problemas!

# 1 *El curioso/La curiosa impertinente*

Haces el papel de un(a) niño/a muy joven, que habla con sus padres o con sus hermanos mayores. Tienes que hacerles una serie de preguntas, generales o específicas, según lo que están haciendo o diciendo. Tienen que contestarte como mejor puedan.

Por ejemplo:

Tú:     ¿Papá, por qué estás arreglando el coche? ¿Cuánto tiempo vas a tardar?

Papá:   Porque está averiado y quiero continuar hasta terminarlo . . . ¡si me dejas en paz!

# 2 *¡Qué bien!*

Ahora haces el papel del padre/de la madre. Tu hijo/a te muestra algo, o te explica algo que ha hecho. Tú tienes que reaccionar como buen padre/buena madre.

Por ejemplo:

Niño:   Mira, mamá, ¡mira este pajarito de papel que acabo de hacer! Qué bonito es, ¿verdad?

Mamá:   ¡Qué bonito es, en efecto! ¡Cuántos ojos tiene! Y tú, ¡qué listo eres!

# 3 *La carta*

Imagina que vas a pasar las vacaciones viajando por Chile con un(a) amigo/a chileno/a. Escríbele, haciéndole una serie de preguntas, sobre las cosas que quieras saber, y exclamaciones, para las cosas que quieras hacer.

Por ejemplo:

¿Cómo vamos a viajar, y adónde vamos primero? ¡Cuánto me gustaría visitar Valparaíso! – ¡qué ciudad más bonita!

# **45** DIRECT AND INDIRECT SPEECH

MECANISMOS

## *Direct speech*

- Direct speech in Spanish is essentially as in English, apart from the fact that different methods of punctuation and layout are used.

*Ejemplos:*

– *Hola, Juan, dijo Pablo.*
– *Hola. ¿Qué vamos a hacer hoy? preguntó Juan.*

*« Buenos días », dijo el cura.*

## *Indirect speech*

- The following points should be observed about indirect statements:

a) In Spanish, the word *'que'* is always needed when introducing the quoted part of indirect speech, even though in English the word 'that' is usually omitted.

*Ejemplos:*

| | |
|---|---|
| *Dijo que iría mañana* | She said (that) she would go tomorrow |
| *Contestó que no le gustaba nada* | He answered that he didn't like it at all |

b) The sequence of tenses in indirect speech reflects English usage fairly faithfully except in circumstances in which the subjunctive is needed (see Chapter 34).

*Ejemplos:*

| | |
|---|---|
| *Dice mi madre que no puedo salir* | My mother says I can't go out |
| *Decía que no sabía nada* | He used to say that he knew nothing |

*Dijiste que me querías*    You told me you loved me

- Indirect questions, similarly, should prove straightforward except that the following points need to be remembered:

a) Interrogative words still need to bear the written accent as usual, even though there are no question marks around the sentence. Thus:
*Me preguntaron '¿Dónde lo compraste?'* They asked me 'Where did you buy it?' becomes in indirect speech:

*Me preguntaron dónde lo había    They asked me where I had
comprado*                              bought it

*Voy a preguntarle '¿Cómo se hace?'* I'm going to ask him 'How is it done?' becomes in indirect speech:

*Le voy a preguntar cómo se hace*    I'll ask him how to do it/how it's
                                         done

b) Many indirect questions may not appear obviously to be questions at all. You can identify them by asking yourself whether at the moment of speaking, the person involved would probably have asked a question. If so, use an interrogative. Note also that *'qué'* may often be replaced by the relative *'lo que'*, except before an infinitive, when *'qué'* must be used.

*Ejemplos:*

*Mi amigo quería saber a qué hora    My friend wanted to know what
 íbamos a llegar*                      time we were going to arrive
*Dime cuánto tengo que pagar*        Tell me how much I have to pay
*Quiere saber qué/lo que vas a hacer*  He wants to know what you are
                                         going to do
*No sé qué hacer*                    I don't know what to do

c) Once again, the sequence of tenses is largely as in English, except where Spanish requires a subjunctive (see Chapters 31 and 34). When changing direct speech into indirect speech, verbs in the present tense change into the imperfect, and perfect or preterite into the pluperfect.

*Ejemplo:*

– *Te he comprado un regalo porque    'I've bought you a present because
te quiero > Dijo que le había        I love you' > He said that he
comprado un regalo porque la         had bought her a present
quería*                               because he loved her

## 1 *Reportaje*

Cambia la siguiente conversación en discurso indirecto.

Julio:    Bueno, vamos a ir a la fiesta esta tarde. ¿Qué te parece?
Marisa:   De acuerdo. ¿A qué hora vamos a salir?
Julio:    Sobre las ocho. Pero primero iremos a cenar a la cafetería.
Marisa:   ¿Qué me pongo, el vestido rojo, o el azul? ¿Cuál prefieres?
Julio:    El azul, creo. Yo me voy a poner unos tejanos y la camiseta verde.
Marisa:   ¿Tenemos que llevar alguna botella a la fiesta?
Julio:    No, Manuel dijo que no hacía falta. ¿Dónde nos vemos?
Marisa:   Delante de mi casa, ¿no? Hasta luego.

Por ejemplo:
**Julio dijo que él y Marisa iban a ir . . .**
**Marisa contestó que . . .**

## 1 *Los sordos*

Estás hablando con dos amigos/as, uno/a de los/las cuales no oye muy bien a causa de su resfriado. Por eso, tú y tu otro/a amigo/a tenéis que repetir cada uno/a lo que dice el otro/la otra.

Por ejemplo:
A.    **Ganamos el partido por dos a cero. ¿Qué hiciste tú esta tarde?**
B.    **¿Cómo? ¿Qué dice?**
C.    **Dice que ganaron el partido, y quiere saber qué hiciste esta tarde.**

## 2 *Ayer*

¿Qué tal tu memoria? ¿Recuerdas todo lo que ocurrió ayer? A ver si lo recuerdan tus compañeros/as de clase. Pide a uno/a de ellos/as que te cuente todo lo que hizo él/ella. Escúchale bien, luego escribe un resumen de lo que hizo.

En cada frase tendrás que usar una de las siguientes expresiones:
*Dijo que . . . Continuó que . . . Añadió que . . . Me aseguró que . . . Preguntó si . . .*

Por ejemplo: Si John dice: 'Ayer me levanté a las ocho. Llamé a mi novia, la pregunté ¿Quieres ir a la playa?', tú escribes:
**John dijo que ayer se levantó a las ocho. Dijo que llamó a su novia, y que la pregunté si quería ir a la playa.**

# **46** SUFFIXES

A suffix is added to the end of a word to modify its meaning. In Spanish suffixes are usually:

a) diminutive, making the person or object smaller, rather like pig–piglet in English

b) augmentative, making the object larger

or c) pejorative, bringing out, for example, the ugliness, coarseness or stupidity of the person or object.

All these suffixes give Spanish its own peculiar expressiveness, often adding an emotional tone to the word in question from the point of view of the speaker. They are, therefore, rather tricky ground for the non-native speaker to venture into.

## *Diminutives*

The most usual diminutive is *-ito/-ita*, but you will also come across *-illo/-illa*, *-ico/-ica*, *-ino/-ina*, *-uelo/-uela*, *-ín/ina*, *-ete/eta*. There are also variants with the forms *-cito/-cita*, *ecito/-ecita*, *-ececito/-ececita*, depending on the word.

Diminutives make things smaller.

*Ejemplos:*

| | |
|---|---|
| *una mesita* | a small table |
| *un chiquito* | a little boy |

But sometimes they are used to denote endearment.

*Ejemplos:*

| | |
|---|---|
| *abuelita* | granny |
| *Pedrito* | little Peter, Pete |

Sometimes, though, they tone down the basic word.

*Ejemplos:*

¡*Tontita!*  (Don't be a) silly girl! (diminutive of *tonta* foolish/silly)
*una mentirilla*  a fib (diminutive of *una mentira* a lie)

The suffix *-illo/-illa* often suggests insignificance, as other variations sometimes do.

*Ejemplos:*

| | |
|---|---|
| *aquel hombrecillo* | that little squirt |
| ¡*Mierdica!* | you little turd! (M. Delibes *El Camino*) |

# Augmentatives

Augmentatives often imply clumsiness, awkwardness or excess. Common ones are *-ón/-ona*, *-azo/-aza*, *-ote/ota*, *-udo/-uda*.

*Ejemplos:*

| | |
|---|---|
| *mandón/mandona* | bossy |
| *la palabrota* | swearword |
| *orejudo/a* | big-eared |

The suffix *-udo* can be added to most parts of the body in this sense: *cabezudo* with a large head, *barrigudo* fat, etc.

# Pejoratives

The common endings are *-aco/-aca*, *-acho/-acha*, *-ajo/-aja*, *-uco/-uca*, *-ucho/ -ucha*, *-ejo/-eja*.

These denote ugliness, squalor, dinginess, and so on.

*Ejemplos:*

| | |
|---|---|
| *un poblacho* | a 'crummy' village |
| *un hotelucho* | a 'grotty' hotel |

¡ACCION GRAMATICA!

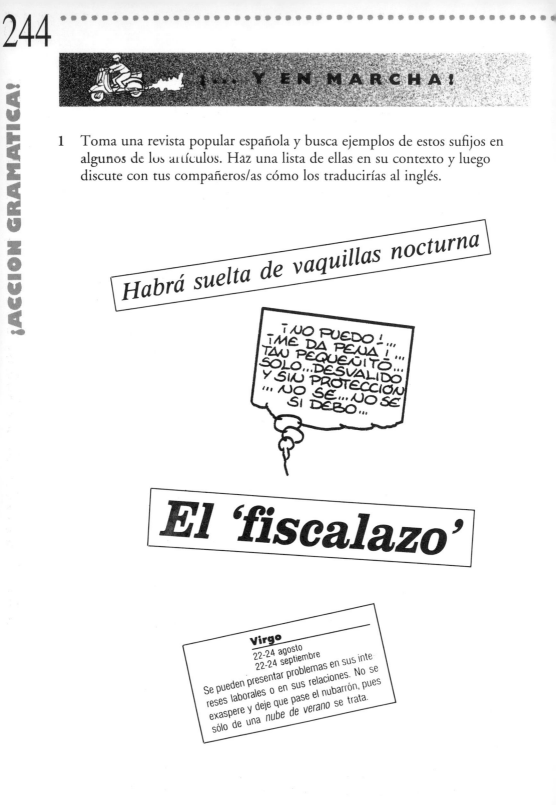

### ¡... Y EN MARCHA!

1   Toma una revista popular española y busca ejemplos de estos sufijos en algunos de los artículos. Haz una lista de ellas en su contexto y luego discute con tus compañeros/as cómo los traducirías al inglés.

*Habrá suelta de vaquillas nocturna*

¡NO PUEDO!... ¡ME DA PENA! TAN PEQUEÑITO... SOLO...DESVALIDO Y SIN PROTECCION ... NO SE...NO SE SI DEBO...

# El 'fiscalazo'

**Virgo**
22-24 agosto
22-24 septiembre
Se pueden presentar problemas en sus inte reses laborales o en sus relaciones. No se exaspere y deje que pase el nubarrón, pues sólo de una *nube de verano* se trata.

# 47 ACCENTUATION, STRESS, VOWELS, DIPHTHONGS

**MECANISMOS**

## Stress and accents

In any word of more than one syllable in Spanish, one syllable is stressed, i.e. it is emphasised more than the others. There is nothing new in this – we do it in English: hamster, cockroach, proliferation.
You can even change the meaning of a word by changing the stress.

For example: When the dustmen go on strike, they refuse to collect the refuse!

The same can happen in Spanish.

*Ejemplos:*

*Hablo*                               I speak
*Habló*                               He/She spoke

The accent on *habló* is the clue to the stress system in Spanish. There are three stress rules:

1   Words ending in a vowel or *-n* or *-s* are stressed on the next to last syllable, without the need for an accent:

   *caso, casas, casa, casan; feo, feos, fea, feas; vino, vinos; quiero, quieres, quiere, quieren*

You can now see why *-n* and *-s* are included in this rule. When you give nouns, adjectives and verbs plural endings, you do not usually have to worry about accents.

2   Words ending in a consonant except *n* or *s* are stressed on the last syllable and do not need an accent.

   *coñac, ciudad, reloj, principal, hablar, comer, vivir* (and all verb infinitives), *estoy, arroz*

3   Words which do not behave according to rules 1 and 2 above bear an acute accent (´) on the stressed syllable. They fall mainly into the following groups:

- words with a stressed final vowel:
  *café, israelí, champú, ojalá*
  including a number of preterite and future endings:
  *hablé, habló, comí, comió; comeré, comerá*

- words ending in *-n* or *-s* stressed on the last syllable:
  future endings: *comerás, comeréis, comerán;*
  present tense (*vosotros*) endings: *habláis, coméis, vivís*
  many words ending *-ión, -ón, -és: estación, mandón, inglés*
  (which lose the accent in the plural or feminine because they then observe
  rule 1: *estaciones, mandones, mandona/s, ingleses, inglesa/s*)

- words ending in a consonant other than *n* or *s* stressed on the next to last
  syllable:
  *alcázar, almíbar, Almodóvar, Cádiz*

- words stressed on any other syllable (usually the second from last):
  *buenísimo, teléfono, polígono, kilómetro, Córdoba*
  Watch out for imperatives, infinitives and gerunds with pronouns at the
  end:
  *dígame, decírtelo, escribiéndole*
  and words ending in unstressed *-en* in the plural – *imagen > imágenes*, etc.

- words in which the accent is used to separate and stress a 'weak' vowel (see
  below):
  *panadería, comían, continúa*

- words where the accent is used to distinguish:

i) between two words which are otherwise spelt in the same way:

| | | | |
|---|---|---|---|
| *de* | of | *dé* | give (imperative) |
| *mas* | but | *más* | more |
| *se* | (reflexive pronoun) | *sé* | I know; be! (imperative) |
| *si* | if | *sí* | yes; oneself |
| *mi* | my | *mí* | me |
| *tu* | your | *tú* | you |
| *te* | you | *té* | tea |
| *solo* | alone | *sólo* | only |

ii) between demonstrative adjectives and pronouns (see Chapter 6):

*este libro y ése*  this book and that one
*esa mesa y aquélla*  that table and the one over there

You can tell the pronoun form because it is never immediately followed by a
noun, and the accent always comes on the first *e* (even if there is only one!):
*éste, ésos, aquéllas*

Remember, though, that the neuter forms *esto, eso, aquello* have no accent because there is no corresponding adjective.

iii)  interrogative words *¿dónde? ¿cuándo?* etc. (see Chapter 44)

4    The only other accents you will find in Spanish are:
     the *tilde* (˜) on the *ñ*:
     *señor, mañana*
     the 'diaeresis' (¨) used in the combination *güe* and *güi* to indicate that the *u*
     is pronounced:
     *vergüenza, argüir*
     There is no 'grave' (`) or 'circumflex' (ˆ) accent in Spanish!

# Vowels and diphthongs

Of the five vowels (*a, e, i, o, u*), the 'strong' ones are *a, e* and *o*, and the 'weak' ones *i* and *u*.

*   Two strong vowels occurring together are always pronounced separately and make two syllables:

    *leo* (le-o)    *cae* (ca-e)    *roer* (ro-er)    *feo* (fe-o)    *fea* (fe-a)

and the normal stress rules apply (see 1 and 2 above).

*   When a strong and a weak vowel occur together, they combine to form a 'diphthong', i.e. two vowels sounded together in one syllable. The stress falls on the strong vowel and if an accent is needed, it goes on the strong vowel *a, e* or *o*:

    *aire, aceite, oigo, Austria, Europa, agria, Dios, habláis, coméis*

    This combination counts as one syllable, but if the weak vowel *i* or *u* needs to be stressed, it carries an accent and becomes a separate syllable:

    *comía* (and all that set of imperfect and conditional endings)
    *panadería* (and most shops except *farmacia*)
    *día, envían, frío, actúa, caído, leído*

    Compare *Dios* (one syllable) and *días* (two syllables).

*   When the two weak vowels occur together (*iu* or *ui*), they form one syllable with the stress on the second vowel:

    *viudo, fui, ruido, destruido*

## 1 ¡Acentos!

Arregla las palabras siguientes en columnas, añadiendo acentos cuando faltan:

Columna A: las que deben llevar acento
Columna B: las que no tienen acento
Columna C: las que llevan acento o no según su sentido

| | | |
|---|---|---|
| administrativo | revolver | hospital |
| cesped | traigame | naciones |
| firmó | vino | te |
| lapiz | anden | vengo |
| racion | construyo | cambio |
| trae | guardia | champu |
| vereis | monton | imagen |
| alemanes | saco | pijama |
| como | Valladolid | telefono |
| frances | arabe | verdad |
| marroqui | continuo | |

Por ejemplo:

| A | B | C | |
|---|---|---|---|
| | | i) *con acento* | ii) *sin acento* |
| **nación** | debajo | habló | hablo |

# 48 SPANISH SPELLING

MECANISMOS

This final chapter, for reference and without practice exercises, offers you a few hints about the Spanish spelling system, which is one of the most straightforward of any language if you take trouble to master a few basic rules.

## Vowels: *a, e, i, o, u*

These are always given their full value in speech and never omitted or reduced in value as in English and many other languages: compare the English and Spanish pronunciation of Austria/*Austria*, cafeteria/*cafetería*, union/*unión*.

Combinations of vowels are dealt with in Chapter 47.

## Consonants

- The most striking point is that few of them ever occur double. In fact, the only double consonants you will find are sounded differently from the corresponding single one. These are: *ll, rr, cc, nn.*

  **ll**   Compare *ola* (wave) and *olla* (pot), and remember that *ll* counts as a separate letter of the alphabet in dictionaries, coming after *l.*

  **rr**   Compare *pero* (but) and *perro* (dog)

  **cc**   Here the first *c* is pronounced 'k' and the second 'th', as in *acción* or *lección.*

  **nn**   This occurs in words beginning with *n* and to which the prefix *in-* has been added to make them negative: *innegable* (undeniable), and also in the word *perenne* (perennial) and a few other rare words. You do in fact pronounce both *n*s.

  No other consonant occurs double in true Castilian Spanish words, though you will find them in imported words: *cassette.*

- Students are sometimes confused by words, particularly verbs, which change their spelling according to their ending, such as:

  *buscar > busqué, empezar > empecé*

The following tables will help you to decide whether to use *c, z, qu, g, j, gu, gü* in combination with the following vowel:

| Sound | 'k' | 'th'<br>('s' in L. America) | 'kw' |
|---|---|---|---|
| before *a* | *casa* | *zapato* | *cuanto* |
| " *e* | *que* | *cero* | *cuento* |
| " *i* | *quito* | *cita* | *cuidado* |
| " *o* | *como* | *zona* | *cuota* |
| " *u* | *cubo* | *zumo* | — |
| at end of word | *coñac* | *vez* | — |

Note: For the 'th' sound you must use *c* where possible (*ce, ci*) and that is why you write *empecé* and not *empezé*.

| Sound | 'g' | 'kh' like<br>Scottish 'loch' | 'gw' |
|---|---|---|---|
| before *a* | *gama* | *jarro* | *guapa* |
| " *e* | *guerra* | *gesto/paisaje* | *vergüenza* |
| " *i* | *guitarra* | *gitano/jinete* | *argüir* |
| " *o* | *golpe* | *jota* | *antiguo* |
| " *u* | *gusto* | *justo* | — |

Unfortunately you will find both *g* and *j* in the *ge/je* and *je/ji* combination.
Remember that words ending in *-aje* use a *j*, for example: *garaje*.
Because *u* is used as a buffer between *g* and *e/i*, for the 'gw' sound plus *e/i* you have to resort to the 'diaeresis' (¨) to separate the *u* sound: *vergüenza*.

• Silent *h*

There is really no way of telling from its sound whether a word beginning with a vowel sound needs an *h* at the beginning – you just have to learn it: *hola* (hello), *ola* (wave). Some words have a silent *h* in the middle: *prohibido, prohíbe*.
Watch out for *oler* (to smell), which is a radical-changing verb:
*huelo, hueles, huele, olemos, oléis, huelen*
You'll find it under *o*, not *h*, in the dictionary!

• A few further points to watch:

i) *b* and *v* sound the same, both being pronounced more strongly at the beginning of a word – a point worth remembering if you are trying to identify a spoken word.

ii) *ch* is a separate letter in the dictionary – it comes after all other words beginning with *c*. Similarly *ñ* comes after *n*. By the way, the *tilde* (~) does matter: think what you are saying if you write *'tengo dieciséis anos'*!

iii) *k* only occurs in foreign words and combinations of *kilo* (*kilómetro*, etc.), and *w* is rare, as even the old-fashioned word for 'loo' is now spelt *váter* (though you might see *WC*).

iv) You won't find *ph* for the *f* sound – it's always *f*: *filosofía*.

v) Many students confuse <u>ciudad</u> and ¡<u>cuidado</u>! So all we can advise is – ¡CUIDADO!

- Question and exclamation marks

Don't forget to put the inverted question or exclamation mark at the beginning of a question or exclamation. The reason for this is that, as the subject is often contained in the verb ending in Spanish, the verb cannot be turned round to warn the reader that the sentence is a question. In speech, of course, the tone of voice indicates a question.

## Chapter 1

**1** dos – rinocerontes, hipopótamos, cocodrilos, gatos, ratones, ratas, gorriones, serpientes, pitones, jabalíes, reses, chimpancés;
crisis, toses, inundaciones, regímenes, series de problemas, clubs/clubes de vela, ingleses, portuguesas, israelíes.

**2** la bronquitis, el diploma, el parabrisas, el cuidado, la igualdad, la civilización, el dilema, el ama de casa (*fem.*), la tesis, la goma, el Ecuador, el equipaje, el amor, el tragaperras, la cumbre, el programa, el Paraguay, la Argentina, el paraguas, el footing, el software, el coma (*coma*)/la coma (*comma*)

**3** 1) el  2) los  3) la  4) del  5) la  6) los  7) la  8) al  9) del  10) el  11) una  12) la  13) del  14) –  15) –  16) el  17) una  18) –  19) una  20) el  21) la  22) la  23) el  24) el  25) el  26) –  27) el  28) el  29) –  30) el  31) la  32) –  33) del  34) –

## Chapter 2

**1** Any combination that makes sense is possible. Check with your teacher that you have the agreements correct.

**2** 1) moreno 2) largo 3) redonda 4) marrón 5) grandes 6) vaqueros 7) azules 8) desgarrados 9) negras 10) de charol 11) alto 12) sucias 13) extranjeros 14) pocas 15) pronunciadas 16) peligroso 17) seguros

## Chapter 3

**1** 1) lentamente 2) rápidamente 3) estúpidamente 4) lógicamente 5) personalmente 6) regularmente 7) correctamente 8) bien

**2 Part 1:** 1) recientemente 2) fácilmente 3) atentamente 4) persuasivamente 5) categóricamente 6) diplomáticamente 7) airadamente 8) difícilmente 9) entusiasmadamente 10) profundamente

**Part 2:** con discreción – diplomáticamente; como un tronco – profundamente; sin duda alguna – categóricamente; con ahínco – persuasivamente; sin dificultad – fácilmente; con cortesía – atentamente; con satisfacción – entusiasmadamente; con enojo – airadamente; hace poco – recientemente; no sin problemas – difícilmente

## Chapter 4

**1** 1) Brasil es más grande que Chile.
2) Llueve más en las Selvas de Brasil que . . . en Chile.

3) Menos personas hablan portugués que español/No tantas personas hablan portugués como español en Latinoamérica.

4) Hay menos capitalistas en Cuba que en el resto de Latinoamérica/No hay tantos capitalistas en Cuba como . . .

5) Acapulco está menos contaminada que la Ciudad de Méjico/no está tan contaminada como Méjico.

6) El Río Grande es menos largo que el Río Orinoco/no es tan largo como el Río Orinoco.

7) Hace menos frío/Hace más calor en Caracas que en la Tierra del Fuego/No hace tanto frío en Caracas como . . .

8) Hay más galeses en Gales que en Patagonia.

9) Más norteamericanos que ingleses/Menos ingleses que norteamericanos/No tantos ingleses como norteamericanos visitan los países de Sudamérica.

10) Los habitantes de las Islas Malvinas hablan más inglés que español/menos español que inglés.

## Chapter 5

**1** 1) La Rioja es la autonomía más pequeña de toda España.

2) El vino es el producto más importante de la Rioja.

3) Las drogas son el problema más preocupante de/para la juventud española.

4) Pedro Almodóvar es el director de cine más conocido de la actualidad.

5) Torrelavega es la ciudad más industrial de Cantabria.

6) El AVE es el tren más rápido y moderno de la RENFE.

7) El turismo es el factor más imprescindible de/para la economía española.

8) El autobús es el modo de viajar más barato de todos.

9) El Ebro es el río más largo de España.

10) Granada es la ciudad con más influencia árabe de toda Andalucía.

**2** 1) Está friísimo. 2) Son lindísimos. 3) Son riquísimas. 4) Son buenísimos. 5) Es simpatiquísima. 6) Son grandísimos. 7) Es sabrosísima. 8) Trabaja muchísimo. 9) Estoy contentísima. 10) Te sirven rapidísimamente.

## Chapter 6

**1** 1) este 2) esta 3) aquélla 4) Este 5) este 6) ése 7) aquél 8) estos 9) esta 10) aquélla 11) Estas 12) aquéllas 13) ésta 14) aquélla 15) éstos

## Chapter 7

**1** 1) mi 2) la tuya 3) mis 4) los tuyos 5) tu 6) la mía 7) mi 8) la tuya 9) mi 10) la tuya 11) vuestras 12) las nuestras 13) tu 14) la mía 15) la mía 16) la tuya 17) vuestras 18) las nuestras 19) tu 20) la mía 21) vuestras/tus 22) las nuestras/mías 23) mías 24) tu

**2** 1) Es de Marcos. 2) Es de Ángel. 3) Es de Anita. 4) Sí, es suyo. 5) Sí, es mía. 6) Sí, es tuyo/suyo. 7) Sí, es nuestro. 8) Sí, es nuestra/vuestra/suya. 9) Son de Miriam González. 10) Son de Pablo Picazo. 11) Sí, son mías. 12) Sí, son suyos. 13) Sí, son suyas. 14) Sí, son suyos. 15) Sí, son nuestros. 16) Sí, son nuestras.

**3** 1) No, mi moto es más rapida que la tuya/Sí, tu moto es más rápida que la mía.

2) No, tu novio/a es más feo/a que el mío/la mía/Sí, mi novio/a es más feo/a que el tuyo/la tuya.

3) No, nuestra abuela es más vieja que la vuestra/Sí, vuestra abuela es más vieja que la nuestra.

4) No, tus tíos son más simpáticos que los míos/Sí, mis tíos son más simpáticos que los tuyos.

5) No, su perro es más feroz que el tuyo/Sí, tu perro es más feroz que el suyo.

6) No, tu amiga es más tonta que la mía/Sí, mi amiga es más tonta que la tuya.

7) No, mi bolígrafo costó más dinero que el tuyo/Sí, tu bolígrafo costó más dinero que el mío.

8) No, sus deberes son más difíciles que los nuestros/Sí, nuestros deberes son más difíciles que los suyos.

9) No, vuestro profesor es mejor que el nuestro/Sí, nuestro profesor es mejor que el vuestro.

10) No, los mensajes que mandamos nosotros son más aburridos que los suyos/Sí, los mensajes que mandan ellos son más aburridos que los nuestros.

## Chapter 8

**1** *Across columns:* veinticuatro, cuarenta y tres, setenta y ocho, sesenta y cinco; noventa y dos, ochenta y seis, cincuenta y uno, trece;

ciento uno, ciento doce, ciento cuarenta y ocho, ciento sesenta y nueve;

ciento ochenta y siete, ciento noventa y nueve, doscientos dos, doscientos once;

doscientos cincuenta y cinco, trescientos cuarenta y dos, trescientos ochenta y nueve, cuatrocientos cinco;

cuatrocientos sesenta y seis, quinientos tres, quinientos trece, quinientos cincuenta y nueve;

seiscientos ocho, seiscientos setenta y tres, setecientos setenta y dos, setecientos ochenta;

ochocientos veintiuno, ochocientos ochenta y ocho, novecientos siete, novecientos cincuenta y cuatro;

mil uno, mil doscientos treinta y cuatro, mil quinientos sesenta y ocho, mil novecientos noventa y seis;

dos mil trescientos setenta y ocho, cuatro mil doscientos noventa y seis, ocho mil setecientos cuarenta y tres, nueve mil setecientos cincuenta y cinco;

doce mil ochocientos setenta y seis, cincuenta y nueve mil cuatrocientos ochenta y tres, setenta y cinco mil ochocientos treinta y cuatro, ochenta y tres mil seiscientos ochenta y nueve;

un millón uno, cuatro millones novecientos ochenta y seis mil quinientos veintitrés, cincuenta y seis millones cuatrocientos nueve mil cuatro, cuatrocientos cincuenta y dos millones seiscientos noventa y cuatro mil quinientos setenta.

**2** Isabel primera de Inglaterra, el papa Pablo sexto, el rey Alfonso décimo, el quinto aniversario, su octavo cumpleaños, su quince cumpleaños.

## Chapter 10
**1** 1) Tú, yo  2) nosotros, tú  3) ellos/ellas/ustedes  4) me  5) los  6) os/les
7) Les  8) ofrecerte  9) le  10) se  11) te  12) bañarnos  13) mi  14) ustedes
15) mi/nosotros

**2** él, a ella, ella, a él, a ellos, a ella, ella, él, ellos, de ella, él, ellos

**3** 1) la  2) nos  3) me  4) decirles  5) la  6) ellos  7) la  8) ellos  9) los  10) nos
11) se  12) me  13) me  14) ella

## Chapter 11
**1** *Sample answers:*
 1) Porque me encanta ver las películas.
 2) Sí, me apetece tomar una Coca-Cola.
 3) Sí, quiero ver un programa que ponen esta tarde.
 4) Porque me gusta escuchar música.
 5) Pues, sí, necesito ponerme un vestido/traje nuevo para la fiesta.
 6) ¡Claro! Tengo que aprobar el examen de español.
 7) Porque quiero hacerme médico.
 8) Sí, pues prefiero comer manzanas y nada más.
 9) Porque espero ver a mis amigos allí.
10) Pues, porque me interesa ver la obra que ponen esta tarde.
11) Porque deseo ayudarla: ¡es muy vieja ya!
12) Porque ya sé conducir.
13) No, no puedo ir porque no me dejan mis padres.
14) No, ¡ya sabes que no me interesa escuchar los discos que tienes tú!
15) No, pienso jugar al dominó con mi hermano.
16) Es que no sé hacerlos.
17) No, ¡no me gusta estar contigo!
18) Porque voy a comprarme un reloj de oro.
19) No, no me apetece ser profesor(a).

**2** 1) Preparar las legumbres 2) Poner las mesas 3) Freír la carne 4) Hacer la sangría 5) Ponerme el uniforme 6) Servir las comidas 7) Lavar los platos
8) Barrer el suelo del restaurante 9) Escribir los menús para mañana

**3** *Sample answers:*
1) Claro, esta tarde voy a ir al cine contigo.
2) Ya te dije que te voy a llevar a la discoteca.
3) Sí, te voy a ayudar con los deberes.
4) Claro que te voy a contar lo que pasó.
5) Sí, sí, te voy a dejar mi bicicleta.

**4** *Sample answers:*
1) Porque me encanta comer.
2) Porque tengo que hacer un examen mañana.
3) Porque prefiero llevar colores fuertes.
4) Porque no puedo olvidarlos.
5) Porque no me apetece cambiar de psiquiatra.

## Chapter 12

**1** estamos, estamos, mira, prepara, busca, sacamos, queremos, tenemos, vamos, se encuentran, dicen, llueve, hace, podemos, hay, necesitamos

**2** 1) llama 2) contiene 3) son 4) hay 5) cultivan 6) crían 7) conoce 8) es 9) atrae 10) pueden 11) puede 12) hace 13) vienen 14) ven 15) debe

## Chapter 13

**1** tienen, piensan, prefieren, vuelven, empiezan, se sientan, quieren, se esfuerzan, se acuestan, duermen, cuenta, cierran, encuentran, entienden, pueden

**2** tenemos, nos cuidamos, pensamos, comimos, bebemos, preferimos, nos volvemos, hacemos, empezamos, nuestras (horas de ocio), nos sentamos, queremos, nos esforzamos, nos acostamos, dormimos, nos (cuenta), deberíamos, nuestra (salud), cerramos, encontramos, nuestro (modo de ser), entendemos, nos (dice), darnos (cuenta), podemos, nuestro (estilo de vida)

## Chapter 14

**1** me desperté, me levanté, me duché; me afeité, me vestí; pasearme; me puse en contacto, nos encontramos; nos sentamos, tomamos; nos despedimos, me dirigí; me quedé, me divertí; me bañé, me acosté; me di cuenta, me volvía (loco)

**2** 1) se lava 2) ducharnos, bañarnos 3) se pasean 4) afeitarse 5) mirarse 6) mantenerse 7) se divierten 8) se encuentra 9) se hace/se hizo 10) se vuelve/se volvió, se va/se fue

## Chapter 15

**1** 1) Lo arreglaré mañana. 2) Las lavaré mañana. 3) Los haré mañana. 4) Los fregaré mañana. 5) Lo barreré mañana. 6) La limpiaré mañana. 7) Lo leeré mañana. 8) La visitaré mañana/Iré a visitarla mañana. 9) La pondré en el garaje mañana. 10) Volveré a la biblioteca mañana. 11) Los compraré mañana. 12) Lo buscaré mañana. 13) Le escribiré mañana. 14) Les llamaré mañana.

**2** *Suggested versions:*
*Novio:* La víspera de la boda, saldré por la tarde con unos amigos. Tomaremos unas copitas, luego iremos a cenar a un restaurante. Después, bueno, no lo recordaré bien, ¡ni querré recordarlo!
El día de la boda me levantaré a las ocho y desayunaré con el padrino de boda

que llegará a las ocho y pico. Los dos saldremos a dar un paseo al lado del río y a las diez volveremos a mi casa a vestirnos para la boda.

Llegaremos a la iglesia a las doce menos cuarto; muchos parientes y amigos ya estarán allí, y otros llegarán después de nosotros. El cura entrará a las doce en punto, y, por fin, llegará Juanita con su padre. ¡Qué hermosa estará! Con ella llegarán también las damas de honor, mis sobrinas Mariana y Sara. Ellas también estarán muy guapas. La ceremonia durará un poco menos de una hora, y después se harán las fotos delante de la iglesia.

A las dos iremos todos al hotel donde almorzaremos, bailaremos y nos divertiremos. Por fin, Juanita y yo nos despediremos de todos y nos pondremos en camino para nuestra luna de miel. ¡Y ya no escribo más!

*Novia:* La víspera de la boda, saldré por la tarde con unas amigas: tomaremos unas copitas, luego iremos a cenar en un restaurante. Después, bueno, no lo recordaré bien, ¡ni querré recordarlo!

El día de la boda, me levantaré a las ocho y desayunaré con las damas de honor, las sobrinas de mi novio, Mariana y Sara. Pasaremos una hora y media preparándonos para la boda. Llegaremos a la iglesia a las doce y pico; todos los parientes y amigos ya estarán allí y también Andrés que estará esperándome en el altar. ¡Qué guapo estará! El cura empezará la ceremonia que durará un poco menos de una hora, y después harán las fotos delante de la iglesia.

A las dos iremos todos al hotel donde almorzaremos, bailaremos y nos divertiremos. Por fin, Andrés y yo nos despediremos de todos y nos pondremos en camino para nuestra luna de miel. ¡Y ya no escribo más!

## Chapter 16

1 1) Lo limpiaría mi robot. 2) Lo lavaría mi robot. 3) Los fregaría mi robot.
4) Lo barrería mi robot. 5) La prepararía mi robot. 6) La pondría mi robot.
7) La llevaría mi robot. 8) Los secaría mi robot. 9) Lo buscaría mi robot.
10) Lo cortaría mi robot.

2

18 de julio

¡Hola!

Te escribo para contarte como será el día de la boda de mi tío, y lo que tendré que hacer como dama de honor de su novia. Juanita me escribió recientemente para explicármelo todo.

Juanita me dijo que la víspera de la boda, tendría que llegar a su casa a las ocho; mi prima, Sara, ya estaría allí. Prepararíamos varias cosas para la boda, luego saldríamos a cenar con unas amigas mías. Dijo que el día de la boda, nos levantaríamos a las ocho, y después del desayuno iríamos a la peluquería. A las diez y cuarto volveríamos a mi casa a vestirnos para la boda. ¡Todas estaríamos guapísimas!

Escribió Juanita que iríamos con su padre a la iglesia, y que llegaríamos a las doce y pico: ¡siendo la novia tendría que llegar un poquito tarde! Los parientes y amigos ya estarían allí, pues seríamos los últimos en llegar.

Al entrar, Sara y yo iríamos detrás de ella. Me dijo que el cura me diría lo que tuviera que hacer durante la ceremonia; y que la ceremonia duraría un poco menos de una hora, y después se harían las fotos delante de la iglesia.

Dijo que a las dos iríamos todos al hotel, donde almorzaríamos, bailaríamos, y nos divertiríamos. Me contó Juanita que, por fin, ella y Andrés se despedirían de todos nosotros, y se pondrían en camino para su luna de miel.

¡Y ya no me contó más! ¡Hasta pronto!

Un beso,
Mariana

## Chapter 17

1 era, llevaba, vivía, tenía, iba, almorzaba, estaba, encontraba, gustaban, traía, daba, veía, quería

2 prohibía, había, podía, quería, existían, empezaban, se decía, leía, negaban, insistía, daba, estaban ocurriendo, restringía, podía(n)

3 pasaba, jugaban, trepaba, roía, dormía, quemaba, estaba, trataba, escapaba, desbordaba, corrían, saltaban, comían, cortaba, caían, pensaban, hacían, cuidábamos, ibas, soñaba, era

## Chapter 18

1 Son las nueve y pico. **Está saliendo** de casa, **está cruzando** la calle y ahora **está esperando** el autobus. **Está llegando** el autobús. **Está subiendo** y **pagando** el billete. **Está bajando** delante del ayuntamiento, y **está tomando** la calle de Toledo. Ahora **está subiendo** la avenida de Burgos, y **está entrando** en el edificio de la empresa donde **trabaja**. **Está cogiendo** el ascensor al cuarto piso. Ahora **está saliendo** y **se está dirigiendo** a **su** despacho. **Está saludando** a **su** secretaria, y **se está sentando** detrás de **su** escritorio. **Está comenzando** a abrir el correo y (**está comenzando**) a redactar **sus** respuestas a las cartas. Ahora **está entrando su** secretaria con una taza de café, y **se está preparando** para tomar unos apuntes. Ahora **está llamando** por teléfono a **su** jefe. **Está entrando** un colega: le **está mostrando** unos dibujos. Es mediodía: los dos **están saliendo** y **están entrando** en el bar que se encuentra enfrente de la oficina. **Están tomando** un aperitivo. Ahora **se están dirigiendo** al restaurante Salamanca. **Se están sentando** cerca de la ventana. **Están pidiendo** algo de comer y una botella de vino tinto. **Están charlando** con el camarero. **Están tomando** café y ahora **están volviendo** al trabajo.

**2** *Sample answers:*

1) Ayer a las diez de la mañana vi a Concha en el parque y estaba dando de comer a los patos.

2) A las diez y media la vi en la biblioteca y estaba leyendo una revista.

3) A las once la vi en el café Chinchón y estaba tomando un coñac.

4) A mediodía la vi salir de la panadería y estaba llevando un pastel.

5) A la una la vi entrar en el Restaurante Zeluán y estaba comiendo un bistec.

6) A las dos la vi en la playa y estaba tomando el sol.

7) A las cuatro la vi en la Calle Mayor y estaba mirando escaparates.

8) A las siete la vi entrar en la Discoteca Marisol y estaba bailando con un chico alto y rubio.

9) A las nueve la vi en Bodegas Muñoz-Rivas y estaba charlando con el chico alto y rubio.

10) A medianoche la vi volver a casa y estaba besando al chico.

## Chapter 19

**1** resultó, se celebró, sucedieron, descubrió, se organizaron, emprendieron, recorrieron, recibió, asistieron, acudieron, visitaron, llamó

**2** se prepararon, volvieron, compraron, se enfadaron, empezaron, continuaron

## Chapter 20

**1** 1) cogía  2) cogió  3) dejé  4) dejaba  5) hacía  6) hizo  7) comíamos
8) comimos  9) estaba  10) estuvo

**2** 1) éramos, comíamos  2) veía, trabajaba  3) cayó, leía  4) fue, cayó
5) cruzaron, conquistaron  6) sabías, dejaste  7) estaba, era  8) tenía, compré
9) erais, estudiabais  10) iba, se cayó

**3** *Sample answers:*

1) Mientras veía la televisión, entró mi tío.

2) Hacía los deberes cuando salió mi hermano.

3) Cuando escuchaba un disco, alguién llamó por teléfono.

4) Mientras lavaba los platos, rompí un vaso.

5) Cuando iba por la calle, vio un accidente.

6) Mientras cogía manzanas, se cayó del árbol.

7) Jugaba al fútbol cuando se hizo daño en el pie.

8) Mientras subíamos la colina, vimos un pájaro muy raro.

9) Tomé el sol en la playa y cogí una insolación.

10) Mientras estaban en el jardín, oyeron el primer cuclillo.

**4** fui, hacía, nos pusimos, había, llegamos, encontramos, decidió, dio, se cayó, tuvieron, decía, sabía, se ahogó, se quedó, volvió, pasó, estaba, gustaba, criticaba, se quedaba/quedó

## Chapter 21

**1** Sí, claro que . . . 1) . . . la he preparado 2) . . . los he encontrado 3) . . . lo

he reservado 4) . . . los he conseguido 5) . . . lo he visto 6) . . . (se) la he dejado
7) . . . la he hecho 8) . . . lo he comprobado 9) . . . las he cerrado

2 ha visto, se ha(n) creado, han fomentado, se ha devuelto, ha ganado, ha
pedido, ha conseguido, ha causado, ha traído, ha sido, ha florecido, han
decidido, ha unido, ha logrado, ha hecho, ha dicho

## Chapter 22
1 había sido, habían tenido, había ido, habría/hubiera gustado, habría/hubiera
tenido, habría/hubiera sido, había aumentado, había hecho, había podido, han
construido, ha sido, ha pasado

2 1) ¿Habrá llegado ya? 2) ¿Habrá venido/llegado el avión a tiempo?
3) ¿Habrá puesto sus calcetines en la maleta? 4) ¿Se habrá mareado en el avión?
5) ¿Habrá sido desviado el avión si ha habido niebla? 6) ¿Habrá estado allí mi
hermana para esperarle? 7) ¿Se habrá acordado de darle el regalo? 8) ¿Habrá
llevado bastante dinero? 9) ¿Habría/Hubiera sido mejor llevar cheques de
viajero? 10) ¿Qué (le) habrá dicho a su tía?

## Chapter 23
1 1) Podría(s) ir 2) Debería(s) visitar 3) debería(s) ver 4) podíamos haber ido;
no pudimos/podíamos 5) Debíamos haber ido 6) Debíamos haber sabido
7) Podíamos haber reservado

2 1) Debe de haberse ido ya. 2) Tenemos que marcharnos antes de las diez.
3) Tendrás que darte prisa para coger aquel tren. 4) Habrá sido un gran
problema para usted. 5) Los españoles ya no tienen que hacer la mili lejos de
casa. 6) El equipo de Inglaterra ha debido tener un día malo. 7) Debe de estar
lloviendo. Veo a gente que lleva paraguas. 8) Deberás llevar el impermeable.
9) Hay que aprender a respetar la ley. 10) ¡Ha debido ser un ejercicio bastante
difícil!

3 1) Podía haber estudiado más. 2) No debía haber trabajado tanto en el
supermercado. 3) Podía haber trabajado sólamente los sábados. 4) Podía
haberse levantado más temprano. 5) No debía haber pasado tanto tiempo con
aquella chica. 6) Debería darse cuenta de que necesita aprobar sus exámenes.
7) Podría volver a hacer los exámenes el año que viene, claro. 8) Podría
aprobar en español si intentara. 9) Trató de estudiar francés pero no podía
hacerlo. 10) Yo debía haber tenido más simpatía, pero traté y no podía/pude.

## Chapter 24
1 1) me gustaban 2) me gustaría 3) me encantan 4) me interesa 5) me faltan
6) me queda 7) me sobran 8) me interesan 9) me apetecería 10) me dolería

2 1) A Miguel no le gusta la Coca-Cola. 2) A Pedro no le gustó la película.
3) A Sandra le encanta jugar al tenis. 4) A Andrés no le interesa trabajar aquí.
5) A nuestros hijos les apetece ir a España este año. 6) A mi padre no le
entusiasma el jardín. 7) A Bárbara le emocionó ese libro. 8) No quedan

ejemplares. 9) A la abuela le sobra dinero. 10) A ese coche le faltaban dos ruedas. 11) A María le duelen las piernas.

## Chapter 25

**1** 1) decidió pasar  2) empezó a/por informarse  3) prefirió ir  4) se dedicaron a finalizar  5) nos preparamos para ponernos a  6) pudimos coger  7) tratamos de encontrar  8) logramos viajar  9) comenzamos a broncearnos  10) nos dispusimos a volver

**2** 1) me preparaba para  2) tuve que  3) me esforcé a  4) dejé de  5) necesitaba  6) decidí  7) quería  8) (había) decidido  9) (había optado) por  10) me dispuse a  11) me dedicaba/dediqué a  12) me resigné a  13) logré  14) invitaron a  15) persuadieron a  16) aconsejaban  17) deseaba  18) resolví  19) disuadieron de  20) me comprometí a

**3** 1) Al llegar a casa, preparé la cena. 2) Veré el partido hasta ver el primer gol. 3) Compré este regalo para dárselo a mi novia. 4) Volví a casa inmediatamente por haber perdido la cartera. 5) Llegué al cole sin ver a mi amigo. 6) Vamos a pararnos a tomar algo de beber antes de ir  a casa. 7) Después de ir al cine, iremos al restaurante.

## Chapter 26

**1** El verano pasado, como nos sentíamos aventureros, mi hermana y yo decidimos pasar las vacaciones visitando el País de Gales a pie. El primer día, después de andar unos veinte kilómetros, teníamos las piernas cansadas y nos apetecía pasar una semana durmiendo, por lo tanto nos pusimos a buscar un albergue para jóvenes. ¡Por desgracia, no teníamos el mapa de los albergues pues yo lo había dejado olvidado en casa, en la mesa de la cocina! Después de andar durante otra hora más, encontramos un albergue al lado de un río. Cuando entramos, una joven simpática estaba reservando una habitación, así que mientras esperábamos, nos pusimos a mirar el río. Después de reservar dos habitaciones con agua corriente, fuimos a la cocina a preparar nuestra cena. Luego nos sentamos a ver la televisión antes de acostarnos a las diez, agotados después de andar el primer día pero convencidos de que íbamos a divertirnos durante el resto de nuestras vacaciones, explorando esta región del País de Gales.

## Chapter 27

**1 a)** *Tú:* toma, lava, pela, córtalas, casca, bate, pon, caliéntalo, añade, fríelas, echa, mézclalas, añade, mezcla, pon, añade, fríe, sirve

**b)** *Usted:* tome, lave, pele, córtelas, casque, bata, ponga, caliéntelo, añada, fríalas, eche, mézclelas, añada, mezcle, ponga, añada, fría, sirva

**c)** *Vosotros:* tomad, lavad, pelad, cortadlas, cascad, batid, poned, calentadlo, añadid, freídlas, echad, mezcladlas, añadid, mezclad, poned, añadid, freíd, servid

**2** 1) conserve 2) mantenga 3) no lave 4) sirva 5) no deje

## Chapter 28

**1** 1) está 2) es 3) está 4) es 5) es 6) está 7) es 8) es 9) fue 10) es 11) es 12) fue 13) fueron 14) está 15) es 16) está 17) está 18) está 19) están

**2** 1) es 2) está 3) es 4) están 5) son 6) fueron/han sido 7) estaba 8) fue 9) ha sido/está 10) es

## Chapter 29

**1** fue cortada, fue despejada, fueron traídos, fueron alojados, fueron preparadas, fue prevista, son sorprendidas, será/sea hecho, será mejorado, serán transmitidos

**2** 1) Plasencia fue fundada por el rey . . . 2) Fue ubicada . . . 3) Fue amurallada por las autoridades. 4) El mercado fue iniciado . . . 5) El ayuntamiento fue restaurado . . . 6) Nombres fueron puestos a las varias puertas de la ciudad. 7) La catedral vieja fue comenzada . . . 8) Una de las torres fue derribada . . . 9) Una Ciudad Deportiva fue construida.

## Chapter 30

**1** 1) En mi familia todas las decisiones . . . son tomadas por mi padre y mi madre/las toman tanto mi madre como mi padre.
2) El presupuesto familiar . . . es cobrado por mi padre y mi madre/lo cobran mi padre y mi madre.
3) Cada sábado se me da una cantidad de dinero de bolsillo.
4) Este dinero lo gasto/es gastado en discos y ropa.
5) Una parte del dinero . . . la ahorro/es ahorrada.
6) Es ingresada en la caja de ahorros.
7) Si me comporto mal, se me da alguna sanción.
8) Se me prohíbe salir durante dos o tres días.
9) Nunca se usa la violencia conmigo.
10) Se dice que soy un chico bastante normal.

**2** Ayer cayó mucha nieve y la carretera Burgos–San Sebastián se cortó en dos sitios. La carretera la despejaron dos grandes quitanieves que se trajeron desde Burgos. Mientras tanto a los chóferes de los coches y camiones atascados se los alojó en el colegio de un pueblo vecino. Las comidas de emergencia las prepararon el personal de cantina y unos padres de los colegiales. Aunque ésta es una circunstancia que previeron las autoridades, casi siempre las sorprenden las dificultades que trae. Los usuarios de dicha carretera esperan que algo se hará/haga antes del próximo invierno. El MOPU (Ministerio de Obras Públicas) ha asegurado que el trayecto de la carretera se mejorará y que si va a haber problemas de nieve, unos avisos se transmitirán por medio de la emisora de radio local.

**3** *A possible version, but not the only one, might be:*
La semana pasada la pasamos en un hotel en el noreste de España, donde se nos trató muy bien. Por las noches se nos daba/proporcionaba una cena de tres platos y una botella de vino. Si queríamos, se servía el desayuno en nuestra habitación. Se decía en el folleto del touroperador que el hotel tenía dos estrellas, pero se nos enteró/nos enteramos al llegar que esto se había cambiado a tres estrellas este año. El martes se nos llevó a los Picos de Europa, y el hotel nos proporcionó/dio una comida merienda. Al llegar al pueblo de Fuente Dé, se nos dijo que nos llevarían hasta lo alto de la montaña en el teleférico y que luego bajaríamos y el autocar nos recogería a las seis. Se consideró que la mayoría pasamos un día agradable.

**Chapter 32**
**1** 1) ¡No me gusta que Jaime escriba en las paredes!
2) ¡Preferiría que ambos niños jugasen/jugaran fuera!
3) ¡Dile a Pablo que se lave las manos!
4) ¡Dile a Pablo que baje la tele!
5) ¡No quiero que pinten el/al gato!
6) ¡Diles que no pongan zapatos sucios en la mesa!
7) ¡Pide a Pablo que no salte sobre la cama!
8) ¡Es terrible/horroroso que se acuesten tan tarde!
9) ¡Más vale/Es mejor que todos os vayáis a casa mañana!

**2** quiera, siga, escogiera/escogiese, cambie, desempeñara/desempeñase, decida/haya decidido, marche, haya firmado, tomen/hayan tomado

**Chapter 33**
**1** Ya sabemos que España está de moda tanto en Europa como en el mundo entero. Es probable que esta popularidad siga. No cabe duda de que se puede ver toda clase de producto español en las tiendas europeas. Es dudoso que haya una buena discoteca en Londres o París donde no se oiga algún conjunto español. Para los españoles mayores, es difícil creer que la actitud de los extranjeros hacia su país haya cambiado tanto. A fin de cuentas, algunos de ellos no creían que la democracia se estableciera/estableciese. Lo que es cierto es que España ya puede contarse como uno de los países principales en la diplomacia europea. ¿Quién hubiera creído hace veinte años que Madrid se hiciera/hiciese centro diplomático europeo o que España participara/participase plenamente en la CE? ¿Puede que lo esté/estemos soñando?

**2** Es posible/dudoso que (*or similar phrase*) . . .
a) . . . haga b) . . . nieve c) . . . haga d) . . . sople e) . . . se formen f) . . . sean g) . . . no bajen h) . . . caigan

**Chapter 34**
**1** 1) En cuanto/Así que (compre . . .) 2) Cuando (haya notado . . .) 3) . . . para que (digan . . .) 4) Cuando/En cuanto/Así que (haya terminado . . .)

5) Antes de que (las eche . . .) 6) Cuando (reciba . . .) 7) Con tal que/A condición de que (el puesto parezca bien . . .) 8) Cuando (llame . . .) 9) Cuando/Con tal que (me ofrezcan el puesto . . .) (*Note: not* Si . . . !) 10) A condición de que (me paguen . . .) 11) En cuanto/Así que/Cuando (reciba . . .) 12) Con tal que/A condición de que (sea . . .)

**2** ¿De quién es Gibraltar? En la época de Franco, los gibraltareños decían que no querían ser españoles, hasta que España fuera/fuese democrática. Los ingleses decían que no dejarían la soberanía sin que los habitantes del Peñón lo quisieran/quisiesen. Antes de que muriera/muriese Franco, la situación no iba a resolverse. Desde la muerte de Franco, en efecto la situación ha ido cambiando, pero para que los gibraltareños cambien de parecer, todavía hace falta tiempo. Con tal que lo que pase sea según sus deseos, un día el problema se resolverá, pero quizás no mientras tengan sus recuerdos de la España de la dictadura. Tampoco habrá solución hasta que España y el Reino Unido hablen en serio y hagan un verdadero acuerdo. En cuanto ocurra esto, entonces todos los partidos podrán estar contentos.

**3** 1) en cuanto el proceso se complete/esté completo 2) cuando el producto esté listo 3) en cuanto sepamos las dimensiones 4) mientras continúe/siga esta situación 5) hasta que nos den la luz verde 6) una vez que recibamos un pedido definitivo 7) con tal sepamos lo que quieren 8) a menos que nos manden/envíen un fax 9) aunque el pedido sea pequeño 10) a condición de que se firme pronto el contrato

## Chapter 35
**1** Si buscas un deporte que te mantenga en buena forma y que al mismo tiempo mezcle la destreza física con el arte, ¿por qué no pruebas el tae-kwondo? No es una actividad que requiera gran fuerza, pero es un deporte que se hace muy popular entre los españoles. Esto no es porque sea un deporte con orígenes europeos, puesto que tiene sus raíces en el Oriente. Unos dicen que los españoles necesitan un deporte que canalice la violencia. El tae-kwondo no es un deporte que se pueda practicar donde y como se quiera. Hay que haber un local que ofrezca sitio suficiente y un sitio donde los practicantes se cambien y se pongan el uniforme, que es de rigor.

**2** El cielo es:
a) . . . una casa que sea totalmente automática
b) . . . un criado que me prepare las comidas
c) . . . un/a compañero/a que me traiga la felicidad
d) . . . dos niños hermosos que me mantengan ocupado/a
e) . . . un trabajo que me dé satisfacción
f) . . . un sueldo que lo pague todo
g) . . . no tener problemas financieros que me preocupen
h) . . . un jardín precioso donde descansemos
i) . . . y el sentido común que me devuelva a la realidad.

El cielo sería:

j)  . . . una casa que fuera/fuese totalmente automática
k)  . . . un criado que me preparara/preparase las comidas
l)  . . . un/a compañero/a que me trajera/trajese la felicidad
m) . . . dos niños hermosos que me mantuvieran/mantuviesen ocupado/a
n)  . . . un trabajo que me diera/diese satisfacción
o)  . . . un sueldo que lo pagara/pagase todo
p)  . . . no tener problemas financieros que me preocuparan/preocupasen
q)  . . . un jardín precioso donde descansáramos/descansásemos
r)  . . . y el sentido común que me devolviera/devolviese a la realidad.

3  Las vacaciones del año pasado fueron un desastre. Buscamos unas vacaciones que fueran/fuesen interesantes y que no costaran/costasen un dineral. Llamamos por teléfono a cierta agencia que anunciaba vacaciones de a caballo. Como no hay ningún sitio por aquí donde se pueda aprender a montar a caballo, pedimos una escuela donde se nos enseñara/enseñase.

Llegó julio y fuimos en coche a la granja en Gales que elegimos/habíamos elegido. Al llegar ¡no había nadie que nos recibiera/recibiese! ¡La granja estaba desierta! Tuvimos que buscar quien nos indicara/indicase algún pueblo de donde pudiéramos/pudiésemos llamar a la agencia. Como ya eran las nueve de la noche no conseguimos hablar con nadie que nos ayudara/ayudase. Por fin pasó un granjero en un tractor, a quien preguntamos si conocía un hotel donde nos alojáramos/alojásemos. Él dijo que no, en esa región, no hay quien se dedique siquiera a alquilar habitaciones. Tuvimos que dormir en el coche y a la mañana siguiente volvimos a casa. Como, claro, apenas había palabras que expresaran/expresasen nuestro descontento, mis padres escribieron una carta muy fuerte a la agencia. Ahora buscamos alguna medida que les obligue a devolvernos nuestro dinero.

## Chapter 36

1  1) Por mucho/más que grite ese diputado . . . 2) Por tonto que fuese el gobierno . . . 3) Por más/mucho que amemos al Presidente . . . 4) Por muchos escaños que ganen los comunistas . . . 5) Por contentos que estemos con el resultado . . . 6) Por listos que sean los políticos . . . 7) Por seguro que fuese el gobierno de ganar . . . 8) Por rápidamente que se declare el resultado . . .

2  1) Quizás/Tal vez la derecha gane las elecciones. 2) ¡Ojalá no las ganen los comunistas! 3) Quienquiera que diga eso tiene que ser muy optimista. 4) Comoquiera que hable el presidente, siempre tiene éxito. 5) Pase lo que pase, pasado mañana tendremos un nuevo gobierno. 6) Cualquiera que sea el gobierno, me es igual. 7) Quizás/Tal vez/Ojalá el próximo sea mejor.

## Chapter 37

1  Si no hay . . . Si hace . . . Mi marido dice que si pasamos . . . Me pregunto qué pasaría si cogiéramos/cogiésemos . . . Si nos hubiésemos/hubiéramos puesto . . . Si tuviésemos/tuviéramos . . . Si mi marido sigue bebiendo . . . Si

llueve . . . Si llego . . . Si encontrara/encontrase . . . Si aquella muñeca no hubiera/hubiese sido . . . Si supiese/supiera . . . Si el avión lleva retraso . . . Si hubiera/hubiese quedado . . .

**2** En 1969, el General Franco dijo que si los ingleses no **entraran/entrasen** en negociaciones sobre la soberanía del Peñón, cerraría la verja. Si los gibraltareños **hubiesen/hubieran querido** unirse a España, los británicos hubieran empezado a negociar, pero entonces aquéllos querían quedarse bajo la soberanía británica. Es de conjeturarse lo que habría pasado si los habitantes de la Roca **hubiesen/hubieran votado** por unirse a la dictadura. Ahora que España es una democracia y miembro de la CE, si los gibraltareños **quieren** unirse a España, quizás habrá menos problemas. Pero si los ingleses **fueran/fuesen** verdaderamente sinceros hacia España al asunto de la soberanía, no habría tantas procrastinaciones. Pero, ¿si los gibraltareños no **tienen/tuvieran/tuviesen** ganas de hacerse españoles? ¿Qué se debería hacer entonces? Y ¿si España **volviera/volviese** a ser dictadura?

## Chapter 38

**1** Últimamente me parece que **nadie** me quiere y yo no tengo interés en **nada**. No salgo **nunca** y **ninguno** de mis amigos viene a verme. **Nunca** me he sentido tan deprimida. No encuentro simpatía **en ninguna parte**. Parece que **ni** mis padres **ni** mis amigos quieren ayudarme. Siento que no sirvo para **nada**. Mi novio me invita al cine pero no siento interés **alguno** en salir, y luego si le digo que no quiero ir, contesta que, bueno, pues, él no quiere ir **tampoco**. ¡Dice que **en su vida** ha encontrado a una persona tan difícil como yo!

**2** 1) Nunca vamos/No vamos nunca . . . 2) Nunca encontramos/No encontramos nunca . . . 3) Nunca queremos/No queremos nunca ir . . . 4) Nuestros amigos tampoco quieren ir/No quieren ir tampoco . . . 5) Ni nuestros amigos ni nosotros lo pasamos bien. 6) Nunca hay nada interesante ni nadie simpático . . . 7) ¡Ninguna de estas observaciones es correcta! (*Note:* Ninguno *is used in the singular.*)

**3** 1) Nadie ha llegado. 2) Ni Pedro ni Ana lo sabe. 3) Tampoco lo sé yo. 5) Nadie me conoce. 7) Nada ocurre. 8) En mi vida he hecho tal cosa. 9) Esto nunca ocurre.

(*Note:* 4, 6, 10, 11 – not possible to change the word order)

## Chapter 39

**1** 1) por  2) por  3) por  4) por  5) para  6) por  7) por  8) por  9) por 10) para  11) para  12) para  13) para  14) para  15) por

**2** 1) por  2) para  3) por  4) para  5) para  6) para  7) por  8) para  9) por 10) por  11) para  12) para

## Chapter 40

**1** The personal *a* is used only in the following phrases: conocimos al director;

preguntó a nuestra profe; fuimos a ver a la encargada; la fábrica emplea a cincuenta personas; preguntamos a un hombre; que paseaba a su perro; no quería ayudar a nadie; encontramos a alguien; vimos a un taxista; llevar a un grupo; llamó por radio a sus colegas; encontramos a muchas personas.

## Chapter 41

**1** 1) Llevo diez años sabiendo nadar. 2) Llevo once años viajando al extranjero. 3) Llevamos siete meses viviendo en esta ciudad. 4) Llevo año y medio saliendo con mi novio/a. 5) Llevo nueve meses haciendo mis *A levels*. 6) Llevo mucho tiempo hablando español. 7) Llevamos un año en esta clase. 8) Llevamos varios años admirando a nuestro/a profesor(a) de español.

**2** Llevábamos dos años viviendo/Vivíamos desde hacía dos años en Sarajevo cuando empezó la guerra. Antes, vivimos (durante) cinco años en un pueblo donde yo trabajé (durante) tres años en una granja y (durante) dos años en el bar. Cuando salimos de/dejamos Sarajevo, no había agua desde hacía cuatro días/llevábamos cuatro días sin agua. Viajamos por Europa desde hace tres meses/Llevamos tres meses viajando por Europa. Estuvimos cinco semanas en Italia/Estuvimos en Italia (durante) cinco semanas, luego fuimos a Londres para/por seis semanas. Esperamos aquí desde hace cuatro días/Llevamos cuatro días esperando aquí y queremos ir a España y quedarnos allí para/por unos meses o hasta que se acabe la guerra.

## Chapter 42

**1** 1) En la casa . . . 2) . . . de mis sueños 3) . . . en la sala de estar 4) . . . en/ sobre el suelo 5) Delante de/Enfrente de la chimenea . . . 6) . . . sobre/encima de éstas 7) Sobre/En las ventanas . . . 8) . . . dentro del/en el marco de la ventana 9) Encima de/Sobre la chimenea . . . 10) En el primer piso . . . 11) . . . cada uno con cuarto de baño 12) En/Sobre las paredes de éstos . . . 13) En el sur de España . . . 14) Frente a/A causa de/A razón de este problema . . . 15) . . . encima del/sobre el techo de la casa 16) Alrededor de la casa . . . 17) . . . a pesar de/pese a lo seco del clima 18) Con/Para todo este sueño . . . 19) . . . ¿de dónde voy a sacar el dinero? 20) . . . a razón de/debido a un éxito 21) . . . en la lotería 22) . . . esperar hasta el año que viene 23) Con/A causa del régimen actual . . . 24) . . . en contra de ellas 25) . . . con los que . . . 26) viven al lado

## Chapter 43

**1** 1) El papel que tiene . . . 2) es un rey cuyo papel . . . 3) fue el rey el que . . . 4) el golpe de estado que . . . 5) el General Franco, que/quien/el cual . . . 6) los españoles que/quienes/los cuales . . . 7) el viejo general bajo quien/el cual . . . 8) El líder comunista, que/quien . . . 9) El rey y la reina Sofía cuya familia . . . 10) un hijo, el cual es . . . 11) el palacio de la Zarzuela, que/el cual se encuentra . . . 12) Una cosa que le irrita . . . 13) los presidentes visitantes con quienes/los cuales . . . 14) un traje de negocios que . . . 15) una cosa que le gusta . . . 16) las pistas de esquí donde/en que . . . 17) Las condiciones bajo las que/las cuales vive . . . 18) más normales que las que . . . 19) sus equivalentes en el Reino Unido, que son . . .

**2** 1) la abadía, que es . . . 2) al lado de la que/la cual . . . 3) lo que se llama . . . 4) la Pump Room que . . . 5) un edificio cuyo exterior . . . 6) debajo del que/del cual . . . 7) esta calle que . . . 8) pero que ahora está . . . 9) lo que les ha gustado . . . 10) una ciudad cuyo centro . . . 11) pero que ha sido . . . 12) estos edificios modernos delante de los que/los cuales . . . 13) Brunel de quien/del que/del cual . . . 14) y cuya fama es . . .

## Chapter 44

**1** *In some cases, other answers are possible:*
1) ¿Quién . . . ? 2) ¿Cuánta gente . . . ? 3) ¿Por qué . . . ? 4) ¿Cómo . . . ?
5) ¿Cómo . . . ? 6) ¿Cuál de . . . ? 7) ¿Qué pintor . . . ? 8) ¿Cómo . . . ?
9) ¿Dónde . . . ? 10) ¿Adónde . . . ? 11) ¿Cuándo . . . ? 12) ¿Cómo . . . ?
13) ¡Qué lástima! 14) ¡Qué chico . . . ! 15) ¡Cuánta gente . . . !

**2** 1) dónde 2) qué 3) por qué 4) cuándo 5) cuánta 6) cuántos 7) cuántos
8) cuántas 9) cómo 10) cuánta 11) qué 12) qué 13) qué 14) de quién
15) quién 16) cómo

## Chapter 45

**1** *Suggested version (variations are possible):*
Julio dijo que él y Marisa iban a ir a la fiesta esta tarde. Le preguntó qué le parecía. Marisa contestó que le parecía bien, y le preguntó a qué hora iban a salir. Julio contestó que sobre las ocho. Pero dijo que primero irían a cenar a la cafetería. Marisa se preguntó qué se pusiera; quería saber si Julio prefería su vestido rojo o el azul. Julio contestó que prefería el azul. Añadió que él iba a ponerse unos tejanos y una camiseta verde. Marisa le preguntó si tenían que llevar una botella a la fiesta. Julio explicó que Manuel había dicho que no hacía falta. Luego preguntó dónde iban a verse/encontrarse. Marisa sugirió que delante de su casa. Por fin se despidieron.

## Chapter 47

**1**

| A | B | C(i) | C(ii) |
|---|---|---|---|
| árabe | administrativo | andén *(platform)* | anden *(they walk) (subj)* |
| césped | alemanes | cambió *(he/she changed)* | cambio *(exchange; I change)* |
| champú | guardia | | |
| | hospital | cómo *(how)* | como *(like/as; I eat)* |
| francés | imagen | continúo *(I continue)* | continuo *(continuous)* |
| | | continuó *(he/she continued)* | |
| lápiz | naciones | construyó *(he/she built)* | construyo *(I build)* |
| marroquí | pijama | firmó *(he/she signed)* | firmo *(I sign)* |
| montón | trae | revólver *(revolver)* | revolver *(to stir up)* |
| ración | Valladolid | sacó *(he/she took out)* | saco *(sack; I take out)* |
| teléfono | verdad | té *(tea)* | te *(you) (obj pron)* |
| tráigame | vino *(wine;* | vengó *(he/she avenged)* | vengo *(I come; I avenge)* |
| veréis | he/she came)* | | |

# VERB TABLE

## Regular verbs

| Infinitive | Present indicative | Present subjunctive | Imperative | Future | Conditional |
|---|---|---|---|---|---|
| -ar verbs | paso | pase | | pasaré | pasaría |
| **pasar** | pasas | pases | pasa (tú) | pasarás | pasarías |
| *to pass,* | pasa | pase | pase Vd | pasará | pasaría |
| *spend (time),* | pasamos | pasemos | | pasaremos | pasaríamos |
| *happen* | pasáis | paséis | pasad (vosotros) | pasaréis | pasaríais |
| | pasan | pasen | pasen Vds | pasarán | pasarían |
| -er verbs | bebo | beba | | beberé | bebería |
| **beber** | bebes | bebas | bebe (tú) | beberás | beberías |
| *to drink* | bebe | beba | beba Vd | beberá | bebería |
| | beb**emos*** | bebamos | | beberemos | beberíamos |
| | beb**éis*** | bebáis | bebed* (vosotros) | beberéis | beberíais |
| | beben | beban | beban Vds | beberán | beberían |
| -ir verbs | subo | suba | | subiré | subiría |
| **subir** | subes | subas | sube (tú) | subirás | subirías |
| *to go up,* | sube | suba | suba Vd | subirá | subiría |
| *come up* | sub**imos*** | subamos | | subiremos | subiríamos |
| | sub**ís*** | subáis | subid* (vosotros) | subiréis | subiríais |
| | suben | suban | suban Vds | subirán | subirían |

\* These are the only three places where regular -**er** and -**ir** verbs have different endings.

## The main irregular verbs

| | | | | | |
|---|---|---|---|---|---|
| **caber** | **quepo** | **quepa** | | cabré | cabría |
| *to fit, be contained* | cabes | **quepas** | cabe | *etc.* | *etc.* |
| | cabes | **quepa** | **quepa** Vd | | |
| | cabemos | **quepamos** | | | |
| | cabéis | **quepáis** | cabed | | |
| | caben | **quepan** | **quepan** Vds | | |
| **caer** | **caigo** | **caiga** | | caeré | caería |
| *to fall* | caes | **caigas** | cae | *etc.* | *etc.* |
| | cae | **caiga** | **caiga** Vd | | |
| | caemos | **caigamos** | | | |
| | caéis | **caigáis** | caed | | |
| | caen | **caigan** | **caigan** Vds | | |

¡ACCION GRAMATICA!

| Imperfect indicative | Preterite | Imperfect subjunctive | | Gerund Past participle |
|---|---|---|---|---|
| pasaba | pasé | pasara | pasase | pasando |
| pasabas | pasaste | pasaras | pasases | |
| pasaba | pasó | pasara | pasase | |
| pasábamos | pasamos | pasáramos | pasásemos | pasado |
| pasabais | pasasteis | pasarais | pasaseis | |
| pasaban | pasaron | pasaran | pasasen | |
| bebía | bebí | bebiera | bebiese | bebiendo |
| bebías | bebiste | bebieras | bebieses | |
| bebía | bebió | bebiera | bebiese | |
| bebíamos | bebimos | bebiéramos | bebiésemos | bebido |
| bebíais | bebisteis | bebierais | bebieses | |
| bebían | bebieron | bebieran | bebiesen | |
| subía | subí | subiera | subiese | subiendo |
| subías | subiste | subieras | subieses | |
| subía | subió | subiera | subiese | |
| subíamos | subimos | subiéramos | subiésemos | subido |
| subíais | subisteis | subierais | subieseis | |
| subían | subieron | subieran | subiesen | |
| cabía | cupe | cupiera | cupiese | cabiendo |
| cabías | cupiste | cupieras | cupiese | |
| cabía | cupo | cupiera | cupiese | |
| cabíamos | cupimos | cupiéramos | cupiésemos | cabido |
| cabíais | cupisteis | cupierais | cupieseis | |
| cabían | cupieron | cupieran | cupiesen | |
| caía | caí | cayera | cayese | cayendo |
| caías | caíste | cayeras | cayeses | |
| caía | cayó | cayera | cayese | caído |
| caíamos | caímos | cayéramos | cayésemos | |
| caíais | caísteis | cayerais | cayeseis | |
| caían | cayeron | cayeran | cayesen | |

¡ACCIÓN GRAMÁTICA!

| conducir | conduzco | conduzca | | conduciré | conduciría |
|---|---|---|---|---|---|
| *to drive, lead* and all | conduces | conduzcas | conduce | *etc.* | *etc.* |
| verbs ending in **-ducir** | conduce | conduzca | conduzca Vd | | |
| | conducimos | conduzcamos | | | |
| | conducís | conduzcáis | conducid | | |
| | conducen | conduzcan | conduzcan Vds | | |

| dar | doy | dé | | daré | daría |
|---|---|---|---|---|---|
| *to give* | das | des | da | *etc.* | *etc.* |
| | da | dé | dé Vd | | |
| | damos | demos | | | |
| | dais | deis | dad | | |
| | dan | den | den Vds | | |

| decir | digo | diga | | diré | diría |
|---|---|---|---|---|---|
| *to say, tell* | dices | digas | di | *etc.* | *etc.* |
| | dice | diga | diga Vd | | |
| | decimos | digamos | | | |
| | decís | digáis | decid | | |
| | dicen | digan | digan Vds | | |

| estar | estoy | esté | | estaré | estaría |
|---|---|---|---|---|---|
| *to be* | estás | estés | está | *etc.* | *etc.* |
| | está | esté | esté Vd | | |
| | estamos | estemos | | | |
| | estáis | estéis | estad | | |
| | están | estén | estén Vds | | |

| haber | he | haya | | habré | habría |
|---|---|---|---|---|---|
| *to have* | has | hayas | – | *etc.* | *etc.* |
| (as auxiliary verb only) | ha (hay) | haya | | | |
| **hay** = there is/are | hemos | hayamos | | | |
| | habéis | hayáis | – | | |
| | han | hayan | | | |

| hacer | hago | haga | | haré | haría |
|---|---|---|---|---|---|
| *to do, make* | haces | hagas | haz | *etc.* | *etc.* |
| | hace | haga | haga Vd | | |
| | hacemos | hagamos | | | |
| | hacéis | hagáis | haced | | |
| | hacen | hagan | hagan Vds | | |

| ir | voy | vaya | | iré | iría |
|---|---|---|---|---|---|
| *to go* | vas | vayas | ve | *etc.* | *etc.* |
| | va | vaya | vaya Vd | | |
| | vamos | vayamos | | | |
| | vais | vayáis | id | | |
| | van | vayan | vayan Vds | | |

| oír | oigo | oiga | | oiré | oiría |
|---|---|---|---|---|---|
| *to hear* | oyes | oigas | oye | *etc.* | *etc.* |
| | oye | oiga | oiga Vd | | |
| | oímos | oigamos | | | |
| | oís | oigáis | oíd | | |
| | oyen | oigan | oigan Vds | | |

| | | | | |
|---|---|---|---|---|
| conducía | conduje | condujera | condujese | conduciendo |
| conducías | condujiste | condujeras | condujeses | |
| conducía | condujo | condujera | condujese | |
| conducíamos | condujimos | condujéramos | condujésemos | conducido |
| conducíais | condujisteis | condujerais | condujeseis | |
| conducían | condujeron | condujeran | condujesen | |
| | | | | |
| daba | di | diera | diese | dando |
| dabas | diste | dieras | dieses | |
| daba | dio | diera | diese | |
| dábamos | dimos | diéramos | diésemos | dado |
| dabais | disteis | dierais | dieseis | |
| daban | dieron | dieran | diesen | |
| | | | | |
| decía | dije | dijera | dijese | diciendo |
| decías | dijiste | dijeras | dijeses | |
| decía | dijo | dijera | dijese | |
| decíamos | dijimos | dijéramos | dijésemos | dicho |
| decíais | dijisteis | dijerais | dijeseis | |
| decían | dijeron | dijeran | dijesen | |
| | | | | |
| estaba | estuve | estuviera | estuviese | estando |
| estabas | estuviste | estuvieras | estuvieses | |
| estaba | estuvo | estuviera | estuviese | |
| estábamos | estuvimos | estuviéramos | estuviésemos | estado |
| estabais | estuvisteis | estuvierais | estuvieseis | |
| estaban | estuvieron | estuvieran | estuviesen | |
| | | | | |
| había | hube | hubiera | hubiese | habiendo |
| habías | hubiste | hubieras | hubieses | |
| había | hubo | hubiera | hubiese | |
| habíamos | hubimos | hubiéramos | hubiésemos | habido |
| habíais | hubisteis | hubierais | hubieseis | |
| habían | hubieron | hubieran | hubiesen | |
| | | | | |
| hacía | hice | hiciera | hiciese | haciendo |
| hacías | hiciste | hicieras | hicieses | |
| hacía | hizo | hiciera | hiciese | |
| hacíamos | hicimos | hiciéramos | hiciésemos | hecho |
| hacíais | hicisteis | hicierais | hicieseis | |
| hacían | hicieron | hicieran | hiciesen | |
| | | | | |
| iba | fui | fuera | fuese | yendo |
| ibas | fuiste | fueras | fueses | |
| iba | fue | fuera | fuese | |
| íbamos | fuimos | fuéramos | fuésemos | ido |
| ibais | fuisteis | fuerais | fueseis | |
| iban | fueron | fueran | fuesen | |
| | | | | |
| oía | oí | oyera | oyese | oyendo |
| oías | oíste | oyeras | oyeses | |
| oía | oyó | oyera | oyese | |
| oíamos | oímos | oyéramos | oyésemos | oído |
| oíais | oísteis | oyerais | oyeseis | |
| oían | oyeron | oyeran | oyesen | |

| poder | puedo | pueda | | podré | podría |
| to be able, can | puedes | puedas | – | etc. | etc. |
| | puede | pueda | | | |
| | podemos | podamos | – | | |
| | podéis | podáis | | | |
| | pueden | puedan | | | |

| poner | pongo | ponga | | pondré | pondría |
| to put | pones | pongas | pon | etc. | etc. |
| | pone | ponga | ponga Vd | | |
| | ponemos | pongamos | | | |
| | ponéis | pongáis | poned | | |
| | ponen | pongan | pongan Vds | | |

| querer | quiero | quiera | | querré | querría |
| to want, love | quieres | quieras | quiere | etc. | etc. |
| | quiere | quiera | quiera Vd | | |
| | queremos | queramos | | | |
| | queréis | queráis | quered | | |
| | quieren | quieran | quieran Vds | | |

| saber | sé | sepa | | sabré | sabría |
| to know | sabes | sepas | sabe | etc. | etc. |
| | sabe | sepa | sepa Vd | | |
| | sabemos | sepamos | | | |
| | sabéis | sepáis | sabed | | |
| | saben | sepan | sepan Vds | | |

| salir | salgo | salga | | saldré | saldría |
| to go out, | sales | salgas | sal | etc. | etc. |
| come out | sale | salga | salga Vd | | |
| | salimos | salgamos | | | |
| | salís | salgáis | salid | | |
| | salen | salgan | salgan Vds | | |

| ser | soy | sea | | seré | sería |
| to be | eres | seas | sé | etc. | etc. |
| | es | sea | sea Vd | | |
| | somos | seamos | | | |
| | sois | seáis | sed | | |
| | son | sean | sean Vds | | |

| tener | tengo | tenga | | tendré | tendría |
| to have | tienes | tengas | ten | etc. | etc. |
| | tiene | tenga | tenga Vd | | |
| | tenemos | tengamos | | | |
| | tenéis | tengáis | tened | | |
| | tienen | tengan | tengan Vds | | |

| traer | traigo | traiga | | traeré | traería |
| to bring | traes | traigas | trae | etc. | etc. |
| | trae | traiga | traiga Vd | | |
| | traemos | traigamos | | | |
| | traéis | traigáis | traed | | |
| | traen | traigan | traigan Vds | | |

| | | | | |
|---|---|---|---|---|
| podía | pude | pudiera | pudiese | pudiendo |
| podías | pudiste | pudieras | pudieses | |
| podía | pudo | pudiera | pudiese | |
| podíamos | pudimos | pudiéramos | pudiésemos | podido |
| podíais | pudisteis | pudierais | pudieseis | |
| podían | pudieron | pudieran | pudiesen | |
| | | | | |
| ponía | puse | pusiera | pusiese | poniendo |
| ponías | pusiste | pusieras | pusieses | |
| ponía | puso | pusiera | pusiese | |
| poníamos | pusimos | pusiéramos | pusiésemos | puesto |
| poníais | pusisteis | pusierais | pusieseis | |
| ponían | pusieron | pusieran | pusiesen | |
| | | | | |
| quería | quise | quisiera | quisiese | queriendo |
| querías | quisiste | quisieras | quisieses | |
| quería | quiso | quisiera | quisiese | |
| queríamos | quisimos | quisiéramos | quisiésemos | querido |
| queríais | quisisteis | quisierais | quisieseis | |
| querían | quisieron | quisieran | quisiesen | |
| | | | | |
| sabía | supe | supiera | supiese | sabiendo |
| sabías | supiste | supieras | supieses | |
| sabía | supo | supiera | supiese | |
| sabíamos | supimos | supiéramos | supiésemos | sabido |
| sabíais | supisteis | supierais | supieseis | |
| sabían | supieron | supieran | supiesen | |
| | | | | |
| salía | salí | saliera | saliese | saliendo |
| salías | saliste | salieras | salieses | |
| salía | salió | saliera | saliese | |
| salíamos | salimos | saliéramos | saliésemos | salido |
| salíais | salisteis | salierais | salieseis | |
| salían | salieron | salieran | saliesen | |
| | | | | |
| era | fui | fuera | fuese | siendo |
| eras | fuiste | fueras | fueses | |
| era | fue | fuera | fuese | |
| éramos | fuimos | fuéramos | fuésemos | sido |
| erais | fuisteis | fuerais | fueseis | |
| eran | fueron | fueran | fuesen | |
| | | | | |
| tenía | tuve | tuviera | tuviese | teniendo |
| tenías | tuviste | tuvieras | tuvieses | |
| tenía | tuvo | tuviera | tuviese | |
| teníamos | tuvimos | tuviéramos | tuviésemos | tenido |
| teníais | tuvisteis | tuvierais | tuvieseis | |
| tenían | tuvieron | tuvieran | tuviesen | |
| | | | | |
| traía | traje | trajera | trajese | trayendo |
| traías | trajiste | trajeras | trajeses | |
| traía | trajo | trajera | trajese | |
| traíamos | trajimos | trajéramos | trajésemos | traído |
| traíais | trajisteis | trajerais | trajeseis | |
| traían | trajeron | trajeran | trajesen | |

| | | | | | |
|---|---|---|---|---|---|
| venir | vengo | venga | | vendré | vendría |
| to come | vienes | vengas | ven | etc. | etc. |
| | viene | venga | venga Vd | | |
| | venimos | vengamos | | | |
| | venís | vengáis | venid | | |
| | vienen | vengan | vengan Vds | | |

*Note also:*

- **andar** has a *'Pretérito grave'* (**anduve**, etc.) and therefore the imperfect subjunctive is **anduviera/anduviese**, etc.
- **ver** has **veo, ves**, etc. in present indicative, **vea**, etc. in present subjunctive and **veía**, etc. in imperfect indicative.
- **abrir, cubrir, descubrir, freír, romper, volver** and verbs ending in **-solver** have irregular past participles – see Chapter 21.
- For the tenses of radical-changing verbs, see Chapter 13, and for 'spelling change' verbs see notes on the tense you need in the relevant chapter.

| | | | | |
|---|---|---|---|---|
| venía | vine | viniera | viniese | viniendo |
| venías | viniste | vinieras | vinieses | |
| venía | vino | viniera | viniese | |
| veníamos | vinimos | viniéramos | viniésemos | venido |
| veníais | vinisteis | vinierais | vinieseis | |
| venían | vinieron | vinieran | viniesen | |